陈春花管理经典丛书阅读地图

❶ 理解管理的必修课

- **《经营的本质》**

  理解经营的本质，让企业无论在顺境还是逆境中都能获得盈利和增长。

- **《管理的常识：让管理发挥绩效的 8 个基本概念》**

  走上管理岗位的第一课，写给所有下决心不在工作中折磨自己和下属的人。

- **《回归营销基本层面》**

  营销不能模仿和跟风，你需要回归营销的基本层面，面对市场，选择合适的时间、合适的点做合适的事情。

- **《激活个体：互联网时代的组织管理新范式》**

  个体崛起的时代，管理需要激活个人价值，这是当下企业保持活力的根本。

- **《中国管理问题 10 大解析》**

  作者甄选了对中国企业最重要的 10 个问题，结合经过验证的西方经典管理理论，从中国管理的实践出发，用全新的理解表达。

❷ 向卓越企业学习

- **《领先之道》**

  陈春花教授里程碑式作品，诺贝尔经济学奖得主迈克尔·斯宾塞倾力推荐。中国本土的《基业长青》。第一部不以西方管理模式为参考，专注于研究中国自身理论，正面展示中国极具代表性的企业从起步到领先的商业成功精髓。

- **《高成长企业组织与文化创新》**

  成功虽不可复制，但高速成长的企业背后都有其共性的核心要素：组织和文化构筑的内部能力。

- **《中国领先企业管理思想研究》**

  本书探讨了领先企业的本土管理思想基因、共性价值观，帮助中国企业扎根本土，迈向卓越。

❸ 构筑增长的基础

- **《成为价值型企业》**

  持续增长是企业面临的永恒话题，不管业绩如何，你都可以将企业打造成价值型企业，获得持续增长的动力。

- **《争夺价值链》**

  未来的竞争，不再是企业个体的单打独斗，而应联合上下游的合作伙伴，构筑一条资源共享的价值链，形成合力打天下。

- **《超越竞争：微利时代的经营模式》**

  过度关注竞争对手是很大的误区，竞争的目的是远离竞争、超越竞争。

- **《冬天的作为：企业如何逆境增长》**

  危机和增长是一对孪生兄弟，危机让市场富有变化，而变化正是增长的机遇。

- **《激活组织：从个体价值到集合智慧》**

  英雄辈出的时代，组织平台需要激活，它将聚合个体智慧，创造更大的集体价值，以应对变化，能留住人才。

- **《协同：数字化时代组织效率的本质》**

  企业是一个整体，协同才能共生、共赢。内破“部门墙”，外拓“企业边界”，协同组织内外，以系统效率共创价值。

④ 文化夯实根基

- **《从理念到行为习惯：企业文化管理》**

  打造企业文化之前，先要理解什么是真正的企业文化，其一切努力就是将理念转化成行为。企业真正的存在并非财资的积累，而是拥有一支具有自觉行为习惯的员工队伍。

- **《企业文化塑造》**

  一本企业文化修炼指南，从这些基本理论入手，构建属于自己的企业文化，或者进行一场实实在在的文化变革，使企业永葆竞争力。

⑤ 底层逻辑

- **《我读管理经典》**

  一部百年管理经典的导读，梳理了管理的根基和成长脉络，是学习管理经典的罗盘。

- **《经济发展与价值选择》**

  本书既是一项哲学问题的研究，也是一场与作者的心灵对话，将帮助你走出价值困惑，积极探寻人生的价值。

⑥ 企业转型与变革

- **《改变是组织最大的资产：新希望六和转型实务》**

  转型是企业保持生命力的必然选择，既要保持公司现有业务竞争力，又要为长远发展奠定基础，这种改变将成为一个组织很大的资产。

- **《共识：与经理人的九封交流信》**

  唯有上下同欲，才会取得转型的效果，因此必须找到达成共识的方式，让上上下下的同事可以完全、清晰以及无误地倾听到公司的声音。

陈春花管理经典 **修订版**

领先之道

C-Theory

陈春花 赵曙明 赵海然◎著

机械工业出版社
China Machine Press

图书在版编目（CIP）数据

领先之道（修订版）/ 陈春花，赵曙明，赵海然著．—北京：机械工业出版社，2016.9（2022.7 重印）
（陈春花管理经典）

ISBN 978-7-111-54919-2

I. 领… II. ①陈… ②赵… ③赵… III. 企业管理－研究 IV. F272

中国版本图书馆 CIP 数据核字（2016）第 224653 号

领先之道（修订版）

出版发行：机械工业出版社（北京市西城区百万庄大街 22 号 邮政编码：100037）

责任编辑：程 琨　　责任校对：殷 虹

印　刷：固安县铭成印刷有限公司　　版　次：2022 年 7 月第 1 版第 14 次印刷

开　本：170mm × 242mm 1/16　　印　张：24.25

书　号：ISBN 978-7-111-54919-2　　定　价：59.00 元

凡购本书，如有缺页、倒页、脱页，由本社发行部调换

客服热线：（010）68995261 88361066　　投稿热线：（010）88379007

购书热线：（010）68326294 88379649 68995259　　读者信箱：hzjg@hzbook.com

CONTENTS

目　录

FOREWORD

总　序

比使命更重要的是行动

最近，管理学一级期刊 *Academy of Management Journal*（AMJ）的许多编辑发表了一篇号召研究学者提出更多适合东方情境的管理理论及构念的文章。这篇文章回顾了近几十年发表的管理学文章在理论创新及贡献上的不足以及对西方理论过度偏重的情况，分析了东方与西方社会在管理情境上的一些不同之处，呼吁更多产生于东方式独特管理情境、能够解决社会实际突出问题的创新性理论及构念。

自己在管理学研究领域已经走过了 20 多年，其实 AMJ 编辑关注的话题，也是我一直关注的话题，我总是感觉中国管理研究没有如中国企业实践那样做出自己应有的贡献，中国管理研究学者也没有如中国企业家那样勇于拿出自己的观点以及创造出自己的价值。

在我自己的认知里，管理研究贡献价值需要三个条件：一是企业实践的优秀案例；二是对重大规律性问题的认识；三是人文关怀。这三个条件在过去 30 多年中国改革开放的实践中，已经显现出来，或者可以说中国管理研究贡献价值的基本条件已经具备，但是为什么中国管理研究本身却没有同步创造价值呢？有人认为是语境的问题，有人认为是研究范式的问题，这些也许是问题，但是我觉得其核心问题是中国管理领域“知”与“行”脱节的问题。

最有意思的现象是，管理学者研究的话题只是去满足西方管理期刊的要求，并不理会现实的中国企业所面对的困难与挑战。企业家与经理人回到商学院读书，更重要的目的是结识人际网络与构建新的商业机会，甚至一些成功的企业家在公众传播中直接表明观点，认为经济学家、商学院教授没有用。我不想去评价谁对谁错，客观存在的现实是，管理学者的研究与企业家的实践之间有着一个巨大的鸿沟，管理学研究成果企业家并不去在意，企业家青睐的期刊和书籍，管理学者也不屑一顾，这种现象本身就可以说明问题。

德鲁克精辟地阐述了管理的本质：“管理是一种实践，其本质不在于知，而在于行；其验证不在于逻辑，而在于成果；其唯一的权威性就是成就。”管理经典正是源自于对管理实践的关注与洞察，并通过与实践的互动来引领实践，此即管理经典的实践性。基于这一特征，这些经典的研究成果在两个关键方面为我们的管理实践和管理研究贡献了价值：问题的框定与复杂问题的简单化。我们始终可以受益于那些引领管理实践变化并创造出无数价值的经典研究成果：泰勒的科学管理原理解决了劳动效率最大化的问题，韦伯的行政组织与法约尔的管理原则解决了组织效率最大化的问题，赫茨伯格的双因素理论解决了激励与满足感之间的关系问题，波特的竞争战略解决了如何获得企业竞争优势的问题，德鲁克让我们了解到知识员工的问题。这些经久的研究，正是基于对管理实践中重大问题的提炼，与西方企业有效的互动，带动了西方管理实践的高速发展，并引领了世界管理的方向。

如果我们所有人可以回到最基本的问题上思考，可能所有的问题都变得很简单。从这个意义上讲，在近百年的管理实践中，不管外界环境如何变迁，科学技术生产力如何发展，管理大师在那些经典研究成果中所提出来的管理问题依然存在，他们所总结的管理经验依然有益，他们所研究的管理逻辑依然普遍，他们所创造的管理方法依然有效。这一切首先基于这些研究都是面向管理实践的，其实践性的本质决定了这些研究对管理实践活动的深刻洞察和归纳提炼，从而推动实践成效的提升。因此，实践性正是这些经典管理研究成果的价值贡献的首要内涵。

管理一定是来源于实践的，没有管理实践的成效，我们无法真正获得管理经验的总结和理论。因此，中国管理学领域的学者需要从事更多的启蒙工作、学习的工作，把西方的管理理论传送到中国企业的管理实践。

无论是管理实践还是管理研究，很多人非常努力地在尝试着新的管理理论。20 世纪 40 年代，人际关系训练被看作是组织成功的关键；50 年代，德鲁克提出的目标管理理论又被视为解决管理问题的新方法；进入 70 年代，我们看到了企业战略；90 年代，随着电子信息技术的进步，更多的新方法层出不穷。当进入 21 世纪的时候，我们认为管理创新理论引领变化。其实这些都是非常重要的，因为对于中国企业来讲，所有的管理理论和方法都是需要面对和接受的。但是，我们往往无奈地发现中国企业活得很苦，因为付出非常多却没能得到相应的回报。这其中的根本问题就是管理的基本到底是什么？我们的管理发挥了什么作用？当我们对管理的基本理解不够的时候，后面所有的东西都是没有价值的。

管理的目的是为了提升效率，这是德鲁克和我们的共识。也就是说，管理从根本意义上是解决效率的问题。那么，我们的效率从哪里来？管理的逻辑如何？这是我们今天遇到的问题。从管理演变的历史来看，管理演变的第一个阶段是科学管理阶段，代表人物是泰勒，这个阶段所解决的问题就是如何使劳动效率最大化；管理演变的第二个阶段是行政组织管理阶段，代表人物是韦伯和法约尔，这个阶段解决的问题就是如何使组织效率最大化；管理演变的第三个阶段是人力资源管理阶段，包括人际关系理论和人力资源理论，这个阶段解决的问题就是如何使个人效率最大化。因此，如果对管理所谈的效率做细致的划分，就是劳动效率、组织效率和个人效率。先解决劳动效率，然后解决组织效率和个人效率，当顺序颠倒时我们会发现管理无效。因为个人效率需要支付条件，而支付条件是需要组织给出的，如果没有劳动生产力的产出就不可能有组织效率，没有组织效率就不可能有个人效率。

选择泰勒、法约尔、福列特的经典研究成果，是因为我们对管理理论研究的一个认识：管理理论研究的命题来源于对重大实践问题的认识。泰勒正是认识到提高工人劳动生产率是极其重大的问题，才有了以分工理论为核心的科学管理理论。法约尔正是关注到组织效率的问题，才有了一般管理的 5 个要素和 14 条原则。福列特则是前瞻性地关注到了科学管理中被忽视的人性因素的相关问题，通过在企业管理咨询的实践中对现实进行细致的观察和研究，从而在发挥个人效率的问题上为我们提供了启示。回顾这些管理经典时我们发现，管理大师回答了对管理的最基本理解：效率。正是这样的理论研究，推动了西方近现代的高速发展。

做了一个管理理论演变的梳理和回顾，只是想说明“知”与“行”之间是完全合一的，如果无法做到这一点，只能是知与行未做到位。只能说管理学者对实践的问题并未观察到位，只能说明立志于从事管理研究的学生与学者，没有要求自己成为一个时代问题的密切观察者，没有让自己融入社会实践中，没有走到企业中去，没有亲身经历一些组织的变革与挑战，所以无法发现问题、无法贡献有价值的研究。

中国传统哲学，一直在讨论“无为”与“有为”的问题，古人有言“天下同归而殊途，一致而百虑”，老子说“无为而治”，《金刚经》说“圣贤皆以无为法而有差别”。你会发现，哪怕是谈论“无为”，也是为了“有为”。

儒家的思想是把欲望控制在一定范围之内，孔子因此删诗书、定礼乐。在孔子生活的时代，各诸侯国之间不断打仗，根本没有一个安定的环境，但是对于文化而言，如果没有安定的社会基础是很难保存的。因此，孔子为了保存宝贵的文化遗产，删诗书、定礼乐，教书授徒。

孔子有七十二贤人，三千弟子，这些弟子后来都成了文化的主将，为中华文化的发展做出了巨大的贡献。孔子删诗书、定礼乐，就能保存文化了吗？我想是的，因为诗书礼乐是文化的形式，如果没有一定的形式，任何一个事物也难以保存。汉代班固《汉书·艺文志》上说“六艺之文，乐以和神，仁之表也；诗以正言，义之用也；礼以明体，明者著见，故无训也。书以广听，知之术也；春秋以断事，信之符也”。因此，孔子在战事纷纷的年代要保存一些规范，从而达到延续文化的目的。

但是，规范只是形式而已，它不是文化的精义所在，重要的是在于对规范目的的体认。倘若没有体认到规范的目的，规范则会变成累赘和负担，且会限制人们。可以说，对目的的体认要通过规范，但不能限于规范。这也是孔子的目的所在。因此，孔子提出“仁义礼智信”“温良恭俭让”“忠孝仁义”，这些都是规范，也可以说是教条。

孔子并不像宋儒以及后世所刻画的那样死板，他的生活是充满欢乐和幽默的。这一点，如果贯通起来看，而不是读格言似的，读一下《论语》就能体会得到。孔子说“吾道一以贯之”，这个“一”就是他的目的。倘若明白了它，则会觉得规范不是呆板的，而是活动的，又是“不逾矩”的，所谓“自然而然”地合于“道”。可惜，后世往往把规范看得最高，也看成是最终的。这让我联想到一些研究论文，几乎都是符合规范却没有意义和价值。

因此，把对规范“度”的把握放在第二位，正是孔子所说的“智者过之，愚者不及”而“过犹不及”的错误，把“仁义道德”变成了一种枷锁，导致了人们的唾弃，以致出现了“五四”时期对传统文化的冲击。这个错误不在孔子，而应在于后世对孔子思想的曲解。我觉得，很有必要重新审视一下传统文化，挖掘出传统文化的精义所在。从某种意义上来说，把欲望控制在一定范围内，也即规范的存在是非常重要的，只是我们要怎样理解的问题。

道家讲“清静无为”，不理会欲望。为什么？因为人总在追求之中，倘若因此而不断奔波，则永不能“清静”，因此，道家要求人们“虚无”，把欲望淡漠，不去管它，从而达到“清静无染”。应该说，这也是儒家的目的。但是，倘若青年之初就讲“清静无为”，很容易导致散乱，一切都不在乎。真正的道家是“无为而无不为”的，这个“无为”不是什么事都不干，而是能认清时代的潮流，从而能“无不为”。因此，道家的目的是好的，但必须从扎实的规范做起。

佛家要求认清欲望的面目，从而“止于所当止，发于所当发”，也就是不但对规范要认清，对它的目的也要认清，从而能够正确、合理地处理一些事情。但是，倘若认不清呢？只有从规范做起。

因此，可以说规范是初步的必经之路，故而圣人都提出所谓的“戒律”。只是我们不能体会到戒律的目的而执着于戒律了，或对它认识不够而废弃了戒律，从而导致了一些弊病。

正如班固所说“及刻者为之，则无教化，去仁爱，专任刑法而欲以致治，至于残害至亲，伤恩薄厚”，西方社会就有这种倾向。因此，“度”的把握非常重要。最好是能够知道什么时候该怎么办，但这很难。正如释家所说，“因人施教”，首先要自己眼光正确，能指出别人或社会的弊端，并能提出解决的办法。

在治世方面，儒、道两家的思想比较突出。儒家是“一以贯之”，也就是一种“傲骨”。不论在什么情况下，社会安定也好，混乱也好，总希望尽自己的心力拯救社会，“救世济人”，所以国破家亡时往往有儒家的忠臣出现。孔子就是“知其不可为而为之”的例子，这是儒家的观点。道家的思想则主要在乱世时方能显示，我们看历史也会发现，每当社会安定了，儒家思想必定被重新召起，因为这是社会安定治理的必由之路，而到了乱世，道家思想则占上风。道家思想善于把握关键，能把时代的洪流疏导，在洪流的下游挖一些渠道，从而能比较容易地处治它，事半功倍，“无为而无不为”，这是一种好办法。但这洪流冲击力的大小，我们怎样判断呢？也就是我们怎样决断我们用什么方法呢？这不仅需要多读历史书，因历史有重演的味道，孔子也说“温故而知新”，还要善于观察社会，从而达到“因人施教”，事半功倍。

知行合一不仅是一种理想，更应该是一种行动习惯，无论是我们的先贤，还是近现代西方管理大师，他们的贡献可以引领我们去完成属于我们的时代使命，而比使命更重要的是行动。

西方发达国家的实践所总结出的管理理论，启蒙了包括我在内的中国企业经营者与管理研究学者，我们花了整整20年引进、学习与消化，同时运用到中国企业管理实践中。正是这20年学习的努力，终于在今天，中国领先企业站到了世界舞台上，并逐步成为全球领先者，伴随而来的，就是中国管理研究领域，也会有机会站在世界舞台上，并成为引领者。

"每一代人都需要新的革命。"托马斯·杰斐逊留下了这样的遗嘱，它令一代又一代不同国籍与文化背景的人激动。对于我而言，正是这个时代，赋予一个中国企业蓬勃发展的机遇，整整一代中国企业家与中国企业的崛起与发展，让全世界各地的人看到一个生机勃勃、日益强大的中国。当我可以置身于这鲜活之中，中国企业以及企业家所尝试、探索、学习以及创新的实践，充盈了每个研究的话题，预示着可能出现的崭新理论，投身其中，让我有着取之不尽的源泉。所以从我踏入管理学研究领域那一天开始，整整20年的见证，让我能够一次又一次地去寻找属于中国领先企业的研究价值，才有了这些作品呈现给大家。

感谢机械工业出版社及华章分社，感谢副总经理王磊、前副总经理张渝涓女士10年来的一贯支持；感谢我的策划编辑袁璐先生细致而又全面的帮助，在我写作过程中经常与我讨论和交流；感谢程琨编辑极为仔细、认真地为丛书的每本书校对；感谢在过去20多年的时间里，愿意与我一起深入研究的那些领先的中国企业、企业家及团队成员，如新希望、美的、TCL、华为、广东威创、创维、南方航空、星光集团等，他们的成长时间以及持续的发展，让我得以在实践的第一线真切理解和感受；感谢一直陪伴着我的研究伙伴，如曹洲涛、乐国林、赵海然、刘祯、宋一晓、马胜辉、陈鸿志等；感谢引领我的两位导师苏东水教授、赵曙明教授，正是你们的引领与陪伴，我才可以坚持做下去；感谢我所遇到的所有学生，你们的实践、疑惑以及勇气给了我驱动力量；感谢华南理工大学、新加坡国立大学、北京大学三所大学给了我滋养的支持；最后感谢我的家人，他们一直默默地支持，才会让我毫无顾虑地去做各种尝试。

感恩在我从教30周年的日子里，机械工业出版社及华章分社帮助我整理和出版了这套丛书，虽然这不是我过去30年所研究和写作的全部，但是已经是我渴望付出价值的最重要的部分。当这套丛书出版后，我知道，自己依然会伴随着中国企业的成长，继续我的成长与追求。

在这代人的记忆中，这个时代意味着一个单纯与乐观的年代，也是一个创新与超越的时代，新事物蜂拥而来，任何尝试都可能获得某种成功。商业和企业的成长对中国的重要意义并非在于它摧毁了一个旧传统，而在于它在建立一个新世界；实践与理论的贡献对中国的重要意义不仅仅是总结出自己的理论，更是管理提升与人类进步的新组成部分。如果说由荆棘丛生的荒原构成的中国商业世界，更需要雄心勃勃的梦想者与开拓者，那么已经站在世界舞台上的中国企业实践，更需要肩负使命的行动者与创造者。

陈春花

2016年8月9日于北京

PRAISE

赞 誉

There are many strong forces in the global economy, pushing it in the direction of market integration and economic mutual dependence. The Chinese economy is playing an increasing important role in the global economy as its size and economic power increase.

The authors, Chunhua Chen, Shuming Zhao and Hairan Zhao, have done an excellent job of explaining how Chinese corporations are evolving and adapting to the global economy. This book will be of great interest not only to the management of Chinese corporations, but also to a growing group of multinational corporations from all over the world, who need to understand and interact with Chinese business.

——A. Michael Spence

全球经济中有许多强大的力量，正推动着全球经济向市场一体化和经济相互依赖的方向发展。中国经济随着其规模的扩大和实力的提升，在全球经济中正扮演着越来越重要的角色。

陈春花、赵曙明和赵海然三位作者在解释中国公司如何演变及适应全球经济方面做出了杰出的成绩。本书不仅对中国公司的管理层有益，而且对那些越来越多地希望了解中国企业并与其建立生意往来的世界各国跨国公司来说也尤为重要。

——A. 迈克尔·斯宾塞博士

2001 年度诺贝尔经济学奖得主、美国斯坦福大学经济学教授

PREFACE

再版序

领先是一种选择

《领先之道》自2004年出版面世至今，10年过去了。人们逐渐对企业保持领先的问题有了更多的敏感性。因为在一个过度竞争、急剧变化、技术创新以及技术普及的速度如此之快的年代，保持领先的确成为一件非常困难的事情。

事实上，在这又一个10年中，中国企业经历了前所未有的发展，一方面由中国经济持续发展驱动，另一方面因为全球经济危机带来了机遇。当以雷曼兄弟为代表的西方企业发展陷入困境的时候，中国企业业绩依然强劲增长，这一景象令人印象深刻。

不过我的脑海里更多的是另外一种情形：同样的10年，华为、苹果等企业创新与领先，柯达、诺基亚等企业衰退与没落。苹果、联想、三星、华为、中兴等为什么增长？惠普、瑞萨、黑莓、索尼、惠普、松下为什么沦陷？失去辉煌，可能源于故步自封。日本评论家嘲讽说：“我们可以为一部iPhone提供60%的零部件，却再无能力奉献Walkman。”这是否也是我们该警醒和反思的地方。

机械工业出版社华章分社袁璐编辑在和我商讨如何再版《领先之道》这本书的时候，一方面感念他们对这本书的肯定，另一方面感动于书中的行业先锋持续创造本身。因此在保留第 1 版基本模型的基础上，删减了一些陈旧的资料，增加了刚刚过去的 10 年先锋企业发展实践的素材，也明确了行业先锋依然在中国的判断。

历史总是惊人的相似。《领先之道》初版问世时，我出任六和集团的总裁，10 年后《领先之道》再版时，我出任新希望六和股份有限公司的联席董事长兼首席执行官。这也许并不是一个简单的巧合，而是企业和我都需要面对的全新挑战。幸运的是，依然有赵曙明老师、海然陪伴在我身边，持续合作研究这个课题。每当遇到困难需要韧性的时候，他们两位都给予我无私的帮助和坚定的支持，才使得这个研究能够持续下来，并将持续下去。这是多么奇特的研究情谊啊！借由共同的信仰——确信中国企业一定会贡献领先的价值，让我们能够不断地克服困难，走在艰苦却又快乐的路上。又一个 10 年，当初寻求中国企业成长模式的梦想与理念依然坚定，并熠熠生辉。

事实上，无论身处何地，企业发展需要自己做出选择，既可选择持续超越自我，也可选择故步自封。企业自身做出何种选择，我们无从知道，我们所能做的就是全神贯注、细心倾听企业发自内心的每一种声音，感受和理解企业做出的每一个选择，这种倾听说明了本书的目的，也表达了我们的选择。

从尼采那里借用一个比喻，我们是被召唤来做宇宙舞者，不会沉重地停在一个定点上，而是轻盈地从一个位置转身跳跃到另一个位置。先锋企业正是宇宙舞者，当它们选择持续领先的时候，这种选择充实了它们的品性，也保持了它们的活力。

圣雄甘地说："把注意力转移到内在去。"这句话也深深地指引着我们深入先锋企业的内在去寻求答案，这既是一种内在力量的唤醒，也是寻求持续领先的真正驱动因素。虽然知道持续的研究还需要更强的耐力、坚守以及超越，但是有先锋企业的引领，相信我们能够一步一个脚印地走下去。

陈春花
2014 年 9 月

PREFACE

序　一

无心之茶　柳绿花红

2002年年底，我问自己：在将要过去的一年里，为什么自己心目中梦想的东西还是停留在梦想中？在这个时候，恰好看到《从优秀到卓越》和《追求卓越的激情》两本书，我知道这正是我想看的书，也是我想做的事。于是我决定放下教学，专心把近10年的梦想变成现实。

事实上，近10年来，中国各个领域的管理者都在反思自己的管理方式和行为。而且，实践也证明，所谓的管理理论和管理原则往往无助于他们的组织，企业到底如何发展？企业怎样才能够摆脱困境？这似乎有解又无解。因为我们总是无法判断企业到底能够活多久，从历史上看，能够存活300年的企业寥寥无几。

但是，这又何妨？想到一段“禅”。

一休禅师的弟子珠光创立了“茶道”，一休禅师就问道：“珠光！你是以何种心态在喝茶呢？”

珠光回答道：“为健康而喝茶。”

一休禅师叫侍者送来一碗茶。当珠光捧茶在手时，一休禅师大喝一声，并将他手上的茶碗打落在地，然而珠光依然一动也不动。过了一会儿，珠光向一休禅师道谢后便起身出门。

一休禅师叫道："珠光！"

珠光回头道："弟子在！"

一休禅师问道："茶碗已打落在地，你还有茶喝吗？"

珠光两手作捧碗状，说道："弟子仍在喝茶！"

一休禅师不肯罢休，追问道："你已经准备离此他去，怎可说还在喝茶？"

珠光诚恳地说道："弟子到那边喝茶！"

一休禅师再追问道："我刚才问你喝茶的心得，你只懂得这边喝，那边喝，全无心得，这种无心茶到底怎么喝？"

珠光平静地回答道："无心之茶，柳绿花红。"

一休禅师大喜。

我亦大喜，真的是"无心之茶，柳绿花红"，我们在万千世界感受茶道，同样可以在万千企业的变化中感受企业的成功之道。记得迈克尔·波特说过，做战略，务必学会取舍。管理也应该娴熟此道，因为从本质上来讲，企业应该是永远面对问题，而且必须解决问题，如果不知道怎样取舍，有可能在有限的资源下陷在问题的泥潭中无法自拔。我所关心的正是那些可以有效利用资源解决问题的企业的管理之道。

2003 年 3 月与南京大学商学院的赵曙明教授聊天，我告诉赵老师我的梦想，幸运的是赵老师怀有同样的梦想，他告诉我，回国 10 年来他一直想做与我一样的事，我们相约把想法变为现实。与此同时，海然正在与我一起做价值链的研究，我们再一次为这个主题兴奋和快乐，毕竟近 10 年的想法开始步入实施的过程。

10 年来一个理念一直支撑着我的教学和管理研究，那就是：中国企业应该有不同于世界上其他企业的管理模式，中国企业应该可以为管理研究贡献自己的模式和经验。我从事管理教学和研究已经 10 年，在中国家电行业中也浸泡了10年，当我们承认国际家电巨头对中国市场占有的同时，我们也欣喜地看到海尔、TCL、科龙、美的、康佳、创维、春兰、海信等一大批中国本土家电企业的崛起，并与国际家电巨头分衡天下。近10年的中国企业总是让人感受到成长的快乐，因此我有一个想法：去找寻中国本土企业的管理特点。

这个历程是与毅力和耐性较量的过程，有一次海然给我发邮件说：我快呕血了！我鼓励她也是鼓励自己，只要坚持就是胜利！

今天，我们终于可以把这个理想中的书稿呈现在大家面前，当赵老师和我拿着书稿去征求2001年诺贝尔经济学奖获得者A. 迈克尔·斯宾塞博士的意见时，他高兴地说，这是对企业非常有意义的一件事，不仅要让中国企业了解它，也应该让其他国家的企业了解它。

我们能够贡献的东西很少，所有的贡献是这些先锋企业所贡献的，当我们站在巨人的肩膀上时，我们所看到的一切是巨人的眼界。当我们总结出先锋企业四个导入因素（英雄领袖、中国理念与西方标准、渠道驱动、利益共同体）和四个导出因素（企业文化、核心竞争力、快速反应、远景使命）的时候，我们还知道先锋企业更注重的是如何把这八个因素运用于实践，这才是我们必须敬仰的东西。

李东生说过：“如果再过5年、10年，在国际大舞台上仍没有我们的位置，那就是中国企业家的失职。”只是我需要做些更正，如果再过5年、10年，在国际大舞台上仍没有我们的位置，那不仅是中国企业家的失职，更是中国所有管理学者和研究人员的失职。

时间已经到了2004年5月，一年多来排除各种干扰和诱惑，我们终于完成了这个研究的阶段性报告，知道后面的路很长，就如我们所研究的先锋企业一样，还必须面对问题、解决问题，这是管理的规律，也是研究的规律。

我们只能一步一个脚印地走下去。

陈春花

2004年9月

PREFACE

序　二

巨人不再沉睡

20 世纪 40 年代，管理学大师彼得·德鲁克在《公司的概念》[⊖]中热情洋溢地赞颂大企业在现代社会中的核心地位。他指出："大型公司的雇员只占产业工人的少数，但是他们的劳资关系为全国树立了标准；他们的工资水平决定了全国的工资水平，他们的工资条件和工作实践也成为一种规范。大型公司的交易量虽然在全国不占多数，但它们的繁荣与否决定了国家的繁荣与否。当我们谈论美国的经济机会时，首先想到的是大规模生产的现代工厂和现代大型公司提供的机会；我们谈论美国的技术时，想到的不是统计上的平均值，而是龙头企业设立的标准值；我们谈论过去半个世纪中新出现的另外两种重要的社会机构——工会和政府管理部门时，也只是把它们作为大企业和大公司的社会产物。总之，只有大企业在自由企业经济体制下的具体组织形式才是具有代表性和决定性的社会经济机构，它为人们树立了典范，决定了他们的行为。"

大公司不仅通过大规模生产为人们提供了生活必需品，而且其组织制度引导了社会中其他企业组织的制度，从而规范着我们绝大多数人的工作和生活

⊖　此书中文版已由机械工业出版社出版。

状态。大企业在很大程度上甚至承载着我们的社会信仰、精神和希望。正是出于对大企业在现代社会中重要性的认识，从管理学大师德鲁克开始，一大批优秀的学者将大企业置于其研究的中心，如斯隆的《我在通用汽车的岁月》、钱德勒的《战略与结构》和《看得见的手——美国企业的管理革命》、彼得斯和沃特曼的《追求卓越》、柯林斯和波拉斯的《基业长青》等著作。这些管理学术史上的名著为我们理解大型优秀企业的内部运作、管理哲学、社会责任等提供了范本。很多现代管理理念和管理方法如事业部制组织结构、多元化经营战略、企业文化、团队管理等都来源于人们对优秀大企业的观察、思考和总结。

但是，令人遗憾的是，这些对优秀大企业的研究大多数针对的是美国企业。当然，也有不少研究针对的是日本优秀大企业的代表，这使得日本企业管理实践为世界管理理论贡献了诸如准时制生产（just-in-time）、质量圈、员工参与管理等管理方法。25 年来，中国经济取得了巨大的成就。中国的优秀企业现在不仅占据了国内市场，而且也在走向世界。中国优秀企业的成功不仅由于它们大胆采取了国外先进的管理方法和管理理念，而且因为它们独创了一些新的管理方法。这些管理方法适用于中国的社会和文化，也能够对世界管理理论做出贡献。这些管理方法随着中国企业的成长在不断成长、成熟。我相信有朝一日中国学者也能够将它们总结出来，发扬光大，从而对世界管理理论做出他们应有的贡献。从这种意义上讲，本书是一种尝试。

记得 1983 年我在美国读完硕士学位回国后就读到《追求卓越》这本研究美国成功企业经验的著作；20 世纪 90 年代，斯坦福大学两位教授柯林斯和波拉斯在 6 年时间里选取了 18 家长盛不衰的企业，通过审视它们的历史发展轨迹，与竞争对手进行对比分析，试图探寻那些基业长青公司的成功之道。我曾经计划研究中国的优秀企业，很想把中国优秀企业的管理经验总结出来并介绍给海外企业家和学者，可是由于忙于教学、科研和管理工作，一直没有时间和精力去做这件事。有幸的是，陈春花教授到南京大学跟我做博士后，在谈她的研究计划时，我才发现，陈春花教授已经耗费了多年的光阴，苦心孤诣地思考着、探求着，对这一课题已经做了大量的基础研究。

中国企业的成功之路是什么？由于中国企业离“卓越企业”“优秀企业”等还有一定距离，所以陈春花教授进入博士后流动站后，就着手组织华南理工大学的老班子和南京大学的新班子一起进一步研究，我们选择了“行业先锋”代表在中国推行制度化管理和现代化管理的典范、对中国经济发展产生深远影响的大企业。以这两点为基础，我们列出了一系列标准，如在同行业中受到推崇和认可的机构，注重组织完善和管理提升，在中国经济发展过程中居于不可或缺的地位，作为独立的公司持续成长 15 年以上，年销售额超过 200 亿元，在中国社会经济中具有活力、受到关注等。通过研究这些企业，我们发现中国的成功企业都是以英雄领袖作为企业的内部动力，融合中国理念和西方标准管理方法，以渠道驱动终端市场，注重建立企业相关利益共同体作为企业发展的内驱动力，从而产生了强大的企业文化、核心竞争力、快速反应能力、坚定的远景使命。从这种意义上来说，中国企业的成功因素与美国、日本公司的成功因素有所不同。而找出中国企业成功的共性，对我们的管理研究和实践都具有很强的指导意义。

陈春花教授跟随我从事博士后研究，把她 10 年来的想法和多年来所做的基础工作作为博士后研究的主要课题。今天我们终于可以看到她将研究多年的成果奉献给大家，我也为她欣慰！我相信本书作为高水平的研究成果必将得到大家的认可！我也希望这一研究会激发更多企业家和学者的兴趣，共同研究，让中国优秀企业的经验在全球发扬光大。

赵曙明

PREFACE

序　三

追　　随

回忆写作的过程往往在看到书稿之后变得轻松而自信，特别是最近接二连三地在《纽约时报》《财富》《商业周刊》上看到西方国家对中国经济和技术的分析，往往以中国的突飞猛进督促和警示西方经济的发展变化。在我亲身经历了探索“中国制造”奥秘的过程后，这些曾经让我觉得西方经济学者未雨绸缪的观点开始变得现实而有意义——中国制造业和高科技产业的崛起的确让西方国家充分警惕，西方经济学者之所以重拾起“惶者生存”之道，是因为他们清醒地意识到与中国竞争将充满冲突和艰辛。

研究的过程对比写作的过程要复杂和困难得多，庆幸的是，这个研究过程玄妙而精彩。我们的研究和那些被我们研究的企业如此吻合：四项“行业先锋”的导入因素首先从这些研究对象的发展历史中得以总结、提炼，接着我们欣喜地看到我们判断的产出因素又被这些企业随后的成长轨迹和成长业绩恰到好处地鉴定。事实上，研究的过程已不再是对历史的研究，而研究成果也不再只是对历史的总结，我们的研究往往是一次又一次对未来发展设定和论证的过程，只有经过理论和实践的双重论证，我们才将之称为一个成立的因素。

在这些纷繁复杂的研究和写作之外，这项持续 10 年构想、8 年实践和 3

年写作的研究到底是依赖和支撑着什么得以令它最终阶段性地完成？我个人思考了很久，答案不是信念，也不是毅力，而是一种追随。

我曾经问陈春花老师："管理业界各种理念层出不穷，而这些理论几乎都基于那些发展百年以上的世界级企业，既然这些公司的成功已经证明了管理理念的最高境界，我们的研究还会受到关注吗？"陈老师没有直接回答，她出乎意料地提及"服务、分享和尊重"，她说："我们的研究本身不求回报，因为它本身就是一种报酬。当我们奉献研究成果，才有可能给予别人帮助，而在研究的过程中，过程本身可以让我们发挥己长，了解自己的潜力；现在我们能做的是放下我们所关注的回报，放下我们所期待的反馈，集中力量做好这件最主要的事情，倾全力进行我们的研究，把自己奉献给能给予我们目标和意义的创造……"

今天，我们再次回顾我们的研究过程，这些年来，我们没有将时间和精力花费在追求社会反响的回报和市场反应上，这个纯洁而崭新的研究过程和令我们为之鼓舞的研究成果，都来自于"服务、分享和尊重"：我们服务于我们关注的企业，服务于中国千百万个成长中的企业，尽我们所能地让可实践的成功模型服务于更多的企业；我们分享自己的研究成果，超越责任和期许的压力，发挥我们的价值；我们尊重客观事实，尊重不带偏见的思索，尊重企业在成长过程中的各种成功和失败，我们更尊重属于中国企业的各种特质。

对于我个人，这个研究带给我的包容、尊重和理性，陈老师带给我的理想、劝导和忠告，令我坚定而快乐地追随。

赵海然

INTRODUCTION

导 语

命运给我们在社会等级上安排好了一个位置，为了不让我们在到达这个位置之前就跌倒，它要让我们对未来充满希望。

——拿破仑·希尔

2004年当我们写下这本浓缩着中国企业耐人寻味的20多年的成长精华史时，我们有一种难以形容的自豪感。回顾中国20世纪最后22年的主要运行方式，尽管在更广泛的意义上，中国企业仍遵循着工业时代的思想，然而这22年让中国看到了一个截然不同的外部世界，一股更强劲的力量正在升起，它也必将成为决定我们未来的关键因素之一。

"每一代人都需要新的革命。"托马斯·杰斐逊留下这样的遗言，它令一代又一代不同国籍与文化背景的人激动。对于整整一代中国人来说，新的革命或许可以命名为市场革命，但与20世纪90年代初的俄罗斯和东欧国家不同，1978年的中国没有杰弗瑞·萨克斯这样的哈佛大学教授，没有人告诉他们这场革命意味着什么，总之它与阶级斗争不同。

几乎所有年龄超过40岁的人都会这样认为，他们生活的开端是1978年，生活的可能性从此被打开，他们有机会从农村回到城市，进入大学，他们中的幸运者还有机会打造鼓舞人心的企业，让世界各地的人看到一个生机勃勃、日益强大的中国。

在这一代人的记忆中[⊖]，1978～1988 年是一个单纯、乐观的年代，新事物层出不穷，任何尝试都可能获得某种形式的成功。但社会进步最重要的驱动力仍然只是开放带来的模仿，我们在努力地实践着最基本的经济学常识。

紧接着是 1989～1992 年的过渡时代。1992～1997 年，中国社会消除了意识形态在经济领域内的最后束缚。1998～2007 年，整整一代人的激情再次爆发出来。2008 年，这是一个极其特殊的年份，全球经济陷入前所未有的低潮，中国企业也第一次遭遇了外部环境不再增长的形势，令人惊喜的是，一批优秀的企业并未因环境低迷而退缩；相反，在逆境中增长让这些企业焕发了新的生机，并拥有了全球化的竞争能力，2013 年，中国的华为第一次超越行业翘楚爱立信，一跃成为全球第一，而 2013 年 11 月 11 日，中国的阿里巴巴公司一天的销售额达到 350.19 亿元。

1978 年以来的 30 多年里，改革力量不断与其他力量交锋并获胜。那些曾经不可思议的概念，不管是市场、股份制还是股票市场，全球化与本土化、IT 技术与互联网、虚拟世界与真实的世界，如今都已经成为中国日常生活的一部分。

这 30 多年来，商业和企业的成长对中国的重要意义并不在于它摧毁了一个旧传统，而在于它在建立一个新世界。由荆棘丛生的荒原构成的中国商业世界，更需要雄心勃勃的梦想家与开拓者。

短短 30 多年对企业的发展和成长来说实在是太有限了。管理大师德鲁克说，企业的宗旨是创造顾客，而企业的职能是销售和创新；无论是从销售还是从创新的含义来说，许多中国企业至今仍不是完整意义上的企业。与创新的意义相反，这 30 多年来，晃动在中国企业家眼前的是各个经济大国在各自发展过程中产生的管理理论：在国际管理学科的进程中，20 世纪 40 年代，人际关系训练被看作组织成功的关键；50 年代，目标管理被视为解决管理问题的新方

⊖ 《经济观察报》，2003 年 10 月 21 日《过去 25 年的中国的变革：一场市场革命》，作者：许知远。

法；60 年代，分权化成为最佳方法；70 年代，企业战略风靡一时；80 年代，企业文化粉墨登场；进入 90 年代后，电子商务引入的各种方法更是层出不穷，到了 21 世纪，知识员工的管理、系统及平台的建设、治理结构与颠覆式创新等更是随处可见……无所谓处于哪个时代，所有这些对中国企业来说似乎都是应接不暇的管理武器。[⊖]

许多中国企业家努力试图将这其中的一些在自己的企业里得以完善。在中国的词典中，“完善”是一个美丽的词，但在企业管理中，它却是一个极大的陷阱，因为当一种管理手段或方法已经过时，你即使将它完善到完美的程度也毫无用处。与此同时，中国的优秀企业几乎都拥有世界 500 强的梦想，并开始出现更多的世界 500 强，尽管在过去的 30 多年里，中国的绝大多数企业在组织完善和管理提升方面并没有明显的进步，但我们仍然骄傲地看到海尔、TCL、联想、宝钢、华为……伴随着仅仅 30 余年的经济改革，20 多年的企业发展尤其是长约 18 年的市场化；在拥有非同寻常的骄人业绩的同时，它们正探寻一条适合本企业发展的特殊之路，成为中国商业的行业先锋。

20 多年的企业发展，是什么力量让它们实现了企业的飞速成长并一直保持着行业先锋的竞争力？面对众多挑战：飞速发展的商业环境、与日俱增的竞争压力、日益增长的市场期望，究竟是什么让这些企业在成长中得以领先呢？有没有同一的规律或是成功的模型可寻呢？如果有，怎样才能做到？

如果说本书的初版是研究企业如何领先，那么在本书再版之际，我们还把这些领先企业能否持续领先的问题引入，并通过透视这些企业 10 年来的实践，帮助人们更全面地理解领先企业的成长之路。

显然，这些企业的成功已不再仅仅依赖对市场的认识，不再仅仅是对营销的把握和关注或是对质量与成本的追求。在《哈佛商业评论》一篇名为“全球角逐：后发未必后至”的文章中，两位作者克里斯托弗·巴特利特与休曼特

⊖ 《厂长与经理日报》，2002 年 12 月 29 日《中国企业 路向何方》，作者：金焕民。

拉·戈沙尔总结说："与传统的观念相反，处于世界经济边缘的国家也能产生一流的跨国公司。"我们力图通过分析（这是个具有创造性的过程，是信息、经验、灵感和突破等之和）这些我们称为"行业先锋"的中国企业，希望在不同地区、不同规模、不同行业的"行业先锋"中看到它们获得成功的潜在因素，令更多成长中的中国企业、商界学者分享属于中国企业特有的成功规律或是模型，我们也希望它对中国未来商业的发展带来积极的影响力，让中国的商业企业在国际化进程中居于领先位置。

从起飞到领航

短短 10 多年的企业发展，是什么力量让中国的行业先锋企业实现了企业飞速成长并一直保持行业先锋的竞争力？

我们的研究展示了四个重要的导入因素，这四个极具中国特色的因素不但揭示了中国行业先锋企业的成长本质，更演示了绝大多数中国成长企业“从起飞到领航”的成长轨迹。

在这一部分中，我们将通过中国行业先锋企业的案例详细阐述这四个简明而核心的“成长”导入因素。

绝不可追随产业界的时尚，要做其他公司不肯做的事。同时，不要做其他公司已经在做或将来可能要做的事。

——丘吉尔B.谢安东

01 第1章 行业先锋在中国

始于 1978 年的市场经济改革，到了 2004 年，使中国经济发生了 25 年的历史巨变，平均每年的经济增长速度达到 9.3%，经济规模增加了 8.5 倍。同样，衡量一国经济开放程度的一个简单指标就是贸易依存率——进口加出口和生产总值的比重，1978 年只有 9.5%，但在过去的 25 年里，中国每年的对外贸易增长速度比 GDP 的年增长速度还高 6 个百分点，达到每年 15.2%。25 年的时间，对外贸易增长了 30 倍，贸易依存率从 1978 年的 9.5% 提高到 2002 年的 50%，在经济大国中，这是一个不曾看到的数字。⊖

强劲的增长势头和巨大的发展潜力使中国成为全球瞩目的经济亮点。世界从未感受到这个古老国度的青春气息是如此强烈，跨国公司纷纷将中国市场列入今后几年的战略重点。一时间国际厂商的产品、办事处、工厂甚至全球研发中心都赶集似的在中国一一登台亮相。对每一位中国企业的经营者来说，把美好的愿望转化为实实在在的收获，似乎带来了比预计更多的困难。不仅市场的格局在变，竞争的手段在变，财富聚集的速度在变，企业的管理方式和成长战略也在变。

本书不是探讨中国企业发展的过去、现在和将来，不是探讨中国企业

⊖ 《中国经济时报》，2003 年 11 月 19 日，《林毅夫解读中国经济高增长》，作者：单羽青，王秀。

的困惑和解决的办法，也不是探讨中国的市场规划、消费习惯、法律法规等问题。我们探讨的是在中国经济迅速发展的20多年里造就的卓尔不群的企业，它们在取得非同寻常的骄人业绩的同时，也奠定了各自在中国商业企业领域行业先锋的地位。同时，我们要探讨的也不是这些行业先锋企业本身，而是要找出它们折射出的共性来回答这样几个问题：

- 短短10多年的企业发展，是什么力量让它们实现了企业的飞速成长并一直保持着行业先锋的竞争力？
- 面对众多的挑战：飞速发展的商业环境、与日俱增的竞争压力、日益增长的市场期望，究竟是什么让这些企业在成长中得以领先呢？
- 有没有同一的规律或是成功的模型可寻呢？如果有，怎样才能做到？

行业先锋

我们曾经试图用这样的名词命名我们要探讨的公司，比如“优秀的公司”“杰出的公司”“卓越的企业”“成功的企业”，最终我们选择了“行业先锋”。比较已有百年历史的跨国企业和始终走在技术前沿的国际科技技术公司，我们认为要将目前这些中国企业以“优秀”“杰出”“卓越”或“成功”来形容为时过早。

行业先锋企业是在中国推行制度化管理和现代化管理的典范，它们对同行、对中国经济发展都带来了深远的影响。以这两点为基础，我们列出了一系列标准：

- 在同行业中受到推崇和认可的机构。
- 注重组织完善和管理提升。
- 在中国经济发展中具有不可或缺的地位。

- 企业存在非常明显的规模化发展。
- 存在自主经营的产品、品牌（或服务）。
- 在中国社会经济中具有活力，受到关注。
- 企业持续成长15年以上，其间是作为独立的公司发展。
- 年销售额超过200亿元。
- 行业处于非国家垄断地位。

图1-1为海尔的成长记录，2003年的营业额是19年前的22 988倍。我们的首要任务是找出这样的企业，我们将筛选行业先锋企业的过程汇集在附录A中。尽管仅仅只有10多年的历史来证明它们在行业中取得的地位（既不能说明是长盛不衰的，也不能说是昙花一现的）；其次是分析它们的发展和几次转折，找出它们取得成功的最基本的动力；同时我们非常注重选择与中国这些行业先锋相对照的国外公司在其早期发展的案例和说明，从而确定中国的行业先锋在企业初创的10多年中取得成功的简明而核心的模型。

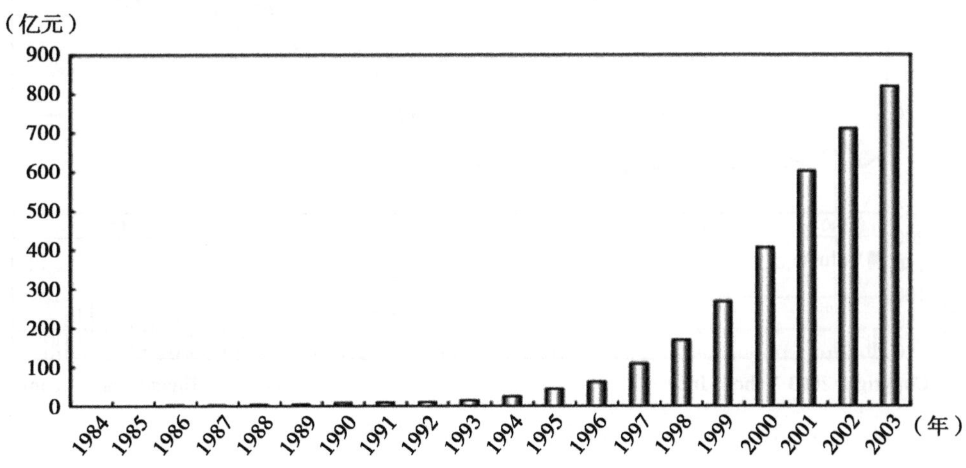

图1-1 海尔历年营业额

在某种意义上，这是一个令人愉快的发现。我们的探索证实了一种看法，即无论我们的文化传统多么不同，我们的确能够说明中国的企业蕴藏着巨大潜力，在持续高利润发展的同时，中国的行业先锋企业不断地将其经营效率和利润翻倍，并且实现许多改革和创新。本书第2～5章的标题都是这些企业建立优势并引领先锋的因素，这些因素周而复始地相互作用，形成了中国行业先锋的成功模型。表1-1列明我们深入研究的公司，这些公司并不是仅有的行业先锋。

表1-1 本研究探讨的公司

行业先锋	国外对照企业		候选企业	
宝钢	通用电气	惠普	创维	格林柯尔
海尔	戴尔	索尼	美的	希望
联想	诺基亚	丰田	光明乳业	夏新
TCL	思科	英特尔	格兰仕	春兰
华为	IBM	佳能	娃哈哈	波导

宝钢、海尔、联想、TCL的股价趋势图如图1-2～图1-5所示。

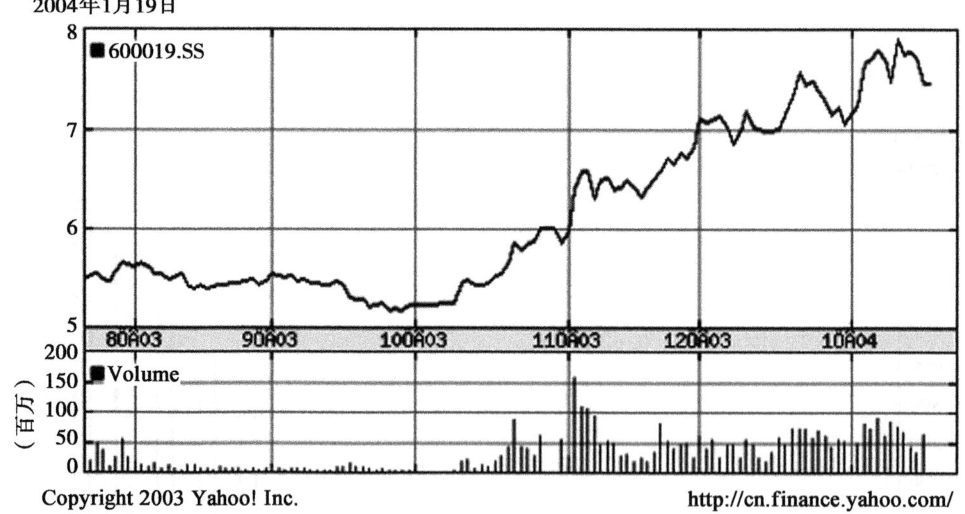

图1-2 宝钢股价走势

这些行业先锋企业虽然在各大全球百年企业前仍显幼稚，但凭借它们历史发展的数据及在行业和中国经济领域的地位，它们的未来是最值得期待的，也因此入选我们的研究。我们所研究的，也是更重要的，是了解支撑它们 10 多年持续飞速发展的动力和战略。从研究的角度讲，我们不仅希望从经济学的角度评判企业的发展，而且希望从社会学的角度对这些企业的商务活动加以分析。经济学强调效率至上，而社会学更重视人与人之间的影响、人的相对地位和文化的重要性，这两种学科在我们的研究中都起到相应的作用。附录 B 是我们“研究和关注的问题”。

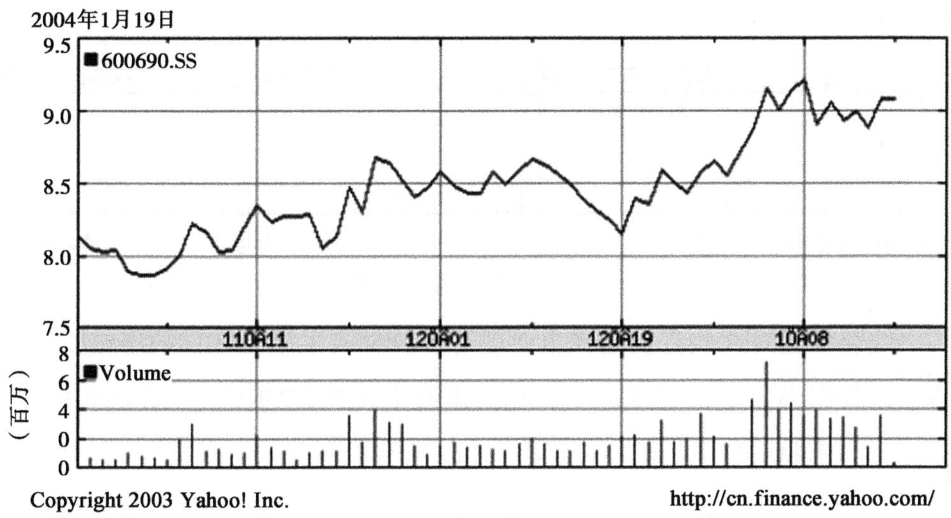

图 1-3 海尔股价走势

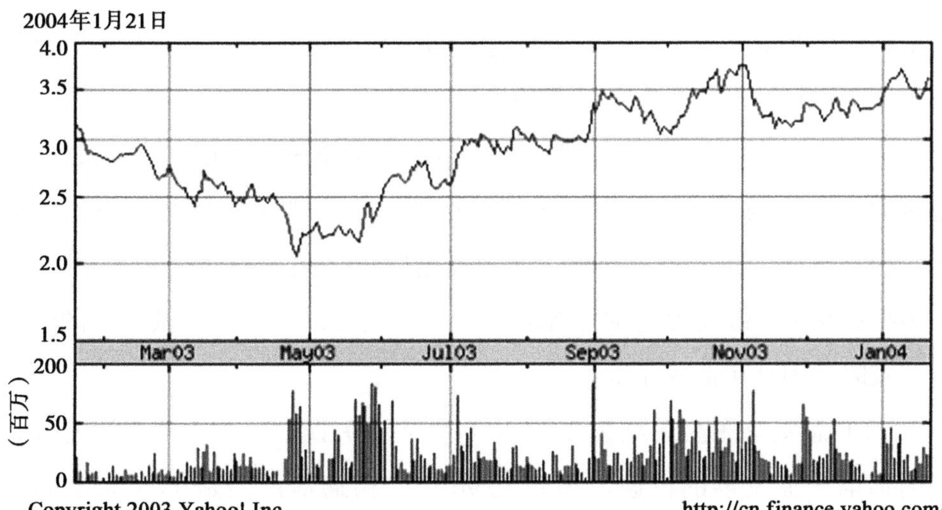

图 1-4 联想股价走势

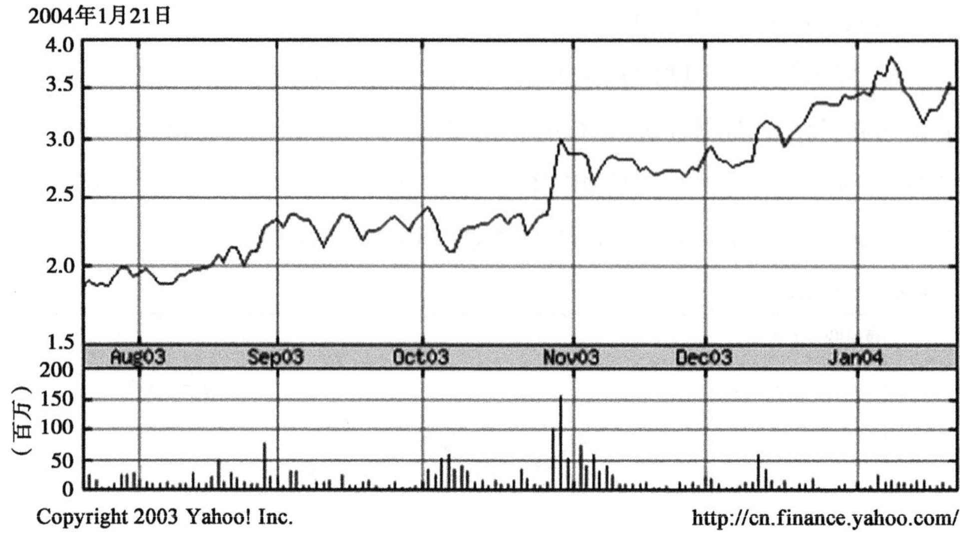

图 1-5　TCL 股价走势

综观各类对这些行业先锋企业现有的研究成果以及它们的历史数据和信息，我们必须非常客观地说，它们也有令人担忧的困境、疑惑和失误。例如，海尔将其核心竞争力定义为“以现有白色家电的核心竞争力为基础，实施国际化战略”，然而由于海尔对计算机、手机、生物制药、整体厨房、物流、保险行业的投入，明显地将原先规划的多元化产品领域转变成了多元化产业经营的格局，相应地，其“白色家电的核心竞争力”已经不可能支持目前多元化产业经营的格局。

联想在 2003 年 3 月宣布进军国际市场的策略——“把金子当银子卖”是否明智呢？的确，联想曾因善用价格战这一利器而在国内获得巨大成功。1996 年⊖，经过周密筹划，联想发动降价大战，前后连续 6 次降价，一举把联想 PC 带到国内主导者的地位上。然而，在国内屡试不爽的价格营销策略到国外可能完全失灵。

TCL 总裁李东生总结了 TCL 的两大战略失误。一个失误是没有抓住国内通信产业发展的机遇。20 世纪 90 年代初通信产品是 TCL 最有竞争

⊖ 新浪网 www.sina.com.cn，2003 年 6 月 3 日，《评柳传志之“金银论”》，作者：胡泳。

力的产品，也是整个集团的主要利润来源，公司上市后却走了下坡路。另一个失误是多元化的问题。TCL 在实行多元化战略时准备不够充分，资源分散，真正形成的有竞争力的产品并不多。这也是这些年来最困扰 TCL 的一直是它的“国际竞争力”的主业问题的原因。

不可否认，我们研究的这些公司也许经历过困境或是正在摸索如何应对挫折，这些经历无法避免，行业先锋企业往往更善于发挥它们的优势，它们成就的核心在于不断提升和发挥各自的优势，而不是纠正各自的弱点。由此它们比行业内的其他成员更容易展现出引领行业先锋的能力。

附录 C 回顾和揭示了这些企业的成长业绩。我们再也不能简单地将这些企业目前的优势归结为市场规模、低成本优势，这些优势当然是优势，但这种比较优势在经历了 10 多年的推移和市场变化的过程中已逐渐消失。让这些企业顺应市场变化、持续发展仅仅依靠低成本和市场规模的优势显然是不够的。

是什么让这些企业更善于发挥优势呢？那是因为在大部分企业沉迷于机会主义时，它们却率先在中国掀起了管理革命。中国改革 20 多年的时间不足以发展出一个成熟的商业社会，企业与政府和社会之间仍不可避免地存在复杂关系，然而它们集聚企业的内部动力和外部动力，不断完善和形成企业的管理方式和发展战略。本章的后半部分将详细阐述我们研究的整体理念和成果，同时提供了本书各章节内容的预览。

可预见的各种异议

异议一：中国企业内部都存在危机

反驳和说明　这个异议的关键是针对中国企业。的确，中国改革 20 多年来，一直困扰着中国企业的现象是为数不少的企业逃不脱盛极而衰的命运。一部分企业由于盲目多元化遭遇危机；一部分企业因为危机产生再分配不公，由于不能合理处置企业经营成果，导致企业瓦解；更多的企业则是因为人力资源水平和管理水平难以支持企业进一步提升，使企业在某个规模上处于徘徊状态。

综观行业先锋企业的成长过程，中国企业难以逾越的危机恰恰是企业从创业阶段向更高阶段转型时期遭遇的危机。行业先锋企业不但完成了这些转型，还努力通过完善企业的管理战略和发展战略进一步增加企业的核心价值、社会使命感。这些恰恰是我们试图研究和分析的重点。

异议二：现在还无法预见这些先锋企业能否长盛不衰

反驳和说明 企业能否长盛不衰要留给时间来证明，此外，长盛不衰的企业也可能无法做到在10多年中取得鼓舞人心的发展。长盛不衰的企业是在经历随着时间变迁的市场、很多次产品的生命周期和各个阶段的领导者之后才能应运而生的。

“长盛不衰”不是我们讨论的重点，也不适合我们目前讨论。我们研究的焦点是那些行业先锋企业，它们可能无法做到在价值体系方面坚如磐石，可能无法证明它们对世界有着不可磨灭的影响，可能无法获得独一无二的核心竞争力，但是，这些企业就像地质学家或是探险家那样，踩入不知深浅的河水里，引领着它们的追随者在短时间里共同实现梦想。我们的重点是希望能破译这些行业先锋企业得以迅速成长和发展的成功模型。

异议三：中国企业的成功主要受惠于整体经济的上升

反驳和说明 企业的成长不可避免地受到国家发展的影响。中国的经济发展带给企业正面的影响。然而，中国是个非常复杂、惯性极大的国家。单独的企业当然会受到经济大环境的影响，但很难说正在成长的数以万计的企业对国家没有影响。企业成长同样促进国家的经济成长。

我们说 20 多年的时间不足以发展出一个成熟的商业社会，中国的企业与政府和社会之间仍不可避免地存在复杂的关系。无论是海尔、联想、TCL 还是宝钢、联通和平安，当它们越趋于领先，它们就越难进步甚至可以说越难超越自己；当它们的表演舞台已经处在经济力量的先锋时，它们要面临一些更为深刻的挑战——它们依靠什么与众不同？我们的研究是希望了解这些企业的动力来源和驱使它们长期领先的因素，希望能探索到它们在达到行业先锋的过程中发挥中心力量的本质角色。

异议四：中国企业还不构成管理之道，只是进行了 10 多年的模仿

反驳和说明 作为发展中国家，我们不可避免地模仿，因为我们需要以较快的速度发展自己的国家。模仿是值得赞同的。当简单的技术性模仿走到尽头时，这些行业先锋企业要依靠什么保持增长？中国企业的管理难道没有属于“中国”的部分吗？完全的西方式管理理论的模仿有价值吗？也能获得实践吗？到底模仿了多少呢？

从研究开始，我们就始终坚信中国企业有其自身的管理之道，尽管各种发达国家的管理理论在中国广泛存在，中国企业还是遵循着属于自己的方式，先锋企业尤其如此。中国企业家不缺少创新精神，中国企业在对资源、对机会和对变化的把握上也有其独特的一面。即使是在对企业精心策划的战略安排和精耕细作的管理方面，中国企业也有其独创的应用。我们希望从这些行业先锋企业那里看到属于中国的管理之道。

异议五：这类研究的结论往往是管理业界各种理论的罗列

反驳和说明 这不是一个探讨各类管理课题在中国企业成功应用的研究。我们更愿意看到在实施那些管理理论之前或是同时，企业究竟做了什么，从而令它们摆脱大部分企业所处的低层次上的竞争而迈向先锋的地位。

我们不探讨中国企业成功应用各类管理理论的原因是，当一些企业已

经取得某些成功的时候，我们怎么写它，它都是成功的。我们或许可以从管理理论应用的角度总结出很多成功的因素，然而有很多企业走了同样的路，但是它们没有成为先锋，我们不能证明它们没有很好地实施，我们却能确信它们缺少了先锋企业的某些因素，所以仍然在低层次上竞争甚至有些已经失败。

在确立这个研究课题时，我们没有把课题落在研究各类管理理论在先锋企业的应用上，我们也不会罗列各种耳熟能详的管理理论。这是个独创的研究，也蕴含着独创的结论。

异议六：研究中国企业更多的是研究中国企业家

反驳和说明 企业家是企业发展过程中不可缺少的重要因素，这一点无论对世界500强企业还是对中国企业都是必不可少的。在中国企业发展10多年之后，大部分中国企业还是第一代或是第二代领导人。这仿佛回到100年前飞利浦兄弟开创飞利浦公司一样，企业的发展模式与企业的经营人有非常明显的关系。

然而，对还未能成为行业先锋的企业，其经历从无到有的过程也同样具有值得尊敬的企业家。

我们不能以企业的成长经历推理出企业家在组织经营的过程中展示了他们的战略和谋划能力，也不能因为企业家本身卓越的经历和地位推理出他们经营的企业有着同样可观的前景。

我们不以企业研究企业家，也不以企业家研究企业。我们希望了解为什么有些企业能够确立正确的定位，能够迅速做出正确的判断，能够在执行环节上、在不同的时间对资源做出很好的布局和选择，从而得以持续发展成为行业先锋。同时，为什么它们能够选择一个正确的方向，并且在其执行环节上可以避免可能有的成千上万种不同做法而取得一致而健康的结果。

研究的整体理念和成果

这个研究持续的时间长达 8 年，在这期间，我们成立了 6 个项目，在得出每个结论后又将其先后推广和应用在 32 个不同行业与类型的企业，直到目前，我们才可以将这部分内容作为一个研究成果公布于世。1995 年至今，我们一共发表了 80 多万字的研究内容，这些内容往往是对我们一个结论的总结和回顾，然后我们以顾问的角色将这些成果实施应用于一些企业，这些企业的成长经历和目前状况恰恰是对我们的研究成果的佐证。

需要强调的是，在研究的最初阶段，我们的探讨对象并不仅仅基于写入这本研究成果的行业先锋企业。8 年前中国还不能让我们寻得一些先锋企业加以研究，而今，令人鼓舞的是我们的研究成果非但在这些先锋企业中得以证明，而且还在更多平凡企业的迅速发展中得以证明。这 8 年的研究可以分为以下这些阶段。

第一阶段：反思

我们在企业里往往被推崇为“解惑”和“答疑”的专业人士，这可能是因为我们所从事的职业。然而，“解惑”和“答疑”并不能代表我们自己。很多情况是企业认为自己做得很好，我们却发现了它们的不足，我们发挥了“提醒”和“点拨”的作用。

和众多咨询业界、管理业界的同人一样，我们脑子里积累了非常丰富的成功经验和案例，有时候我们不清楚这些经验到底正确在哪里，我们却非常清晰地知道摆在我们面前的企业通常面临的问题和解决方法。1995～1998 年，我们有机会参与了一些国内备受推崇和重视的企业管理课题与项目，在这个阶段，我们发现了一个值得深思的问题，那就是：很多我们认为存在企业管理问题或者说存在发展规划战略问题的企业，它们为什么没有被市场冷落反而保持飞速成长？究竟是我们的管理理论对中国企业不适合，还是这些企业有更为深刻的却没有受到我们重视的其他积极和正面的因素？

的确，对于当时正逢茁壮成长阶段的中国企业来说，发现一些问题比发现它们得以持续发展的原因容易得多。当我们看到一家企业内部复杂的组织结构时，我们会向它“点拨”扁平化组织结构的优势，经营的范围和品种太多的时候我们会为它是否关注利润而担忧，人才的培养和建设有问题时我们会关心它们的选才制度和企业文化，等等。企业管理所涉及的领域越广，能发现企业的不足之处就越多。这时，我们决定开始另一种思考，这也是我们反思的源起。

我们开始觉得即使是作为经济管理和社会学的专业人士，仍然应当看到中国企业在现实的成长中教给我们的新的成功的管理模型。

第二阶段：理性的整理

带着这个问题，我们开始寻找和整理已有的丰富材料。除了看到非常多的有关创业者的传奇故事和辉煌成绩外，我们更注重了解客观的数据和资料。

我们首先将目标锁定在那些先锋企业上。事实上，我们说一家企业是先锋企业并不是说它在全国各地都设立了办事处并且对很多行业进行投资。在经济飞速发展的中国，完成原始资本积累可能较为容易，但是随着知名度、社会影响力的提升，这家企业还能否进一步成长和发展呢？所以说，先锋企业是指那些有能力扩大到各个市场上参与竞争，从而运用各个市场带来的优势使自己的发展得以最大化的企业。随着对行业先锋企业标准的落实和选择的结束，我们的研究正式确立了。

1999 年至今，我们收集了有关 5 家企业在过去 20 年的 3000 余篇文章和 20 多部著作，这其中主要包括技术、机制以及规划等方面的资料。

这些复杂的资料让我们意识到很多情况下经济管理学者更愿意倡导的是管理系统、管理规划、管理机制以及管理结构等，但这些都偏离了我们所要讨论的焦点，即获取可以持续成长的因素。

幸运的是，我们的研究小组成员涵盖了来自经济学和社会学两个领域的专家；从社会学研究的角度，我们分别采访了 23 位与这 5 家企业有直接和间接关系的人，完成了 3 份涉及 300 多个中国企业 1000 多人的问卷调查。社会学不是提供一个模式去考虑问题，而是更推崇多视角的实践性的研究体系，我们因此更关注事实、资料之间的联系、导入和产出。

第三阶段：实践鉴定

让历史的证据说话可能还是不够！

我们更倾向于将研究结论和成果“在实践中论证”。2000 年起，我们先后将这些研究成果在美的集团、六和集团、联邦集团等 32 个不同行业和类型的企业做了相应的有步骤的实践，这些企业随之而来的飞速成长在某种程度上强有力地支持了我们的研究成果。

每种管理方案或许都会在某个时期内生效，值得说明的是，我们的研究成果并不是客户化的管理解决方案。很多时候企业更希望我们厘清它们目前存在的问题，而我们所做的是分析它们的成长之路，让它们比任何时候都更清楚自己的成长轨迹和在这个过程中产生的优势。同时，我们也引入我们认为值得采用的模型。

我们将统一的模型实施在不同的企业，并看到这些企业在实施之后的迅速成长。这也是我们始终强调而不是依据各类管理理论论证企业飞速成长的原因，我们尤其注重将我们所获得的那些可使企业持续成长的模型加以实践。

在我们的研究成果中很难看到大部分已有的或者说是“实证的”管理

理论，现代经济学让我们得到一些启示：新理论的发展往往包含而非推翻旧理论，我们希望这些可以被更多平凡企业实施的模型包含着丰富的管理理论，而不是用一个模型推翻另一个模型的过程。

第四阶段：成果

1. 四个重要的导入因素

我们通过图1-6这个简单的框架，描述出我们从一堆纷繁复杂的信息中发现的内在结构和顺序。我们展示了四个重要的导入因素，这四个极具中国特色的因素不但揭示了中国行业先锋企业的成长本质，更演示了绝大多数中国成长企业“从起飞到领航”的成长轨迹。

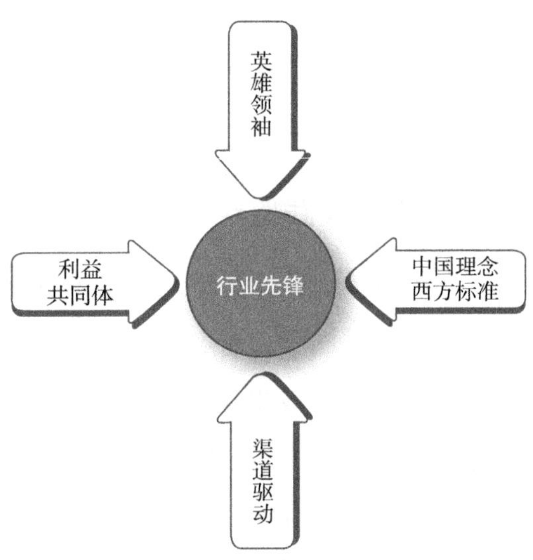

图1-6　企业飞速成长的因素

本书的第一部分（第1～5章）主要围绕图1-6进行论述，这里所表达的是四个导入先锋企业的因素。第二部分（第6～9章）分别分析了这些导入因素的产出，如图1-7所示；因果之间周而复始的相互作用，即第三部分（第10、11章），形成了这些企业持续成长的原因。

第一个导入的因素：英雄领袖（企业的内部动力）

“善弈者，谋势，不善弈者，谋子”是古人对弈棋之道的经验性概括。高明的棋手与人对弈，总是顾全大局、筹划全盘、攻守有度、进退得宜，方可稳操胜券。若只注意谋子，一时杀伐虽然痛快，却忽略了大势的变化，纵使开头略有小得，最终也会因划地自限而失去未来。优秀的企业领导者首先是战略家，这要求领导者一方面要对形势的发展和趋向有超前的眼光和判断力，另一方面要对自己是否具备造势与任势的条件和实力（主要是推行战略的人才）有清醒的认识和完善的考虑。

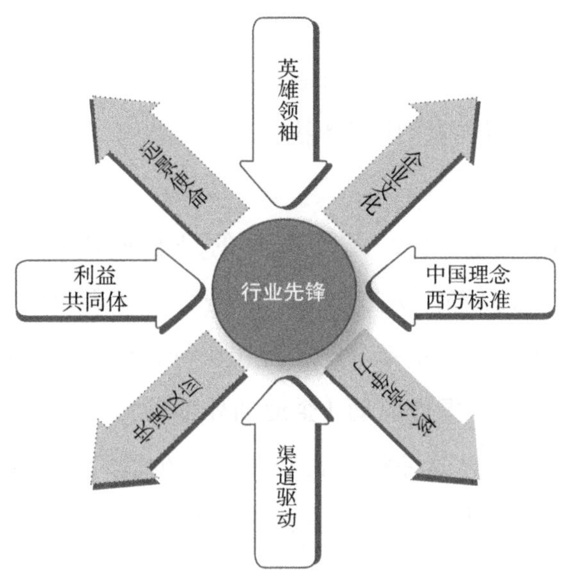

图1-7　企业持续飞速成长的因素

优秀的企业领导者也是执行者，他们要不断地制造变化，经常要求员工改变一点点，引导员工自我适应。他们拥有开放的胸怀和性格，马不停蹄地在企业中走动，与人们接触；他们把被人接受作为信条，从不厌倦于向人们讲述自己的想法。

一个无懈可击的竞争战略，如果执行不力，最后也会变得一文不值；一个先天有偏差的竞争战略，无论企业领袖多么卓尔不凡，执行过程多么无可挑剔，最后也难逃失败的厄运。可以说，善弈者谋一局之胜，不善弈者求数子之得。

第二个导入因素：中国理念，西方标准（企业的管理方法）

我们看到非常多的合资企业无法成功，最终怪罪于中外两方的合作不佳；很多独资企业也未能在中国得以成功地发展，最终怪罪于文化的偏差；还有更多的中国企业，企业内部有着对文化和传统的共同理解，可是仍然没有迈向成长之路，最终怪罪于企业的经营不善，这究竟有没有共同的原因呢?

在实践和分析中，我们认为合资企业或者独资企业都有非常明确的西方（这里指发达国家）标准（即管理行为和结果的尺度），由于经营者无法将这些标准在中国员工中执行而导致最终的失败，而那些经营不善的中国企业恰恰是由于没有借鉴、应用和执行这些蕴含丰富管理经验的西方标准而显得落后。

中国先锋企业的成长，尤其重要的是它们以西方标准作为准则（benchmark，标杆比较），更重要的一点是它们善于以中国理念来概括和执行这些西方标准，这是先锋企业规划和执行管理方法的重要方式。

第三个导入因素：渠道驱动（企业的外部动力）

先锋企业的成长时间往往非常有限，初创阶段还无法掌控自己的品牌引擎，没有品牌还能飞速成长吗？究竟是先有品牌，还是先有先锋企业呢?

中国先锋企业没有效仿国外企业的品牌创造（即使客户还没有机会使用，先将品牌植入人心）和品牌基石的管理方式，没有一意孤行地选择品牌作为市场推广的方式，更多时候，它们愿意服务于自己的分销渠道。这取决于它们对自己在起步阶段的客观认识：既没有社会的正面评价，也无法无中生有地创造出一个被客户认可的品牌。

除了讲究渠道成员公平和连续的合作关系外，先锋企业对渠道驱动的理解更胜一筹。由于这些渠道成员面向当地的消费群和客户，是企业的代言人也是市场最终用户的代言人，先锋企业首先将渠道作为第一层客户群，其次将渠道作为对公司品牌和产品最直接的市场推广武器，以渠道驱动终端市场。

第四个导入因素：利益共同体（企业的发展战略）

利益共同体不仅包含上下游的利益、资源分享，还包含企业与企业的员工、企业与政府、企业与相关的知识机构、企业与分销网络等共同利益关系。

与“战略联盟”不同，虽然均以共享资源和市场、降低成本、分担风险为目标，但利益共同体有着更明确的分工合作、分工经营的方式。战略联盟的下一步往往和“兼并”“收购”“竞争对手”等联系在一起。由于联盟之间的核心业务非常类似或者分工不明确等原因，战略联盟之间更强调平衡的利益，否则就会导致联盟间的冲突。

利益共同体的组成前提是：共同体在合作关系达成和执行的过程中都非常清楚相互依存的“这部分”核心内容；作为企业的发展战略，利益共同体的选择和最终合作同时也设计了企业未来可以形成发展优势的资源和能力——与主营业务无关、与核心竞争力无关，利益共同体标志着企业以怎样的方式、怎样的速度、怎样的资源配合企业自身的产品和服务达到持续成长的目标。

2. 四个重要的产出

很多时候，企业经营者往往无法判别导入和产出，即因与果。从经济学的角度，企业文化、发展战略、核心竞争力、市场营销、战略联盟、价值链管理、供应链管理等因素都是企业持续增长的内容，然而这些内容是相对独立的，也由不同的管理科目来划分。它们之间有关联吗？究竟什么是因、什么是果呢？如果这些管理理论都是相对独立的，我们究竟先做什么呢？会有什么效果呢？我们从经济学和社会学两方面研究这些课题的关联和含义，图 1-7 显示了这些导入因素与产出因素的关系。

产出一：企业文化

基于强调“人与自然的统一”“人与人的和谐”的中国传统文化特点，当我们一旦确立了企业领导者，形成了企业的管理战略，企业文化也就应运而生了。

事实上，10多年前我们还没有意识和领会企业文化这门学科，行业先锋企业在初创阶段并没有刻意塑造自己的企业文化，正是它们的领导者（“英雄领袖”）和它们的管理战略（善用中国理念执行规范严格的西方标准）自然塑造了它们的企业文化。

的确，企业文化也可以被塑造，或者说是通过第三方来塑造。首先这家企业的高层管理人员要乐于改变，他们支持、迎合并倡导这种被塑造的文化；其次这家企业的管理方式和管理标准同样符合并引导这种被塑造的文化。客观说来，企业文化的可被塑造性非常弱，因为企业领导者和企业的管理战略已经影响甚至决定了这家企业的文化，企业文化的源起首先是被动地产出。

产出二：核心竞争力

我们目睹过很多企业“培育”其核心竞争力，其中讨论了非常多的“核心价值观”“核心技术”“人才机制”“核心产品”等。事实上，企业还需要一种能力将这些能力组织在一起，沿着一个明确的方向运动。这种能力是其他诸多关键能力的核心，是它们的灵魂，是企业真正的核心竞争力。倘若企业还处于初创阶段，究竟是否有能力判断自己的“核心”呢？是先有“核心”再有企业吗？或者说，是因为企业具备了“核心”，它才能赢得市场吗？

核心竞争力是一家企业的差异化竞争优势，它立足于企业在追求客户价值实现的过程中，向客户提供优于竞争对手并且不易被竞争对手所模仿的、为客户所看重的消费者剩余价值的能力。这里一样有着因果关系。核心竞争力不是被创造再被实施的。没有市场的认可和接受，企业就不能将自己的特殊技术、产品、服务或价值观定义为自己的核心竞争力。最重要的是，先锋企业必须首先尊重与关注渠道驱动带来的市场信息和客户需求，并将实时的市场信息和客户需求通过企业的管理战略得以实施和验证，从而判断出企业自身的核心竞争力，只有这样的核心竞争力才能推动企业飞速成长。

产出三：快速反应

快速反应是 20 世纪 90 年代以来随着信息、网络的发展而逐步流行的管理理论，它不但同信息和网络有关，而且与供应链管理、全面质量管理、JIT、客户关系、客户服务等有着更密切的关系，甚至将这些理论都涵盖在内。

同样，10 多年前并没有这个名词，行业先锋企业也没有创造出一个达到快速反应的环境和条件。快速反应是从先进企业那里总结出来的，它本身的确非常关键，尤其在信息快速发展的今天，快速反应所涉及的范围包括企业的上游、企业自身和企业的下游，我们必须首先关心它的导入因素，即利益共同体和渠道驱动。

渠道驱动带给企业最有效的市场信息，即回答“对什么快速反应”在应用 CRM（客户关系软件）之前甚至是之后，没有什么能比来自于渠道的信息更有效了。对企业来说，掌控并服务于自己的渠道，其最重要的目的就是以最快的方式获得有效的市场和客户信息。而且，利益共同体辅助企业完成与自身相关的上下游之间的共同依存、合作和发展，它是实现联合企业上游（供应商、供货商）、企业自身和企业下游（分销商、最终用户）相互协作并共同做出快速反应的先决条件。

产出四：远景使命

所谓“站得高才能望得远”，企业的远景使命并不是先“望”到的，企业自身必须先具备“站得高”的能力。比较行业先锋企业在初创阶段的“目标”（当时还没有“远景”一说）和目前的“远景”，显然，“远景”随着企业的成长而成长。

深谋远虑善于任势的企业领导者扮演着积极主动的角色，他非常清楚企业的劣势并主动谋求可以“造势”的利益共同体，同时利益共同体自然而有效地弥补了企业（或者是创业者个人）自身的劣势，相互的“共同”关系有利地辅助企业首先摆脱初创阶段的困境或是推动企业迈向更高阶段，这两点是“站得高”的条件——积极推动先锋企业持续成长的远景使命由此而来。

我们时常看到将核心竞争力与远景使命联系在一起的论题，事实上核心竞争力与企业的远景使命没有必然的联系：无论核心竞争力最终在企业的物化表现是某项技术还是某种特色服务或是产品的性价比等，都不能直接影响企业做出“多元化”或是“国际化”的发展远景规划。远景使命的前提是这家企业对其发展前景到底能“站”得多高。

3. 相互作用，相互促进

事物都是发展变化的，导入和产出在经历了一个轮回之后，各个因素之间就开始相互作用。我们希望这个结论能告诉中国行业先锋企业长期（指完成另一个 15 年）持续成长的原因。图 1-8 显示了这些因素的相互作用关系。

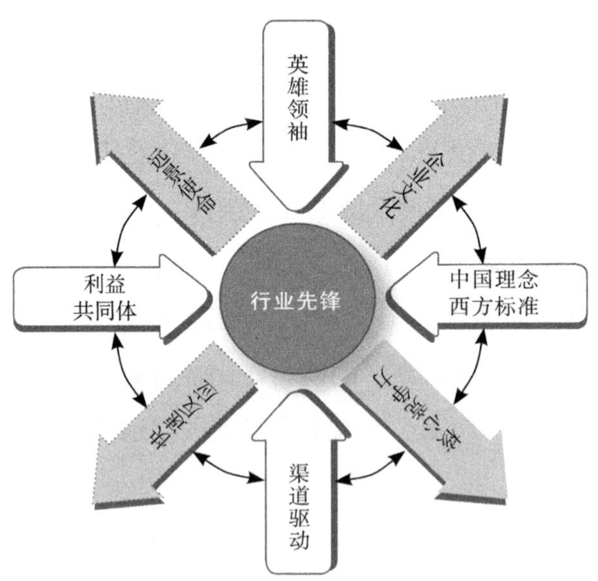

图 1-8　企业长期持续成长的因素之间的关系

例如，当企业已经形成自身的企业文化，文化就开始对企业产生潜移默化的影响。文化会作用于这家企业的下一位“英雄领袖”，也会作用于企业不断发展的管理战略。类似地，当企业的远景使命已经产生，它同样会反作用于企业的“英雄领袖”和其利益共同体，令他们不断迈向这个远景而不偏离企业预先设定的轨迹。快速反应也不例外，当企业具备了快速反应的能力，它反作用于企业面对的市场/客户或最终用户，表现在快速满足市场不断变化的需求与价值。同时企业对利益共同体的要求越高，其获得利益共同体的支持越大。表现在核心竞争力方面的反作用力也是如此，核心竞争力推动企业不断创造企业的市场价值，也推动企业不断更新和实施更有效的运营管理理念和方式——是如此简单的周而复始吗？正如吉姆·柯林斯在《从优秀到卓越》一书中所说的：“事实上，新经济中也没有什么新东西！”

从本书的第 2 章起，我们将带领你共同验证和实践以上所提到的各种导入因素和产出因素。在本书的第三部分，你还能看到这些因素是怎样按照我们的框架“周而复始”地推动着行业先锋企业保持进步的。我们确信这是个令人难忘的过程，你将体验的是行业先锋企业如何从零做起，如何飞速成长，又如何能持续领先！

取得成功的方法是，75%～80%靠领导，20%～25%靠管理。

——约翰·科特

02

第2章 英雄领袖

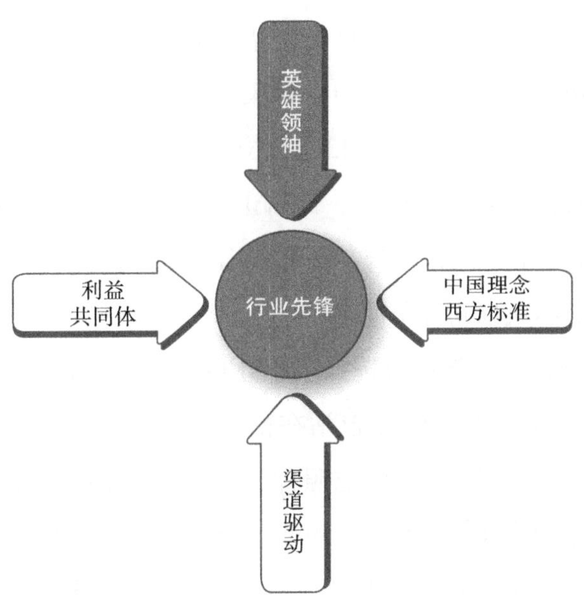

2000年，任正非被美国《福布斯》杂志评选为中国50名富豪第3位。[⊖] 1987年，任正非创办深圳华为技术有限公司，成为中国市场GSM设备、交换机产品及接入系统的佼佼者。当年他倾其8000万元的“第一桶金”，全部投入大型程控交换机的研发，一举打下华为的江山，并指出华为要“死死抓住核心技术”，不管外界风吹雨打，毫不动摇。他领导着自己一手

⊖ 《赛迪网》，2002年7月23日，《一条道走到黑：华为集团总裁任正非死抓自主研发》，作者：金凡。

创办的华为一面居安思危，一面翘首等待着春天的来临。

2002 年美国《财富》杂志，谢企华以第 18 位列入世界 50 名商界女强人。㊀在中国的钢铁业界，谢企华是个标志性人物，被称为“驾驭钢铁航母的铁娘子”，她领导中国规模最大的钢铁联合企业——宝钢集团。在中国加入世贸的一年间，谢企华直面严峻形势，坚决进行产品结构调整，使宝钢战胜挑战获得发展。同时，她还灵活运用世贸规则，保障本应属于中国钢铁企业的合理权益，在美国的钢铁反倾销案中笑到最后。

2002 年 5 月，东京、秋叶原、繁华都市繁华地段的家电大卖场里，海尔在创建的第 18 年利用三洋的销售渠道销售的第一批家电产品在秋叶原上市，更重要的是海尔产品在日本树立了高价位形象。张瑞敏在《读者新闻》等十几家日本著名媒体前，保持谦虚地微笑，他的讲话内容始终没有离开日本消费者的需求，“产品质量好比是运动会的参赛资格，但只有根据用户的需求不断创新才能拿到名次”。㊁

《财富》杂志 2003 年精心选择了十几位全球最有代表性的商业领袖作为其系列广告的代言人，柳传志站在落地玻璃窗前，极目远眺，表情坚毅。“一个学生”——印有柳传志照片的广告这样描述这位有影响力的中国商业领导人。他在 1984 年创办的联想公司先是以 IBM、惠普作为学习榜样，然后以联想独特的方式主导了中国本土 PC 市场。㊂

46 岁的李东生在 2003 年行将结束时完成了一个令人震惊的兼并，他领导的 TCL 公司与世界最大电子消费产品供应商之一的法国汤姆逊公司结成了全球最大的彩电制造联盟。“中国不再仅仅是生产廉价产品的一个车间，而且是一个准备以其精良产品占领西方市场的优秀企业辈

㊀ 《北京现代商报》，2003 年 1 月 10 日，《谢企华：以柔克刚的“铁娘子”》，作者：马洪涛。

㊁ 人民网 www.people.com.cn，2002 年 5 月 28 日，《张瑞敏东京论“道”日媒体高度评价》，作者：心哲。

㊂ 《经济观察报》，2003 年 12 月 26 日，《先生们，让我们重新想象中国》，作者：许知远。

出的地方。”法国《回声报》这样评论。性格腼腆的李东生描绘了这家成立于1981年的企业的发展前景，它要在2010年进入世界500强的行列。㊀

……

并不是只有这些入选的先锋企业才具有远见卓识的企业领袖，我们发现紧随其后的更多飞速成长的企业和先锋企业一样，不断追求和开拓领先的行业标准。比如，光明乳业的王佳芬，希望集团的刘永行，格兰仕的梁庆德，美的集团的何享健，娃哈哈集团的宗庆后，等等。

时至今日，如果没有这些富有雄心、试图改进世界的人物，我们对中国企业在世界商业领域的地位或许仍然会有些不知所措。商业世界里需要英雄辈出的气氛，没有这些英雄，很难将中国商业领域中属于中国自己的这部分内容区别出来。更重要的是，对中国来说，商业的繁荣也意味着一个不断繁荣昌盛的社会和国家。我们想揭示先锋企业领导者的自身才干，这也意味着我们希望关注的是这些领导者对所遇到的各种情形的自发的、油然而生的反应。客观地说，只有这些油然而生的反应才能提供“英雄领袖”人物自身才干的最好线索。

另外，我们相信中国的商界是由具有杰出头脑与富有热情心灵的企业家组成的。这里探讨的虽然是这些先锋企业的领导者，无意间我们可能涵盖和汇集了许多其他正在成长的企业领导者的特征。由于很多企业处在初创阶段，往往会更容易突出创业期间第一任领导者的个人作用。对我们的研究来说，我们以先锋企业的领导者作为范例，希望能在他们十几年的耕耘中感受到一些令人震撼的启发。

㊀ 博客中国 www.Blogchina.com，2003年12月29日，《2003，中国想象！》，作者：彭鹏。

英雄领袖

在研究中，我们将英雄领袖所关注的处事战略和各自具备的能力组合成因果关系的模型，如图 2-1 所示。这些行业先锋企业的领导者如出一辙：他们不但具备了企业领导者的素质和能力，更站在行业的前端部署战略；他们不但希望社会对自己有良好的评价，更希望他们经营的企业承担起社会甚至民族的使命；他们善于改变，不仅如此，他们更注重引导组织共同创造财富和价值。这些行业先锋的引领者尽管是世界商业的“后来者”，在迈向成为中国先锋企业的过程中，他们无不表现出“后来者”的远见。

我们以因果对应关系列出了中国先锋企业的英雄领袖所具备的各种特质，如图 2-1 所示。必须强调的是：作为英雄领袖，他首先必须是行业英雄，其次再是企业领袖。如果我们仅仅将范围定义在绝大多数企业的领导者，他们或许是各自企业的领袖，但他们中间只有极少数才是被行业内认可的行业英雄。这是一个明显的区别。以行业英雄、企业领袖作为起点，我们看到这样的人物所具备的显著特征，即他们始终走在行业的前端，主动引领行业的各项战略，不断创造新市场、把握新动机，同时他们尊重每一个决策，对待决策尤其慎重，不以个人意愿为导向。

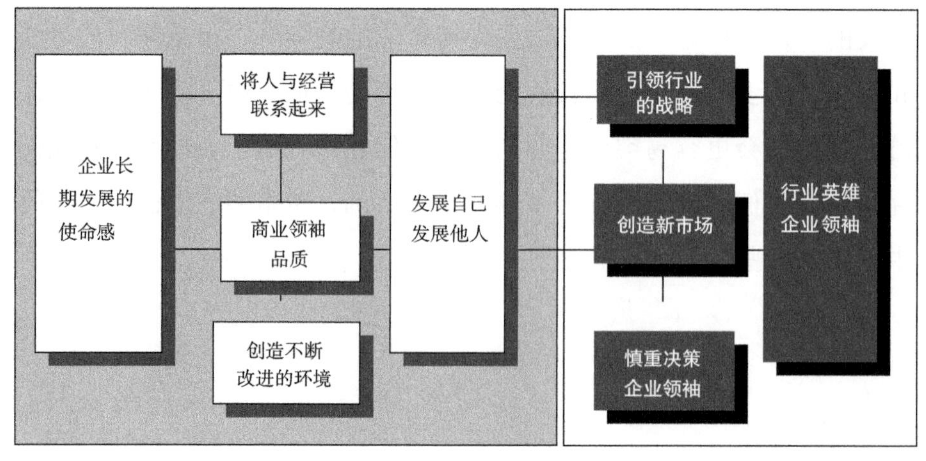

图 2-1　英雄领袖

引领行业的战略

并不是每家企业都有机会站在行业的前端指挥整个行业的发展方向。以这5家先锋企业为例，海尔的“国际化”，TCL的兼并、收购，联想的营销，华为的研发，宝钢的技术创新，这些都已经成为各自所在行业被推崇和追求的目标。事实上，这些英雄领袖从一开始就没有把目标只放在自己的企业里，在他们最初的目标里就已经流露出他们力图处于行业领先的雄心，他们希望能够引领各自所处行业的目标、标准和机会。

在研究过程中我们发现，引领行业的战略指的是：以行业共同利益为前提。

- 设立有远见且可达到的目标并为之努力，寻找方法实现他人认为不可能的成就。
- 试图成为行业标杆之一，设置衡量成功与否的行为标准并被其他企业借鉴。
- 选择方法获取潜在利益，从而将困难或高风险环境转化为机会。

英雄领袖从不放弃从正面积极的角度使自己掌握在行业中取得先锋定位的主动权。海尔集团从20世纪80年代中期开始借助外国技术制造冰箱，张瑞敏致力于将海尔以三个行业战略建设家电行业的先锋。

我们选择质量战略进行介绍。早在20世纪80年代张瑞敏以质量引领行业战略。当时海尔在规模、品牌方面都是绝对的劣势，靠什么在市场上争得一席之地呢？只能靠质量，而由于中国家电市场处于爆炸式增长时期，家电产品普遍供不应求，受这样的卖方市场因素影响，绝大多数企业没有质量意识。张瑞敏接手的这家亏损147万元的工厂同样没有质量意识，也没有对质量的责任意识。1984～1991年，张瑞敏始终如一贯彻品质第一：为带领员工对结果承担责任，他表现出实现质量标准的决心。经营早期他曾不得不下令直接责任者自己动手砸毁 76 台次品冰箱，以此树立“有缺陷的产品就是废品”的观念。直到今天，无论是在洛桑还是在哈佛，张瑞敏在总结海尔管理时总不忘说，海尔的“质量理念是一把大锤砸出来的”。张瑞敏领导海尔通过 7 年的质量改进历程成为中国家电行业的质量理念代表，也奠定了海尔站稳国内和国际市场的基石。

联想杨元庆在 2002 年年底推出“关联应用”技术时，就一直在描绘一个远大的目标，把联想的关联技术标准变成中国乃至世界的技术标准。在成功地与 3com、NEC、西门子以及松下等知名企业结成战略合作伙伴关系后，任正非在继续巩固国内阵地的同时，同时把国际化作为未来重要的发展策略之一，选择 ITU 电信展这一通信领域最重要的展览作为切入点，再次提速其国际化的步伐。宝钢集团谢企华将宝钢的钢铁行业战略明确为将宝钢集团建成“六大钢铁精品基地”，即汽车用钢、石油管、造船板、不锈钢、电工钢和高效建筑用钢，同时将集团发展战略定位于成为实业、金融、贸易并举的大集团公司。在研究过程中，我们将其他先锋企业的领导者做了同样的发展过程追溯，我们发现，英雄领袖所具备的引领行业战略的能力往往超过期望价值，这其中以如下三点为最重要的特征：

- 设置具有挑战性且维护行业利益的目标并为之努力，高度投入。
- 寻找方法超越先前标准，参与制定相关的技术、服务标准，成为标准的制定者。
- 大胆寻找及完善增加价值的方法，全面理解所涉及的机会并设法处理风险。

创造新市场

在 2002 年年底联想创新大会上，联想首次提出其关联应用战略，即通过对个人信息、企业信息和社会信息的最终统一联系，实现以主动的（proactive）方式，无缝（seamless）地整合（integrate）网络资源，为客户提供高效（effective）、贴切（proper）的服务，简称PIPES理念。杨元庆，这位2001年4月从柳传志手中接下联想大旗的CEO，做了个很有意思的比喻："很多人认为PC电脑走到尽头了，把它当成牙膏牙刷一样的产品来销售，有些厂商大概就是这样的理念。但是我们认为computer会演变成千变万化的形式，未来是一个计算时代，我们所有的家电产品、通信产品，都有计算能力在里边。所以我们希望我们自己的创新实力更强一些。""创造新市场"的关键即在于企业在某个市场已濒临饱和的情况下，能迅速及时地发现并创造新的市场。早在联想集团的柳传志时代，柳传志坚持的就不仅是创造能够带来利润的应用技术，他更注重冲击未来的前瞻性技术，将联想定位为"一个技术驱动型"的企业。

联想集团历年销售业绩，如图2-2所示。

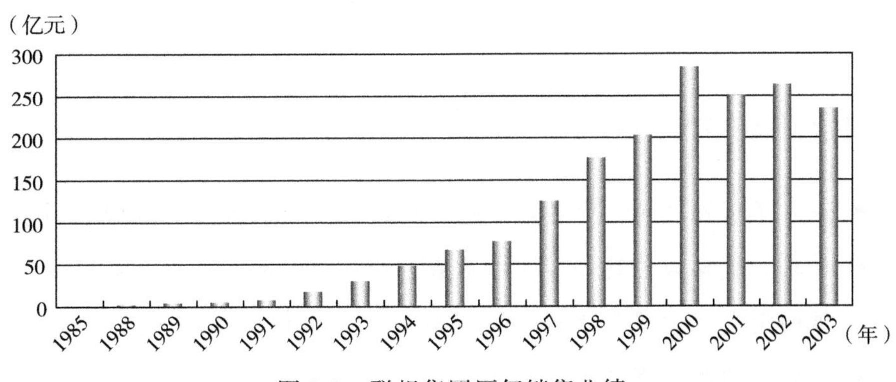

图2-2 联想集团历年销售业绩

在联想的第二任总裁杨元庆上任后，短短两年里，杨元庆引领联想的发展过程鼓舞人心，他有更强大的武器：持续不断地创造新市场。

2001年5月，杨元庆开始推行IT 1for1联盟店的服务模式。IT 1for1联盟店的主体是联想商用渠道，由联想遍布全国的渠道去覆盖同样遍布全国的中小企业，就是说，联想的渠道也在向增值服务转型。8月29日，联想集团与华凌公司签订了500万元的ERP项目合同，这是联想“从产品向服务转型”的第一笔收入。9月，杨元庆亲自为获得首次专利奖的员工颁奖，这个奖也是联想特别为鼓励技术创新而设置的。2002年3月18日，联想宣布了全面进军高性能服务器业务领域的战略，发布了联想在高性能服务器核心技术领域的两项最新成果——“机群管理系统”和“机群监控系统”。

这让我们认识到很关键的一点：英雄领袖能正确理解市场和外部环境并运用到所有经营活动中，以获取竞争优势。

首先，他们理解客户。

- 运用对企业的商务理解与知识，提出新想法并增加价值。
- 通过与公司内部及外部发展保持一致，努力实现对顾客及消费需求的理解。
- 提出并影响产品及服务质量的改善，从而更好地满足顾客及消费者的需求。

其次，他们理解当前市场。

- 深入了解顾客（消费者）的需求和市场发展以开展有效经营活动。
- 寻求、解释与传达顾客（消费者）和竞争者的信息以指导经营。
- 借助消费者的眼光来评价并完成技术创新和产品改进。
- 采用、调整和贯彻创新概念。

杨元庆非常清楚作为IT行业的自主品牌，联想要长足发展的唯一出路就是创新；这里的创新已不再仅仅局限于对技术的创新，更重要的英雄领袖本质在于发现新市场甚至是为企业的发展创造新市场。

翻开其他中国先锋企业的成长史，“创造新市场”几乎是每个英雄领袖迅速摆脱困境或是积极取得实效的最超群的能力，表现为以下特质。

（1）明确市场走向

- 创造并培养清晰的长期市场意识，以获得经营成功。
- 预见顾客和消费者倾向及其改变需求，应付非可控的竞争对手。
- 实现产品及服务的演变以满足未来需求。

（2）创造新市场

- 改变游戏规则，为竞争对手设置挑战。
- 抢在他人之前预测并抓住市场、产品和服务机会，了解外部环境和全球发展。
- 有确定正确的进退时机和手段的能力，这样公司可获得新的长期利润收益。

可见，创造新市场更重要地取决于英雄领袖对市场和机会的敏锐程度，以及对待改变、接受创新的弹性。英雄领袖在这方面的特质，也影响着企业在面对残酷的现实或是寻求积极突破的情况下，是否可以及时地调整战略和战术。很多时候，我们往往会将一家企业的成功归结为这家企业“英明转型”的决定。这个决定从哪里来的呢？是从广泛的市场调研中得到的吗？当企业面对残酷现实或是寻求发展突破时，它们如何制定新的战略以取得胜利呢？诚实而努力地面对现实是不够的。

如同我们在研究中的发现，其他企业的领导者与引领先锋企业的英雄领袖一样，保持诚实和努力的作风来处理企业发展过程中的棘手问题，然而英雄领袖面对现实总能与众不同地获解其中的关键，因为他们善于不断创造新市场，在这里，我们将这个通常情况下具有广泛含义的“创新”赋予更清晰的定义，即创造新市场。中国快速成长的企业享受着比世界上任何地方都丰富而精彩的市场。这一点让很多公司可以从无到有迅速发展。“创造新市场”的英雄领袖的特质正是基于这样一个丰富而精彩的中国市场，对他们而言，新技术、新理念、新的管理方式等一切都是紧随新市场而产生的。

慎重决策，企业领袖

企业在成长过程中必然经历一些重大决策，倘若企业成功，回顾的时候无一不认为是重大决策的成功，而如果企业陷入惨淡经营，也会将错误推向决策人。我们不以决策的最终成败评判决策人。我们观察到的是，英雄领袖无论是面临对“引领行业的战略”的决策还是对“创造新市场”的决策，他们都显示出“慎重决策”的特质。中国的企业领导者常常过于受到推崇。虽然中国社会不以商业企业家作为英雄，但对一家企业来说，企业领导者往往是权力和权威的象征，也因此成为许多决策的最终决定者。我们将“慎重决策”与“企业领袖”放在一起的意思是：英雄领袖在企业内部是领袖，然而他们没有因为自己的权力轻易做决策，他们所做的是慎重的企业决策而非自己的个人意愿。

我们要提到 TCL 的改制及并购案例。对绝大多数中国国有企业领导者来说，“改制”是个如履薄冰的字眼，李东生把握的分寸、时机都恰到好处：不但实现了国有股减持，而且同时引进境外战略投资者入股，逐步构成利益伙伴关系的布局以实现 TCL 成为跨国公司的构想。至 2004 年 1 月 TCL 集团成功整体上市，为国有企业改革树立了典范。回顾“改制”过程，TCL 从 1996 年开始历经 6 年时间完成这个李东生命名为“阿波罗登月”的计划。与春兰集团大刀阔斧的改制计划被中途叫停相比，TCL 的管理层持股激励计划可以在 6 年后政策多变的中国得以实现，显示了李东生的稳重和利落。李东生用一个“悟”字形容这种“慎重”：

要悟到一个企业在社会中生存，必须适应这个社会的环境，要改变一个社会、改变一种文化是自不量力的。TCL 的改革一是低调，二是注意规范，我们的改制虽然不能说全都找到了依据，但有一点可以肯定——我们不违反任何规定。⊖

这个案例中另一个引发我们研究兴趣的内容则是有关部门引进境外战略投资者入股的过程。李东生采用的是进行合理而慎重的谈判，最终出让股权。他始终强调出让股权的意义不在卖股权，而在于巩固与投资者的合作关系，决策更注重对 TCL 发展的意义。尽管生意场上，很多深谋远虑的企业领导者在每一次谈判中力争做到将利益扩张到对方利益的最底线，以实现自我利益的最大化，但李东生的做法正好相反：

设定好自己的底线——这是我不能放弃的，所有事情就能化复杂为简单。在这样的谈判中，我很简单，先告诉你我要什么，这是我的底线，你必须在满足我的最基本条件的基础上谈判。

其余股权分别由 TCL 管理层（25%）、非管理层、非战略投资者的原有其他股东（15.65%）持有。对中国家电行业乃至整个商界而言，TCL 已由一个地方政府绝对控股的国有公司悄然演变成地方政府相对控股的多元股权结构的公司。以净资产 16 亿元、总股本 16 亿股计算，新组建的股份公司中，管理层拥有 25% 的股权，也就是 4 亿元。对于 TCL 管理团队，李东生的企业领袖气质不但体现在维护了管理层的利益，更重要的是他设计和实施的这个“登月”计划令 TCL 立即在电器、通信、PC 等领域迅速扩张，业绩均显突出。

我们这样定义英雄领袖慎重决策的特质：通过“慎重决策”使事情进行得更快、更有效率及与他人合作更有效果，以实现关键过程的最优化。

⊖ 《中华工商时报》，2003 年 12 月 30 日，《李东生泯灭不去的梦想：让 TCL 成为国际化企业》，作者：綦书环。

这表现在：

（1）使组织有效性最优化

- 不断调整业务和管理过程以提高灵活性、反应度，减少时间和费用。
- 明确何处增加价值，决定何处应集中注意力，使市场成功最大化，并保持利润。
- 开拓组织间的协同作用，说服他人贯彻新观念以有利经营。

（2）创造性思路

- 创造竞争者和其他人未想到过的新方式，为公司提供竞争优势。
- 理解并有效利用市场、运作、收益利润之间的联系。
- 处理好相冲突的策略之间的优先次序和各种机会，以寻求创造长期辉煌成就的途径。

成为“英雄领袖”

是否具备了以上这些特质就可以成为英雄领袖呢？在图 2-1 中我们在对英雄领袖所阐述的概念里明确地提出了“因”。这其中包含了两个重要因素，或者说是成为“英雄领袖”的必要前提，即“发展自己，发展他人”和“企业长期发展的使命感”。英雄领袖并不是那些总能给人冲击感和责任感的煽情人物，他们不刻意表现自己的为人本质，他们善于通过自己的组织传递潜移默化的气质，并给他们的企业成长带来深远影响。特别值得注意的是，我们的研究并不是强调一个人的品质，品质很难作为我们衡量的客观依据，我们希望找到的是他们值得借鉴的优势。

发展自己，发展他人

没有什么魔法可言，英雄领袖的经验就在于他们能够发现和培育斗士，再让这些斗士发展他们自己；建立自己的团队并教给他们工作的技巧和知识，此外就是激发员工的工作热情，让员工从不必要的限制和束缚中解放出来，即便这些限制和束缚都是他们自愿承担的。

华为总裁任正非是一个敢于自我否定并把自我否定作为一种领导者关键气质的人。2001 年是华为飞速发展的一年，外界称那段时期是华为的春天。但在春天里，任正非在内部会议上提出华为要为过冬做准备。这曾被 IT 企业称为行业的盛世危言。正是在他的倡导下，华为人始终没有放松学习。从创业伊始，任正非就有很强的人才资源意识：华为是深圳企业中最早将人才作为战略性资源的企业，很早就提出了人才是第一资源、是企业最重要的资本的观念，这在当时具有很强的超前意识。

很多企业当时甚至现在还停留在人力成本控制的概念上，而任正非很早就提出了人力资本优先于财务资本增长的观点。[⊖]在人才使用上，任正非特别注重员工内在素质与潜能的培育与开发。从 1996 年开始，华为凭借高薪积聚了大量来自著名高校的毕业生，一年招聘进几百上千名大学生，甚至一次性招聘 5000 人。为确保企业形成良好的学习型组织，任正非最早在企业内部建立起适合企业业务需求与人才成长特点的分层分类的人力资源开发、培训体系，如在各业务系统分别建立管理者培训中心、营销培训中心、研发培训中心、客户培训中心等。在中国本土企业中，任正非引领的华为是为数不多的在人力资源培训开发方面倾注大量热情和资金的公司。

英雄领袖通过不断学习和持续改进提高组织能力，他们的出发点基于：

⊖ 《中国管理传播网》，2003 年 8 月 29 日，《华为与任正非》，作者：彭剑锋。

（1）为将来培养技能和人才

- 介绍人与人之间可相互学习的途径，鼓励相互指导、相互帮助和学习。
- 投入时间及精力为未来的经营培养技能，而不只局限于达到目前的目标。

（2）创造一个不断学习的组织

- 不断努力提高组织内成员的能力，善于学习他人（或竞争对手）的经验，寻求对完善自我有利的外部挑战。
- 推进创新精神以求发展，激发个人好奇心和不断学习的欲望。

在对华为的分析研究过程中，任正非在管理杂志上每隔一段时间所发表的针对华为管理的感受和心得深深吸引了我们，从任正非的这些文章里我们感受到的是他始终如一地善于发展自己和他人，并引导组织不断学习的态度。跨国公司，任正非并没有将它们看成简单而可怕的竞争对手，他认为它们是老师也是榜样：

> 科学的入口真正是地狱的入口，进去了的人才真正体会得到。基础研究的痛苦是成功了没人理解，甚至被曲解、被误解。当我看到贝尔实验室的科学家的实验室密如蛛网、混乱不堪，不由得对这些勇士肃然起敬。华为不知是否会产生这样的勇士。⊖

对于“发展自己，发展他人”的优势，我们可以这样理解，即带领组织形成不断改进的环境，发展自己以激励他人，发展他人以激励自己，这

⊖ IT 搜狐 www.it.sohu.com，2003 年 10 月 26 日，《危机与兴盛：华为为什么总在兴盛中提醒危机》，作者：姜汝祥。

种能力包括：

（1）要求他人表现

- 创造、寻求、期待有竞争力的工作进度，不容忍低标准 / 差表现。
- 通过给予他人更大的经营自主权和机会增强其责任感。
- 处理妨碍较好表现的人事问题时干脆果断。

（2）创造不断改进的环境

- 创造团队自身不断提高标准及表现的高效、高成就的工作环境。
- 洞察他人的能力并激励他们设立更高的目标。
- 预见及正视有关人事的复杂决定，果断且公正地处理人际关系和经营效果。

企业长期发展的使命感

"成为世界级企业"被写入《华为基本法》第一章第一条，这是华为的目标和理想，也是任正非多年来从未改变的口号。英雄领袖在中国的雄心壮志并不是建立在个人成就感的基础上的。他们对企业长期发展的使命感往往更能激励员工和社会投入，这种使命感也成为英雄领袖的起点。

更多的案例告诉我们，中国的大部分企业领导者缺少的不是热情、能力，而是境界、使命感。我们必须列举某些企业领导者的失败个案。以中国红极一时的春都火腿肠为例⊖，高凤来如果在春都危机初起的时候急流勇退，对春都乃至对整个社会，都是功德无量的事情，至少他不至于那么匆忙地离开这片土地。遗憾的是他不会轻易放弃靠打拼才换来的利益，在

⊖ 河南社科院 www.hnass.com.cn，2002 年 11 月，《中国 CEO 败走麦城的哲学思考》，作者：程云喜。

中国特定的历史背景下，出现了许多类似“秦池”“三株”“巨人”等重蹈覆辙的案例。可以这样说，很多企业领导者在创业初期展现了企业家的创业热情和能力，而当他们略向成功之路迈进一些后，就不由自主地向公关专家、行政专家、政治家的角色转型，他们在整体上还没有形成摆脱世俗文化的能力。由于处于资本积累阶段，利益和前途还始终是多数人的首要或者唯一目标。有的人由于不自觉地强调个人荣誉和个人成就感，企业没有进一步发展而是走向衰亡。

很显然，立足企业长期发展是成为英雄领袖的起点，在对239份问卷的研究过程中，我们发现英雄领袖使人与经营紧密联系，形成立足企业长期发展的方式。

（1）将个体吸引至共同目标

- 鼓励积极参与并提出建议，帮助人们扩大视野及认识自身职位的重要性。
- 在不同技能、态度、类型的人之间建立高度信任和有效的协作精神。
- 使员工感受自身价值，帮助他们将他们的个人目标和成就与组织目标和成就相联系。

（2）将人与经营紧密相连

- 创造对未来远景的热情及兴奋感，使人们渴望成为其中一员。
- 视人们的文化差异为财富，充分利用这些差异使公司取得最优成果。
- 激发个人及团队高度的自我尊重，提高其自豪感及对经营成功的认同。

在我们的研究中，创维集团有限公司是尤其生动的例子。

再造创维，就是把经营第一线的权力交出去，大胆放权，每一个利润中心有一个总裁，形成12个人的董事会。为什么需要国际团队呢？因为想要建成500亿元的制造企业需要这样的管理团队。中国企业缺乏尖端技术，我们从日本著名企业引进团队，由他来做光电事业董事长和总裁。整个技术问题，我们苦苦研究了5年，可怎么都研究不出来，日本团队一来全部都解决了。一个企业要走向世界，强大的互补（型的）团队非常重要，对于合作伙伴犯的错误，要学会忍住不出声，允许别人犯错，哪怕亏掉了一千万，也咬牙切齿不吭气，因为靠自己是干不完的。允许别人犯错误，允许损失，不这样就培养不出企业家。㊀

从1992年进入光明乳业的前身上海牛奶公司任总经理开始，王佳芬把一个传统的国企改造成为现代企业，基于企业长期发展的使命感，她在1992年第一次实施了企业重组，把总部下面分散、独立的经营法人和品牌统一起来，从而奠定了今天光明的基础。王佳芬坦言："上海牛奶公司是一个行政性公司，总部底下都是一个个独立的经营法人，有10个牧场、8个工厂。当时关于谁是市场主体有很大的争论，部分人的观点认为，8个加工厂有8个品牌，以它们为龙头，跟牧业联合，变为8个小的公司去市场上竞争，因为它们有独立品牌和独立的经营能力。但我觉得，从市场的角度以及企业长期发展前景，以整个公司的范围去优化配置资源，组建大的航空母舰，会比分散的小公司更具竞争力。特别是我从法国考察回来，确定以公司为主体组成大的航母。下面全部按照专业分工，形成牧业、加工、销售、运输、商业、房产六个大条线，在工厂实行规模化生产；同时我们开始建设光明品牌。这个1992年8月的决定，奠定

㊀ 创维公司网站 www.skyworth.com，《今日创维：公司简介》，作者：不详。

了现今发展的基础，最重要的是，我们比别人赢得了时间，赢得了领先的机会。”㊀

英雄领袖的使命感里渗透着更多的理性和文化，涵盖了精神境界、商业品质和价值取向。在权力、利益与企业长期发展的使命感面前，大部分企业领导者更看重前者，而英雄领袖则在创业伊始就以后者为起点。当企业领导者立志使自己的企业长期发展和实现企业对民族/社会的使命时，他们无论如何不会用事业的代价换取眼前的局部利益。

我们以约玛·奥利拉作为一个必须提及的综合对照人物，以世界领先企业的领导者作为对中国先锋企业领导者的全面参照。奥利拉经营的芬兰诺基亚电信集团公司在十几年内发展成最具竞争力的电信集团之一，而20年前的诺基亚公司背负着造纸、化工、橡胶、电缆等10多个领域的包袱，又受到美国、日本和欧洲本土强大竞争对手的夹击，情况很不乐观。综合来说，诺基亚经过几个“变化”：

> 1865年至20世纪60年代，由做纸（人类当时的传播工具）转到做橡胶（是当时的科技）。
>
> 20世纪60～80年代，改为做电信市场的生意。
>
> 1987年到现在，积极转型为数码媒体，超越了单一移动电话与电信公司，同时参与资料与影音内容的传送，以接受传媒融合与市场变化这一挑战。

作为逾百年的企业，诺基亚长足发展的信心十分坚定。诺基亚让“现实的发展服从于理想”，以此成为“国际巨人”。面对多领域的状况，奥利拉慎重决策，对业务进行了精心分析，当时数字电话标准开始在欧洲流行，奥利拉认定数字化通信设备将在未来的市场上大有作为，“收缩阵线，集中力量于一点”成为诺基亚的重要决策。奥利拉将公司长期发展战略转

㊀ 中国智囊团 www.123good.com，《总裁论道：今天合作，明天超越》，作者：不详。

移到电信设备的生产上，合并、卖掉一些公司，放弃橡胶、电缆等非核心业务，集中精力与资源发展电信业务。到 2000 年，诺基亚的业务结构为：移动电话 72%，电信基础设施 25%，其他 3%。奥利拉认为诺基亚的迅速发展大部分应归功于这个果断的调整。㊀

在摩托罗拉和爱立信还在以市场策略和品牌基石作为行业战略的时候，奥利拉对移动电话和电信行业的战略规划是“科技以人为本”，他的强调是：“我非常关注移动信息为社会带来的利益。我觉得移动信息社会，包括今天已经可以得到的解决方案会使你和你身边的每个人受益。移动用户将直接受益，他们可以随时随地获得所需要的信息。公司会因为生产力大大提高而受益。经营者会因为新的商业机会而受益，而内容提供商将会因新的客户而受益。”在这个转型和发展的过程中，奥利拉投入大量的科研资源。在诺基亚 140 多年的历史中，从一个名不见经传的普通公司一跃成为占有移动电话全球四成市场的跨国公司，奥利拉仅用了 10 年左右的时间。（令人震惊的是从 2008 年开始，诺基亚走上与摩托罗拉相似的错误之路，忘记了创新，固守市场策略和品牌，忘记了消费者，固守自己的产品。到 2013 年，市场淘汰了诺基亚。）

小　结

在本章中，我们讨论的是行业先锋企业领导者“英雄领袖”的特质，不是企业的价值观和目标。我们认为企业领导者是否基于“企业长期发展的使命感”经营企业，在目前中国商业经济发展过程中是一个非常重要和值得重视的内容，这也是所有先锋企业包括那些跨国百年企业发展的起点。

㊀ 《经济观察报》，2002 年 12 月 16 日，《TCL 与 GE、诺基亚的差距：多元化与专业化的不同》，作者：姜汝祥。

我们在描述英雄领袖的特质时提出：

- 引领行业的战略。
- 创造新市场。
- 慎重决策。

这些特质并不要求企业领导者与生俱来，这些特质也不直接与企业领导者的人格魅力、学历背景、成长经验有关，先锋企业的领导者在以“企业长期发展的使命感”和“发展自己、发展他人”为驱动力，在管理和经营企业的过程中所形成的这些特质是他们实现突破与发展的优势，他们令先锋企业持续不断地改变和前进。

我们的观点

1. 对于行业先锋企业的领导者“英雄领袖”的特质，我们认为关键在于企业领导者是否基于“企业长期发展的使命感”经营企业。他们首先是行业英雄，之后再是企业领袖。

2. 英雄领袖的模型，如图 2-1 所示。

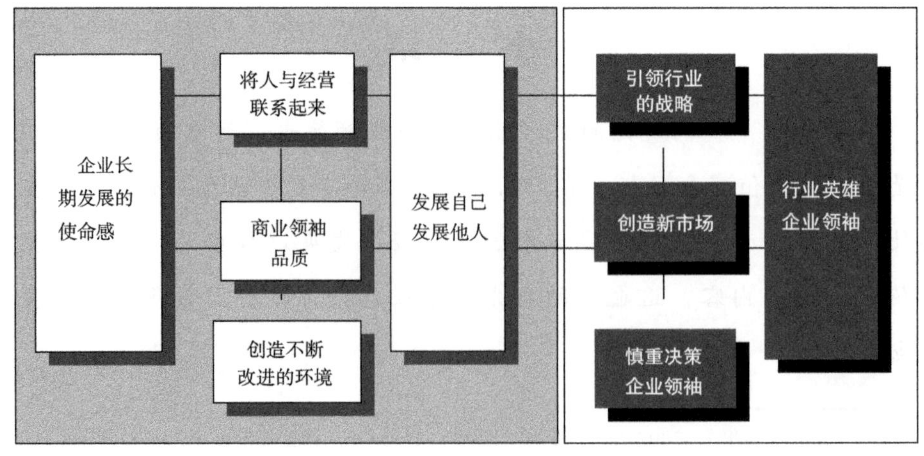

图 2-1　英雄领袖

3. 引领行业的战略须以行业共同利益为前提。

（1）设立有远见且可达到的目标并为之努力，寻找方法实现他人认为不可能的成就。

（2）试图成为行业标杆之一，设置衡量成功与否的行为标准并被其他企业借鉴。

（3）选择方法获取潜在利益，从而将困难或高风险环境转化为机会。

4. 引领行业战略的能力往往超过期望价值，这其中以如下的三点为最重要的特征。

（1）设置具有挑战性且维护行业利益的目标并为之努力，高度投入。

（2）寻找方法超越先前标准，参与制定相关的技术、服务标准，成为标准的制定者。

（3）大胆寻找及完善增加价值的方法，全面理解所涉及的机会并设法处理风险。

5. 英雄领袖能正确理解市场和外部环境并运用到所有的经营活动中，以获取竞争优势。

第一，他们理解客户。

（1）运用对企业的商务理解与知识，提出新想法和增加价值。

（2）通过与公司内部及外部发展保持一致，努力实现对顾客及消费需求的理解。

（3）提出并影响产品及服务质量的改善，从而更好地满足顾客及消费者需求。

第二，他们理解当前市场。

（1）深入了解顾客（消费者）的需求和市场发展以开展有效经营活动。

（2）寻求、解释与传达顾客（消费者）和竞争者的信息指导经营。

（3）借助消费者的眼光来评价并完成技术创新和产品改进。

（4）采用、调整和贯彻创新概念。

6.“创造新市场”几乎是每个英雄领袖迅速摆脱困境或是积极取得实效的最超群的能力，表现为以下特质。

第一，明确市场走向。

（1）创造并培养清晰的长期市场意识，以获得经营成功。

（2）预见顾客和消费者倾向及其改变需求，应付非可控的竞争对手。

（3）实现产品及服务的演变以满足未来需求。

第二，创造新市场。

（1）改变游戏规则，为竞争对手设置挑战。

（2）抢在他人之前预测并抓住市场、产品和服务机会，了解外部环境和全球发展。

（3）有确定进退时机和手段的能力，这样公司可获得新的长期利润收益。

7.我们这样定义英雄领袖慎重决策的特质：通过“慎重决策”使事情进行得更快、更有效率及与他人合作更有效果，以实现关键过程的最优化。这表现在：

第一，使组织有效性最优化。

（1）不断调整业务和管理过程以提高灵活性、反应度，减少时间和费用。

（2）明确何处增加价值，决定何处应集中注意力，使市场成功最大化，并保持利润。

（3）开拓组织间的协同作用，说服他人贯彻新观念以有利经营。

第二，创造性思路。

（1）创造竞争者和其他人未想到过的新方式，为公司提供竞争优势。

（2）理解并有效利用市场、运作、收益和利润之间的联系。

（3）处理好相冲突的策略之间的优先次序和各种机会，以寻求创造长期辉煌成就的途径。

8. 成为“英雄领袖”：发展自己，发展他人。

9. 英雄领袖通过不断学习和持续改进提高组织能力，他们的出发点基于：

第一，为将来培养技能和人才。

（1）介绍人与人之间可相互学习的途径，鼓励相互指导、相互帮助和学习的交流。

（2）投入时间及精力为未来的经营培养技能，而不只局限于达到目前的目标。

第二，创造一个不断学习的组织。

（1）不断努力提高组织内成员的能力，善于学习他人（或竞争对手）的经验，寻求对完善自我有利的外部挑战。

（2）推进创新精神以求发展，激发个人好奇心和不断学习的欲望。

10. 对于“发展自己，发展他人”的优势，我们可以这样理解，即带领组织形成不断改进的环境，发展自己以激励他人，发展他人以激励自己，这种能力包括：

第一，要求他人表现。

（1）创造、寻求、期待有竞争力的工作进度，不容忍低标准/差表现。

（2）通过给予他人更大的经营自主权和机会增强其责任感。

（3）处理妨碍较好表现的人事问题时干脆果断。

第二，创造不断改进的环境。

（1）创造团队自身不断提高标准及表现的高效、高成就的工作环境。

（2）洞察他人的能力并激励他们设立更高的目标。

（3）预见及正视有关人事的复杂决定，果断且公正地处理人际关系和经营效果。

11. 立足企业长期发展是成为英雄领袖的起点，我们发现英雄领袖使人与经营紧密联系，形成立足企业长期发展的方式。

第一，将个体吸引至共同目标。

（1）鼓励积极参与并提出建议，帮助人们扩大视野及认识自身职位的重要性。

（2）在不同技能、态度、类型的人之间建立高度信任和有效的协作精神。

（3）使员工感受自身价值，帮助他们将个人目标和成就与组织目标和成就相联系。

第二，将人与经营紧密相连。

（1）创造对未来远景的热情及兴奋感，使人们渴望成为其中一员。

（2）视人们的文化差异为财富，充分利用这些差异使公司取得最优成果。

（3）激发个人及团队高度的自我尊重，提高其自豪感及对经营成功的认同。

对一流才智的测试是一种能力，它要求测试者脑子里同时持有两种观点并能运用自如。

——F. 斯科特·费茨杰拉德

03 第3章 中国理念，西方标准

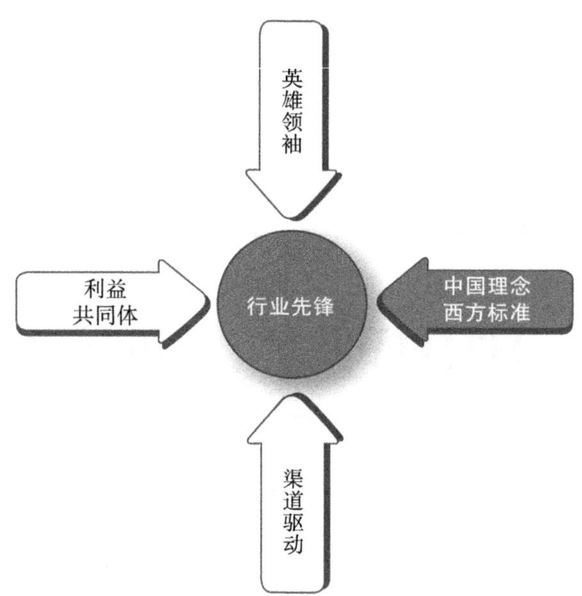

究竟怎样管理一家企业呢？每天我们都接受很多新的管理词汇和概念，这么多都是武器吗？都适合吗？无论是营销、市场还是生产、采购好像都是永无休止的循环，在初创阶段和发展阶段，先锋企业是怎样迅速组织与发展它们的管理团队和员工的呢？又是怎样与员工一起控制和实施各种绩效和目标的呢？

在我们的研究中，这些先锋企业给了我们非常充足的管理方式资源，那些深入人心的管理标语以及自成体系的管理制度都令我们尊敬和感悟。

我们试图用图 3-1 来阐述我们所提出的“中国理念，西方标准”。

我们要感谢中国丰富的传统文化，这些文化中蕴含了许多经营之道，并且西方国家的许多管理研究者开始研究如何将中国文化有效地与西方文化结合在一起。比如风行全球的《第五项修炼》，其中的核心观点就是系统思考；《高效能人士的七个习惯》也借鉴了东方文化尤其是中国文化中推崇的“道法自然”理念。事实上，无论是《论语》《孙子兵法》还是《易经》，在西方发达国家的传播和推崇程度都令我们惊讶，许多中国的企业领导者秉承传统的智慧开展管理也取得了进步。

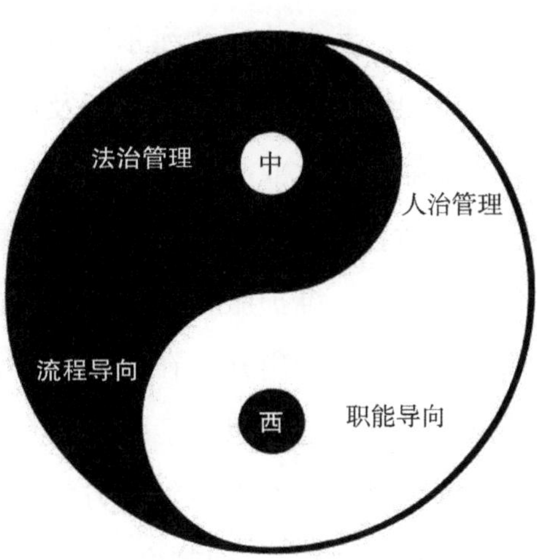

图 3-1　以道示法，太极生两仪

在图 3-1 中，我们将中西方的管理方式以“太极图”的方式相结合，阐述先锋企业“以道示法”的融合管理。阴阳代表中西两方，阳中阴点表示中方的管理方式中吸取了源于西方的管理方式，阴中阳点表示西方的管理方式中也引用了源于中国的管理智慧。“中国理念，西方标准”的关键在于阴阳结合，运转于无穷。事实上，这两种管理方式结合的益处及原因并不是我们研究中得出的创新成果，很多企业（包括西方百年企业）都已先后实施并倡导这样的管理方式。我们注重的是先锋企业如何结合这两种管理方式，站在中国的文化和管理历史的角度，如何以中国的管理哲学来运用西方的管理科学。

法治与人治

当我们的研究进程马不停蹄地驶入 2004 年 1 月 1 日时，窗外阳光灿烂，我们从所在的高空望出去，看到节日的人群和商场附近热闹的摆设。中午时分，我们收到“海尔”服务中心的电话，询问我们在两天前要求维护空调的情况，并对他们未能及时替换配件表示歉意。服务中心的女士语气态度都非常专业和友善，我们意识到他们没有在国家法定假期休息。一个小时后，维修中心的师傅电话通知我们配件已经到达，下午可以来替换。实际上，维护服务是商家承诺的和买家之间的简单关系——海尔的师傅在傍晚微笑着离开。在这喜气洋洋的节日里，我们感到欠了“海尔”师傅的人情，它远远超过了服务本身。

这就是为什么很多管理方式朝“以人为本”的孟子之道方向发展。法治管理侧重“法”，即制度；人治管理侧重“人”，即情理。先锋企业的领导者进行管理时注重融合经济管理学科和社会管理学科两个方面，他们更注重那些不可量化的因素，如传统文化习俗、人情感受。

移情于法

在理解西方人文主义所体现的“人是宇宙中心”精神后，我们认为是西方文化追求自我价值的实现，形成独立的人格，同时强调人不应当贬视自己，而应当追求自身价值与幸福。正因如此，西方社会中人与人之间不形成宗法伦理、等级关系，而是平等基础上的契约。当社会发展需要把这种契约关系用某种法定形式规范下来时，西方社会就形成了法制社会。表现在管理上就是规范管理、制度管理和条例管理，即在管理中特别注重建立规章制度和条例，严格按规则办事，追求制度效益，从而实现管理的有序化和有效化。

以美国式西方管理为例，由于制度管理克服了传统管理的无序状态、放任状态、经济主义等方面的缺陷，因而构成了全部管理的基础，即任何形式的管理如果不能经历科学管理阶段的全部内容，建立自己的科学管理体系，其管理绩效不是无效的，就是低效的。

相对而言，孔子的“仁义礼智信，恭宽信敏惠”之所以在中国千古不衰，源于建立在以家为本位的社会伦理秩序的基础之上。中国特色的管理哲学十分强调“家宁”“家兴”和“家顺”等理念，它不仅表现为企业本身就是“大家”“厂家”，更重要的是表现中国管理具有更多的“情感”特色。企业成为员工情感交流和满足需要的重要场所。

在图 3-2 中，我们描绘出了中西方传统文化影响下不同侧重所显示出的管理特色：中国管理哲学侧重的是人、等级，这种管理由于偏重人的作用和人的价值实现，相对并不倾向于制度效应和条例管理。

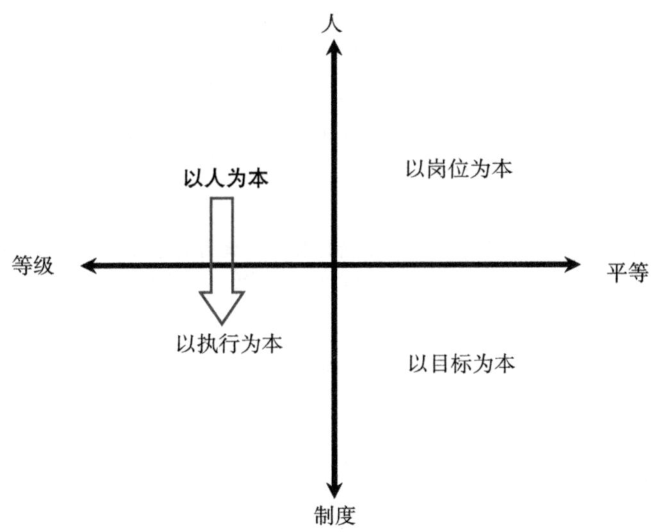

图 3-2 不同的侧重：以中国的管理哲学来运用西方的管理科学

先锋企业试图寻找中西方的平衡。如图 3-2 所示，管理者试图从注重人和人的平等关系转向西方通过管理制度形成的管理环境，实施“移情于法”。此时的企业管理特色就从第二象限的“以人为本”自然转移到了第三象限的“以执行为本”。这就是先锋企业在短短十多年的企业经营中形成的管理方式，而且各个企业的管理方式或多或少都包含了适当的人、制度，无非是各自的运作机制不同、各自的管理成本不同，由此引申出不同的管理模型和体制。

在研究的过程中，我们收集和整理了这些先锋企业的管理法则，这些“法”在企业的表述和执行过程中都突出应用“移情于法”的管理方式，我们首先深入了解华为的案例，《华为基本法》自然成为我们探究的焦点（见表 3-1）。

表 3-1 《华为基本法》摘要

核心价值观

追求

第一条 我们的追求是在电子信息领域实现顾客的梦想，并依靠点点滴滴、持之以恒的艰苦追求，使我们成为世界级领先企业。

员工

第二条 认真负责和管理有效的员工是我们公司最大的财富。新生知识、新生人格、新生个性，坚持团队协作的集体奋斗和绝不迁就有功但落后的员工，是我们事业可持续成长的内在要求。

技术

第三条 广泛吸收世界电子信息领域的最新科研成果，虚心向国内外优秀企业学习，独立自主和创造性地发展自己的核心技术和产品系列，用我们卓越的技术和产品自立于世界通信列强之林。

精神

第四条 爱祖国、爱人民、爱事业和爱生活是我们凝聚力的源泉。企业家精神、创新精神、敬业精神和团结合作精神是我们企业文化的精髓。我们绝不让雷锋们、焦裕禄们吃亏，奉献者定当得到合理的回报。

利益

第五条 我们主张在顾客、员工和合作者之间结成利益共同体，并力图使顾客满意、员工满意和合作者满意。

社会责任

第六条 我们以产业报国，以科教兴国为己任，以公司的发展为所在社区做出贡献。为伟大祖国的繁荣昌盛，为中华民族的振兴，为自己和家人的幸福而不懈努力。

基本目标顾客

第七条 我们的目标是以优异的产品、可靠的质量、优越的终生效能费用比和周到的服务满足顾客的最高需求，并以此赢得行业内普遍的赞誉和顾客长期的信赖，确立起稳固的竞争优势。

人力资本

第八条 我们强调人力资本不断增值的目标优先于财务资本增值的目标。具有共同的价值观和各具专长的自律的员工，是公司的人力资本。不断提高员工的精神境界和相互之间的协作技巧，以及不断提高员工独特且精湛的技能、专长与经验，是公司财务资本和其他资源增值的基础。

核心技术

第九条 我们的目标是在开放的基础上独立自主地发展具有世界领先水平的通信和信息技术支撑体系。通过吸收世界各国的现代文明，吸收前人、同行和竞争对手的一切优点，依靠有组织的创新，形成不可替代的核心技术专长，持续且有步骤地开发出具有竞争优势和高附加值的新产品。

利润

第十条 我们将按照我们的事业可持续成长的要求，设立每个时期的足够高的利润率和利润

（续）

目标，而不单纯追求利润的最大化。

公司的成长领域

第十一条 只有当我们看准了时机和有了新的构想，确信能够在该领域中对顾客做出与众不同的贡献时，才进入新的相关领域。

公司进入新的成长领域，应当有利于提升我们的核心技术水平，有利于增强已有的市场地位，有利于共享和吸引更多的资源。顺应技术发展的大趋势，顺应市场变化的大趋势，顺应社会发展的大趋势，就能使我们避免大的风险。

成长的牵引

第十二条 机会、技术、产品和人才是公司成长的主要牵引力。这四种力量之间存在着相互作用。机会牵引人才，人才牵引技术，技术牵引产品，产品牵引更多更大的机会。加大这四种力量的牵引力度，促进它们之间的良性循环，并使之落实在公司的高层组织形态上，就会加快公司的成长。

成长速度

第十三条 我们追求在一定利润率水平上的成长的最大化。我们必须达到和保持高于行业平均的增长速度和行业中主要竞争对手的增长速度，以增强企业的实力，吸引最优秀的人才和实现公司各种经营资源的最佳配置。在电子信息产业中，要么成为领先者，要么被淘汰，没有第三条路可走。

成长管理

第十四条 我们不单纯追求规模上的扩展，而是要使自己变得更优秀。因此，高层领导必须警惕长期高速增长有可能给公司组织造成的紧张、脆弱和隐藏的缺点，必须对成长进行有效的管理。在促进公司迅速成为一个大规模企业的同时，必须以更大的管理努力，促使公司更加灵活和更为有效。始终保持造势与务实的协调发展。

我们必须为快速成长做好财务上的规划，防止公司在成长过程中陷入财务困境而使成长遭受挫折，财务战略对成长的重要性不亚于技术战略、产品战略和市场战略。

我们必须在人才、技术、组织和分配制度等方面，及时地做好规划、开发、储备和改革，使公司获得可持续的发展。

资料来源：摘录自外企人才在线 www.fesco.com.cn，《华为基本法》，作者：华为基本法编写组。

这是一家企业的法则，在《华为基本法》中我们看到了华为管理层力图完善和达到的各种“标准”，包括团队协作、科技创新、客户满意、人力资源培养、目标利润、快速反应、市场需求、资源最佳配置等。随着任正非把华为从注册资金 2 万元的小公司领上销售额逾 200 亿元、利润逾 30 亿元的电子百强企业道路，他觉得与越来越庞大的高新技术人员和管理人员间的沟通变得力不从心，《华为基本法》是在这样的背景下形成的。任正非尤其重视“法”的制定，他说：“制定一个好的规则比不断批评员工的行为更有效，它能让大多数员工努力地分担你的工作、压力和责任。”

让我们一起分享《华为基本法》的第四条和第十四条，华为精神是：

“爱祖国、爱人民、爱事业和爱生活是我们凝聚力的源泉。企业家精神、创新精神、敬业精神和团结合作精神是我们企业文化的精髓。我们绝不让雷锋们、焦裕禄们吃亏，奉献者定当得到合理的回报。”华为的人力资本管理是：“我们强调人力资本不断增值的目标优先于财务资本增值的目标。具有共同的价值观和各具专长的自律的员工，是公司的人力资本。不断提高员工的精神境界和相互之间的协作技巧，以及不断提高员工独特且精湛的技能、专长与经验，是公司财务资本和其他资源增值的基础。”

在研究中，我们联想到了中国文化中“乾”的卦辞，“乾卦”的含义就是四个字——元、亨、利、贞，这四个字是对领导素质的很好的概括。

其中“亨”的意思是“亨者，通也”。

- 领导者必须有好的概念、好的思维、好的目标。
- 为实施这些概念、思维和目标，领导者要改变和跨越很多阻碍，必须首先取得整个团队的理解。
- 领导者需要通过更令人信服和理解的方式影响别人，通过落实各种条件、制度以具备执行和控制的能力。

这就是“亨”的能力。

是不是重情理就是任意在“法”面前让步呢？绝非如此，“移情于法”的目的在于一丝不苟地执行制度和标准。先锋企业在执行标准时严格而坚持，绝不妥协。

在我们的调研过程中，宝钢员工给我们留下了深刻的印象。起初，由于员工对先进的管理工具、执行标准和流程认识不够，宝钢管理层加大执行标准的监督力度，保证执行标准的严肃性。他们采用持续开展实物质量评级评价工作，促进实物质量稳定提高。随着 APQP（生产件批标程序）、FMEA（潜在失效模式分析）、SPC（统计过程控制）、MSA（测量系统分析）的推行，在制定《宝钢质量振兴实施计划》的基础上，宝钢还制定和实施了《宝钢2001～2010年科技发展规划》。他们对领导者的严格执“法”极其畏惧和崇敬。宝钢人戏说：“在家里受女同志的领导，到了厂里还受女同志的领导。”谢企华要求员工做到忠诚、认真、严格，并且把“严格”作为每个宝钢人的行动准则。事实上，宝钢管理层对制度的要求越严肃，执行的人就逐渐越自觉。

移法于情

作为华为的国际竞争对手，思科是我们选择的国外参照公司，我们以此来说明处于相同的由初创到成长阶段的西方企业如何“移法于情”，即如何将情理以制度来得以实施。

思科CEO约翰·钱伯斯1991年加入思科，任副总裁、世界销售与运行主管，1995年被提拔为思科的CEO。钱伯斯提倡温情企业、客户至上原则，加之并购时以人为本的准则，令思科成为最受人尊敬的公司之一。思科是怎样提倡温情的呢？和华为类似吗？我们从钱伯斯的管理方式上看到了他基于西方文化背景下“以人为本”的管理方式。

钱伯斯诚意推行“人皆有股”的期权文化，以充分体现员工的个人价值——实施“移法于情”，即将情理制度化。遍布全球的3.5万名思科员工都有期权，即使是普通员工，只要干满1年，在股权上的平均收益至少有3万美元。管理层的慷慨和真诚的关注使在思科工作的每一个员工都意气风发、干劲儿十足。在钱伯斯看来，“使公司陷入困境的两个主要原因，一个是远离员工，另一个是远离客户”。10年来，钱伯斯已经会见了上万名客户，他会把私人电话号码告诉客户，并鼓励他们有困难时打这个电话；每天晚上，他都会查看思科全球10万个客户中20个最重要客户的销售情况，并迅速处理麻烦。

不仅身体力行，钱伯斯要求所有员工将客户满意度摆在工作的首位，并将每个员工的收入同客户的满意度挂钩。每年思科公司都要请第三方公司在客户中做广泛调查，从思科公司的产品质量到服务质量，总计 60 多个评价指标，而服务质量这一组的指标是专门针对与客户打交道的市场人员，以 5 分制计算，也就是说，如果客户完全满意，则各项平均分为满分 5 分。如果某个市场人员的分数提高了，那么他就会得到一笔较为丰厚的奖励。但如果他的成绩下降了，那么钱伯斯就会从他应该得到的奖金里面毫不留情地扣掉一大笔。这是一个非常简单的制度，却大大提高了思科的客户服务质量。对于思科的员工来说，他们胸牌上明确地指出下一年客户满意度指标是比完成销售额还要重要的事情。[1]

流程与职能

让我一个人造宫殿

很久以前，在一个遥远的国度，大臣收到了王子的指令，必须要在公主来年生日之前造出一座世界上最豪华的宫殿。面对这项巨大的工程，大臣成竹在胸，他认为已经知道如何推进这项工程了。他画下了一个巨大的金字塔形的建造机构并面试了每个部门负责人，又与部门负责人共同确立了各下属的岗位。为了让每个职能部门都清楚自己的工作范围，他制定了金字塔中每个人的工作描述和考核制度；为了让所有成员都能安心工作，大臣甚至安排好了工作室，给每个部门相对独立的工作场合。大臣建立了一个工作的王国，他是整个项目的负责人，安排了每个人的职能范围，并给出了独立而完好的工作场所及设施。当这一切安排都完成之后，他宣布宫殿建设项目启动。

一个月过去了，两个月过去了……工地上还是不见宫殿的影子，大臣

[1] 《南风窗》2001 年 01 期,《为什么是思科》，作者：骆超。

每天忙于应付各种抱怨，而结果却无法落实：建筑负责人告诉他采购来的材料不是不齐全就是有质量问题没有办法施工，采购部门抱怨财务预算紧张，他们无法购买优质的材料，财务部门抱怨管理成本太高，很多职能部门形同虚设，等等。

到底是哪里设计错误了呢？他开始将建造机构的人员减少，试图有所突破。果然，他一直将整个建造机构的人员减至 1（此时他得到了答案），为什么我不一个人造宫殿呢？所有的信息和流程都在我的脑子里，我可以迅速做出判断：我可以先调节预算，再权衡价格和质量，完成来料检验然后投入施工，一切井然有序！

怎样让所有成员共同完成这个“一个人造宫殿”的方法呢？聪明的大臣开始重新布局这个机构。他打通了所有部门之间的隔墙，提供了一个敞开的工作环境。在这个环境中，每个人都可以及时找到相关的工作人员，他还取消了金字塔形的组织机构和上下级间的考核制度。最重要的是，大臣制定了工作流程，流程的上游对下游负责，下游的内部客户考核上游的绩效。

他立即看到了另一番景象：没有人来找他抱怨什么了，各个部门都按照流程工作，流程的上下之间一同处理问题并及时解决。于是，材料开始投入了施工，人员得到了精简，预算不再超支。按照预定的计划，王子美梦成真，在这座宫殿里和公主开始了幸福的生活……听完来自于我们研究小组成员的故事后，流程导向和职能导向的区别立即显而易见，如表 3-2 所示。

表 3-2 流程导向和职能导向的区别

职能导向	流程导向
根据垂直职能的不同划分部门	以流程为导向的组织模式重组，追求企业组织的简单化和高效化
建立层层的行政管理控制体系，企业管理体系就是一个层级的控制命令体系	反向，即从结果入手，倒推其过程，关注结果和产生这个结果的过程

（续）

职能导向	流程导向
依法行事是其主要的行为准则	注重过程效率，流程是以时间为尺度来运行的
职能部门之间经常出现职能重叠、职能空缺的现象	全流程的绩效表现取代个别部门或个别活动的绩效
各个不同的职能部门之间经常缺少共同目标，导致目标不一致	重新思考流程的目的，使各流程的方向和经营策略方向配合更密切
重叠、交叉的层级体系导致信息流通遭遇阻碍	强调运用信息工具的重要性，以自动化、电子化体现信息流增加效率
管理层面以控制（扼杀创造力）、协调（效率低下）性的工作为主	鼓励各部门的成员共同追求流程的绩效，重视顾客需求的价值

受中国古代几千年官制的品位等级制影响，中国企业的职能部门很大程度上秉承古代官制沿袭下的“自利取向”，而非“服务取向”。在“自利取向”下，各职能部门特权膨胀，拥有更大的空间来牟取一己私利，导致效率下降。我们看到中国的商业经济开放仅20多年，很多企业沿用计划经济下的职能管理模式，要改变这套金字塔形的层级命令控制体系，先锋企业在改变过程中要面对的难度可想而知。

让我们首先通过图3-3来理解两种管理模式所关注的不同重点。

职能导向侧重于对职能管理和控制，关注部门的职能完成程度和垂直的管理控制，部门之间的职能行为往往缺少完整有机的联系。它没有确定时间标准，这一最重要的工作标准一般是由该部门的主管领导临时确定的，这就大幅加重了主管领导的工作量，又由于标准不确定，导致整体工作效率大幅降低。

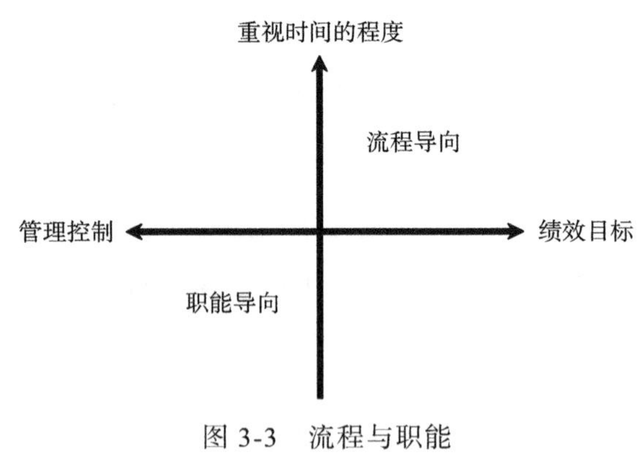

图3-3　流程与职能

流程导向侧重的是目标和时间，即以顾客、市场需求为导向，将企业的行为视为一个总流程上的流程集合，对这个集合进行管理和控制，强调全过程的协调及目标化。每一件工作都是流程的一部分，是一个流程的节点，它的完成必须满足整个流程的时间要求，时间是整个流程中最重要的标准之一。

先锋企业的领导者对企业向更高管理模式迈进过程中所产生的各类管理问题直言不讳，谈论他们感受到的“危机”“落后”和“失败”。李东生曾在一次高层主管千人大会上做了一次事先准备好的 2 万多字的发言。认为过去 TCL 在集团管理上一直有一个突出的特点，就是对企业管理团队的充分信任和授权。因为他相信信任和授权是一种有效的激励，这也的确加速了 TCL 管理干部的成长，而 TCL 以往大部分的项目都是以这样的经营方式成长起来的。但是现在他感到：

> 这种机制在 TCL 越来越显得不得力了，甚至已经导致许多项目的失败，给公司带来了巨大的损失。随着企业经营规模不断扩大，管理跨度增加，充分授权的模式已经急需相应的组织制度和管理流程来保障，企业的各级主管此时也非常需要适时地改变自己不适应现代企业运行的观念和习惯。早期的企业，规模比较小，项目投资比较少，对管理的要求也不太高，充分授权的方式是比较有效的。但久而久之使得一部分企业主管对控制资源的欲望增强，而主动承担责任和创造投资回报的意识和能力却日益不足。简单粗放的管理办法已无法适应市场环境的变化。㊀

TCL 管理层做出了如下决定：集团对下属企业充分授权的同时，有必要建立起对下属企业重大经营决策是否科学合理的评判机制，建立起对下属企业经营管理关键环节的流程监控，从职能导向向流程导向转变。

㊀ 《中外管理》2003 年第 7 期，2003 年 7 月 4 日，《李东生的预警与 TCL 文化》，作者：王缨。

“让石头浮起来”

海尔将从“职能导向”向“流程导向”迈进的过程称为“实行流程再造”。我们的研究组一共搜集到海尔在过去5年中有关流程再造的资料超过千篇。

对很多中国企业来说，流程再造的过程是一个纯粹实施和执行西方标准的过程。随着互联网和计算机系统软件的发展，企业资源管理随之产生。由于发达国家制定的管理流程已经得到很多世界卓越企业的验证，对绝大多数中国企业来说，模仿是一个必然。然而，这个流程再造的过程，依靠纯粹的模仿已经导致很多中国企业在流程管理上的失败。有些付出重金启用世界上最好的ERP软件，效果却令人失望，这使很多企业领导者望而却步，感觉到是一种冒险。

我们希望深入了解海尔如何实施流程再造，包括流程再造所涉及的内容，以及海尔管理层是怎样推行这个再造进程的。

以浅显的概念调动流程参与者

1998年9月8日，张瑞敏在集团中层干部会上提出了一个新概念：业务流程再造。从这天起，海尔集团引爆了一场“再造一个新海尔”的革命。“石头怎样才能在水上漂起来？”张瑞敏向中层干部们提出了这样一个像是脑筋急转弯的问题，这是海尔关于流程再造的高级经理人培训会上的一幕情景。熟悉《孙子兵法》的张瑞敏以“激水之疾，至于漂石者，势也”解释速度决定了石头能否漂起来。网络时代，速度是决定企业能否跃上下一高峰的关键。张瑞敏以此说明了海尔进行企业业务流程再造的必要。

海尔如何做？我们发现海尔实行流程再造并没有强调一步到位的基于计算机软件系统的流程，也从不套用那些烦冗复杂的“翻译”词汇，而是非常注重企业管理层与企业员工对流程再造的概念推广。换句话说，国内很多供应链管理和BPR实施咨询师有时还需要借助和应用海尔管理层对

流程再造的通俗解释。对中国企业来说，海尔在实施流程再造时诞生的各种典故和宣传语最能让普通员工理解“流程再造”的概念。㊀

“给杨贵妃送荔枝”，引入流程导向中注重过程效率，流程是以时间为尺度来运行的。

整个海尔现在是在一个闭环的系统中，从市场上获得的订单信息流在系统上流动——海尔力求在每个环节都实现围绕订单服务。从采购原材料到产品卖到用户手中，整个过程都是一种买卖关系：用负债的方式把上一环节的订单买来，再卖给自己的下一个环节，投入的数量和产出的数量必须吻合。只有当产品卖出去，得到用户用钱签的字才能得到报酬。海尔将这种“投入产出一致”的模式戏称为“给杨贵妃送荔枝”，也就是“一票到底”。不管行程有多远，歇马不歇人，必须将荔枝（产品）完好无损地送到杨贵妃（用户）手中。

“零基目标”与“02”牌剪刀，引入流程导向中的绩效目标考核，削减职能管理上的控制作用。

剪刀有两个刃，分别代表“零基目标”和“发展目标”，称它为“02”牌剪刀。海尔每个人每个岗位都定出了“零基目标”：质量零缺陷、交货期零延误、产品零库存、与用户零距离、零营运资本、零冗员。哪个环节出了问题，就要把问题“买断”，然后解决。他们追求的目标是，不管是意识到还是未意识到的，所有问题都是不该发生的，都应该是零，甚至原来不认为是问题的问题，也被“剪”掉了。

策略事业单位（stragtegical business unit，SBU），实施流程导向中的信息传递要求，追求组织简单化和高效化。

海尔管理层给了员工非常丰富的解释：在传统的金字塔式的组织结构中，企业部门和部门间／员工和员工间存在职能关系的壁垒。每一道壁

㊀ 《大众日报》，2003年9月3日，《海尔“再造”》，作者：吴洪斌。

垒就是一堵墙，其内部信息呈垂直流动，而不是水平流动。员工或下属有问题找上级，上级再找上级，然后做出决策再一级级向下传达。这样的职能导向管理方式已经不能适应越来越激烈的市场竞争——应让每个员工直接面对市场；将过去上下职能式的直线管理模式，变为以市场链为纽带的扁平化管理体系。在这个链条中，每个人、每个工位都面对有价值的订单（市场）来运转。员工由被管理对象变成经营者，因此，在海尔每一名员工都被称为“经理”。

“型号经理制”，实施流程导向中全流程的绩效表现取代个别部门或个别活动的绩效。

配料经理、发货经理、客户经理、产品经理……在海尔，每个岗位的员工都被称为“经理”，都干着“经理”的活——自主经营，自负盈亏。过去，设计人员把产品设计出来就算完成任务，就可以拿工资奖金。但现在不行了，必须让产品在市场上销售，获得利润，才能证明这个产品有价值，设计人员才能有收益。流程再造把海尔变成了一个开放系统，“型号经理”可以在海尔这个开放的平台上整合用户资源、人力资源，输入的是用户的抱怨，输出的是用户的满意。2002 年，海尔集团开发新产品 362 个，申请专利 652 项，平均每个工作日开发 1.5 件新产品，申报 2.6 项专利。

“人人都有一个市场，人人都面对一个市场”，实施流程导向中激励各成员共同追求流程的绩效，重视顾客需求的价值。

海尔管理层试图向员工传递，再造整个流程旋转的主动力已不再是过去的行政指令，而是相互间平等的买卖关系、服务关系和契约关系。通过这些关系把外部市场订单转变成一系列内部的市场订单，形成以订单为中心、上下工序和岗位之间相互咬合、自行调节运行的业务链。每个流程、每道工序、每个人的收入来自于自己服务的市场和对象。服务有效，按合同索酬；服务无效或效果不好，对方可以索赔。这样做的结果使企业的每个人都有了自己的顾客，都与市场保持零距离。

从职能到流程，先锋企业管理层尤其重视“转变员工观念”，他们并不是通过文化潜移默化地影响员工的工作和管理，毕竟创造一种新的文化再执行这种文化的过程复杂而缓慢。

先锋企业通过让员工理解的概念，激励每个员工参与流程再造，重视员工的建议等完成这个艰巨的管理方式的改变。

- 高层管理者以身作则，明确地认同新的管理方式，并主动参与推广和执行。
- 创设新的仪式、象征、典故来取代原有的。
- 建立新的评估及赏罚制度。
- 以正式化的、成文的条文取代非正式化的、不成文的规范。
- 员工参与的方式，取得员工的共识。

职能与流程兼容

“成功的创新者都是保守的。”管理大师德鲁克这样说。在总体规划设计海尔流程再造革命的同时，张瑞敏制订了分步实施的方案：

> 第一阶段整合内部资源建立市场链框架，即将企业所有资源集中起来经营一个品牌。
>
> 第二阶段整合外部资源，在市场链框架上获取有价值的订单。
>
> 第三阶段整合人力资源，使每个人成为具有企业家精神的创新主体，创造订单的更高价值。⊖

按照这些实施步骤，海尔的主流程就是把原来各事业部的财务、采

⊖ 人民网 www.people.com.cn，2002年7月23日，《海尔再造》，作者：谢然浩，胡考绪，刘成。

购、销售业务全部分离出来，各种资源整合为全集团统一创品牌服务的营销（商流）、采购（物流）、结算（资金流）体系，使整个企业环环相扣、运行有序以符合流程导向（见表 3-3）。

表　3-3

商流（商流本部、海外推进本部）搭建全球的营销网络，从全球的用户资源中获取订单。过去各事业部都是各自在市场上做营销，造成营销费用急剧上升。客户来谈生意，要分别与冰箱、洗衣机、彩电部门谈，加上程序复杂，客户意见很大。商流推进本部和海外推进本部成立后统一品牌销售、出口，对海内外市场和客户都起到作用
物流（物流本部）利用全球供应链资源搭建全球采购配送网络。主要任务是通过 JIT 采购、JIT 配送（配件输送到工位上）。产品下线后再由 JIT 分拨，即快速地送到客户手中，实现 JIT 订单加速流。整合前，各事业部都是自己采购，物流本部成立后实行集团统一采购，直接效果是降低了集团对外采购成本，间接效果是择优采购带来了零部件产品质量的整体提高，库存减少
资金流（资金流推进本部）通过整合，重点是通过建立资金流的现款现货闸口最终实现“零坏账”目标，解决应收账款管理问题，同时也是对客户订单与资源管理就财务结算上的最终评判。目前海尔所有的产品均是现款现货

资料来源：人民网 www.people.com.cn，2002 年 7 月 23 日，《海尔再造》，作者：谢然浩，胡考绪，刘成。

事实上，海尔在流程再造的 5 年间，循序渐进地实施了流程与职能兼容的管理方式。无论是商流、物流还是资金流部门的部门内运作仍然保持纵向的职能管理方式，不同的是，这些职能部门运作在规范的流程上，承担了主流程的各个流程部分，以整个主流程的绩效面对市场实现价值。海尔通对各辅助流程的功能整合，原先重复于各产品大类的支持部门，如人事、维修、技术开发、后援、IT、财务决算、质量管理、项目投资等按职能集中以降低成本，但还保持职能部门的形式，形成对主流程的支持流程。

中国式的流程管理保留了职能管理的优势，毕竟在西方国家企业执行的流程管理很大一部分还依赖先进的企业资源管理软件，与企业外部上下游相关的计划执行软件、客户关系管理软件等，这些软件在中国企业的应用和实施已经赢得很大的关注，但仍然需要一个漫长的过程。中国先锋企业的深谋远虑即在于合理地平衡这之间的利弊，合理应用于自己的企业。

这包括以下几个方面。

- 决定主要流程和支持流程，避免流程太细。
- 以主要流程规范企业的组织架构，建立企业整体流程绩效的管理标准。
- 处于主要流程的各部门，保持职能导向的管理方式，以控制流程再造过程中产生的各种风险。
- 对支持部门进行整合，以降低支持部门的总体管理成本。

在此，我们非常愿意讨论 GE，GE 不仅以其 CEO 杰克·韦尔奇闻名，更是以他推崇的流程管理成为全球最受尊敬的企业之一。[⊖] “成功属于精简敏捷的组织。” 每个 GE 人都强调速度、简洁和自信。因为自信可以使复杂的问题简单化，而简单的程序可以保证快速地应变。用 GE 一贯主张的速度原则表述便是：最少的监督，最少的决策拖延，最灵活的竞争。“精简” 的内涵首先在于头脑思维的集中。GE 所有经理人必须用书面形式回答 5 个策略性问题。扼要的问题使员工明白自己真正该花时间去思考的到底是什么，而书面的形式则强迫他们必须把自己的思绪整理得更清晰、更有条理。

其次，是外部流程的明晰。GE 的各项工作都必须勾画出“流程图”作为说明，从而能清楚地揭示每一个细微步骤的次序与关系。对于速度，韦尔奇常用“光速”和“子弹列车”来描绘。他坚信：只有速度足够快的企业才能继续生存下去。迅捷源于精简，精简的基础则是自信。我们认为 GE 卓越的流程管理方式是中国先锋企业的最终方向，只不过，中国先锋企业正在通过模仿、借鉴、自我创新和中国式的改善来实现超越。

⊖ 《中国经济时报》，2002 年 5 月 31 日，《管理纵横：杰克·韦尔奇有什么想法》，作者：宝利嘉。

小　结

在本章中，我们先后提到了中西方文化表现在管理方式方面的不同之处，我们看到先锋企业的精辟做法。

- 法治与人治的融合。
- 严肃执“法”，绝不妥协。
- 流程与职能的融合。

移情于法的目的是让制度和标准严格、严肃、持续地实施。如果“法”和“人”产生不一致，问题一定在于“人”，在这一点上先锋企业执“法”说一不二、按部就班、从不妥协。我们可以联想到很多外资企业的失败，不是没有先进的标准、制度及流程，而是在实施和执行过程中无法做到有效和持续。更多中国企业由于沿用计划经济体制下的管理方式，过于人治管理，导致企业没有竞争力甚至濒临破产。

另外，我们试图告诉读者在这个世界上，最善于把握平衡术的企业家也许就在中国，因为中国是一个讲求“人与自然融合”的国家。先锋企业的领导者所做的很多平凡的管理改进，事实上都基于“以人为本”的中国传统文化。他们知道，以中国的管理哲学严谨地实施西方的管理科学才是最佳途径。

我们的观点

1.“乾卦”的含义就是四个字——元、亨、利、贞，这四个字是对领导素质的很好的概括。其中“亨”的意思是“亨者，通也”。

（1）领导者必须有好的概念、好的思维、好的目标。

（2）为实施这些概念、思维和目标，领导者要改变和跨越很多阻碍，必须首先取得整个团队的理解。

（3）领导者需要通过更令人信服和理解的方式影响别人，通过落实各种条件、制度以具备执行和控制的能力。

2. 人治与法治：移情于法。

3. 中西管理的结合关键是三个转变：

（1）从“以人为本”向“以执行为本”转变。

（2）从“以岗位为本”向“以目标为本”转变。

（3）从职能导向向流程导向转变，两者兼容。

4. 从职能到流程，先锋企业管理层尤其重视“转变员工观念”，他们并不是通过文化潜移默化地影响员工的工作和管理，毕竟创造一种新的文化再执行这种文化的过程复杂而缓慢。

先锋企业通过让员工理解的概念，激励每个员工参与流程再造，重视员工的建议等完成这个艰巨的管理方式的改变：

（1）高层管理者以身作则，明确地认同新的管理方式，并主动参与推广和执行。

（2）创设新的仪式、象征、典故来取代原有的。

（3）立新的评估及赏罚制度。

（4）以正式化的、成文的条文取代非正式化的、不成文的规范。

（5）以员工参与的方式，取得员工的共识。

5. **中国式的流程管理保留了职能管理的优势**，毕竟在西方国家企业执行的流程管理很大一部分还依赖先进的企业资源管理软件，与企业外部上下游相关的计划执行软件、客户关系管理软件等，这些软件在中国企业的应用和实施已经赢得很大的关注，但仍然需要一个漫长的过程。中国先锋企业的深谋远虑即在于合理地平衡这之间的利弊，合理应用于自己的企业。

- 决定主要流程和支持流程，**避免流程太细**。
- 以主要流程规范企业的组织架构，**建立企业整体流程绩效的管理标准**。
- 处于主要流程的各部门，保持职能导向的管理方式，以控制流程再造过程中产生的各种风险。
- 对支持部门进行整合，以降低支持部门的总体管理成本。

一次季度盈利可以是侥幸，连续两次可以是巧合，但是连续三次就是一种趋势。

——塞·梅尔

04
第4章
渠道驱动

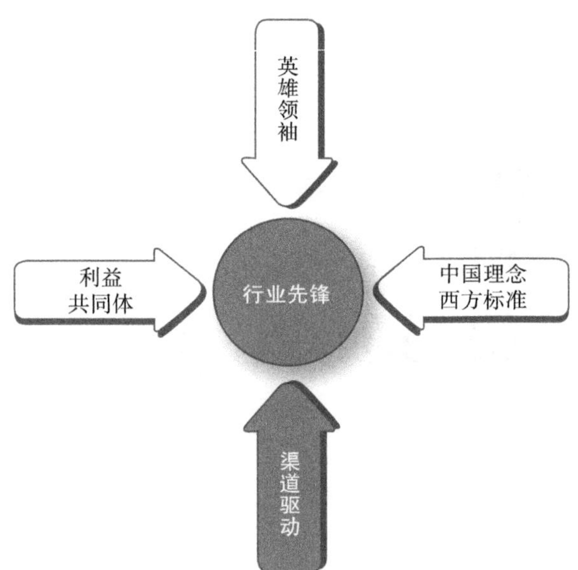

在中国市场，推进产品占领市场的过程并不是通过市场手段建设品牌的过程，企业即使建立了品牌也无法提升市场占有率。这并不是说品牌不重要，但是在中国，最终消费者不能也无法只依赖品牌购买产品。在品牌知名度与渠道成熟度两者之间，先锋企业首先选择了渠道。

渠道是先锋企业成长中最关键的外部动力，产品在市场的认可度同渠道建设有密切的关系。每个先锋企业基于产品不同，所设计的渠道战略各有不同。由此，我们的研究已不能局限于得到一个渠道战略和管理的方式方法。事实上，结论就在眼前：以渠道作为驱动力，必须创造能取得动力的渠道。

拉力还是推力

品牌知名度：拉力

品牌所产生的影响主要直接针对消费者和最终用户群，品牌强调的是品牌提供商的独立行为，它不与价值链上的其他成员构成直接利益，它的奥妙就在于品牌提供商可以在任何逆境中都保持固定的市场份额和相对的品牌忠诚度。这就好比可口可乐或是百事可乐，即使生产部门遭受火灾等非人为因素的影响，产品还是会畅销，公司也会利用周转的时间差寻找另一个饮料工厂继续生产。

如果我们研究的是整个市场对企业产生的外部动力，施力的方向决定了品牌和渠道最大的不同。品牌面向终端市场，好的品牌对品牌提供商产生拉力：有市场作为拉力的动力源，整个供应链都受到市场的拉力，从供应商到零售商几乎可以抛开烦恼，不假思索地供货就行了。

我们选择戴尔，并认为它是一个说明“市场拉力”的案例。大部分研究都认为戴尔取得飞速发展的核心是直销、速度和价格等。事实上，无论是直销、速度还是价格都是戴尔取得市场拉力的方式。

我们以市场对企业的外部动力作为考虑的起点，戴尔的关键是采取有竞争力的价格和直接掌握终端用户得到了市场拉力，这个拉力让戴尔从静止到起步，市场拉力大于它受到的竞争阻力而产生了巨大的加速度。换句话说，戴尔以直销做品牌，所有知道戴尔的人，无论是否使用戴尔的产品，都知道它是个价廉物美的品牌。这让戴尔没有投资巨大的渠道网络，而是得到一个更大的终端市场。

在几乎是百分之百的世界优秀企业经营经验中，营销上纷繁复杂的策略都是起步和初创阶段的事。它们将绝大多数时间和精力投入品牌基石的市场建设，也因此倡导的是“市场营销”而不是“渠道营销”；distribution management 被译作“渠道管理”，是市场营销的某一环节，目的是与渠道成员建立合理的合作关系，以控制渠道成本、避免消费者在需要产品或服务时出现问题；channel management 也被译作“渠道管理”，它侧重于对产品所占据的不同类型的市场分类管理，如 OEM、专卖、工业和商场。在美国、日本、欧洲，通用电气、IBM、索尼、西门子等品牌早已深植人心，它们通过各种市场传媒手段和质量保证，取得并保持品牌的知名度。但是，它们初涉市场时，市场策略侧重什么呢？如何在当地和国际市场建立渠道呢？渠道成本怎样是合理的？这些似乎已经不是我们（作为消费者和用户）关心的事情，也不是它们（作为产品或服务提供商）最主要的经营：这些企业侧重“品牌为先”，对它们来说激发新的市场需求，并且实现品牌对市场的最大影响力才是最重要的，因为有了品牌就有了市场拉力，其他的也会随之而来——渠道显然不会成为首选的营销手段。

在总结世界优秀 / 卓越企业经营之道时，各类研究者很少提及这些企业在建立、管理和争夺分销渠道领域的作为；捕捉到优秀 / 卓越企业怎样在初创阶段赢得市场的材料显得非常困难。由于这些企业历经几代人，品牌伴随着企业的成长过程已经富有内涵，而对于目前的市场竞争，在这些优秀企业看来，渠道是水到渠成的，即有品牌就有市场，就会有分销商、代理商加盟。

这导致很多经济管理方面的研究人员，特别是中国的一些研究学者认为已经步入“品牌经济”时代，而中国企业没有一家可以算得上真正意义上的成功品牌，所以中国企业显得非常悲观。实际上，品牌本身并不代表“优秀”：品牌是企业选择进入市场和取得市场的方式，品牌依靠企业通过市场营销以及品牌提供商自身形象（产品/服务质量、价格、交货服务等）得以经营，并没有其他含义，最终能否获得市场和顾客的满意要看消费者对品牌本身的认知。

渠道成熟度：推力

在中国，企业在初创起步阶段要实现高速发展，品牌似乎并没有巨大的魔力。关于品牌，我们认为它是一个投资巨大、非常理想的市场拉力。然而中国拥有规模庞大的消费市场，包罗万象，在经济环境健康的中国，可以说任何一个产品/服务都可以取得一定的市场份额，争取市场份额的方式方法显然也不只是通过品牌。

在品牌产生的市场拉力这一点上，中国先锋企业经营得非常痛苦。因为先锋企业与跨国公司在品牌竞争上的起点完全不同，并不公平。客观上说，在中国本土已经不公平，在国际市场上就更是如此。中国的行业先锋企业只能以主动积极的态度想方设法地将产品/服务推向市场。这个推力就是渠道，它源自产品/服务提供商设计和建立的渠道网络。如图4-1所示，企业在初创阶段，渠道推动力是企业成长的主要动力；相对地，企业通过渠道和产品，其品牌逐渐被消费者和最终用户接受，加之对品牌的投入经营，品牌逐渐产生巨大的拉力带动渠道。

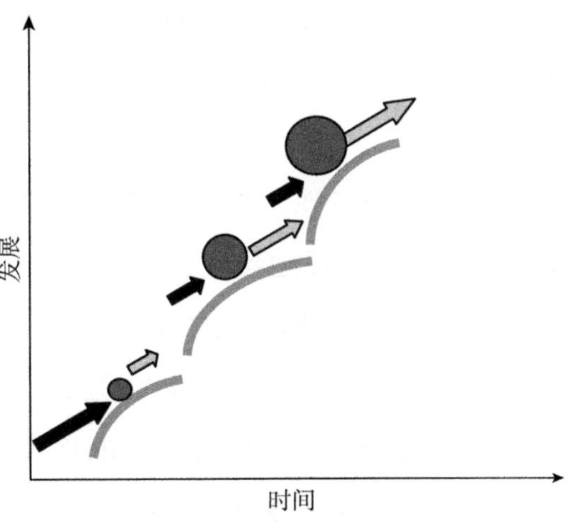

图4-1　品牌拉力和渠道推力

中国的“渠道”二字原意为“在河湖或水库等周围开挖的水道，用来引水排灌”，渠道的寓意已经非常清晰：首先需要有河湖（有源源不断的产品），其次需要开挖水道（建立渠道网络）。商业渠道指企业的产品从工厂流向消费者，资金从消费者流向工厂的通路。渠道之于企业，就像发达的树根之于参天大树，它对市场提供“养分”并确保其良好的吸收能力。在渠道的各环节上，制造商主要依赖渠道成员将其品牌形象推向消费者和最终用户，并带给消费者和最终用户品牌体验。从另一个角度看，渠道不是依赖品牌建立的。品牌知名度高，对渠道的推广和建设当然有帮助，这时的渠道是“水到渠成”。而对品牌知名度低的企业，渠道成为建立品牌的方式之一，企业需要通过渠道提高品牌的知名度。

渠道为先

1992年，TCL在供过于求的电视市场中发现了一个被众多电视生产厂家忽视的关键点：[⊖]对于大屏幕电视市场，当时的外来品牌价格普遍偏高，消费者难以接受，而中国电视生产厂家还没能占据高质低价的市场。

按照传统步骤，TCL要切入这个市场必须经历：产品选项、筹措资金、物色人才、征地建厂、招工培训、组织生产、销售推广。由于市场机遇不可能等待如此漫长的过程。李东生决定建立一个渠道销售网络，再找工厂合作生产。当时的TCL还没有进入电视行业，在进入市场的方式上，TCL选择了“渠道为先”的途径，意图是创建一个全国性的营销渠道网络，第一步是要进入市场，以渠道将产品推向最终消费者；第二步就是要摆脱市场失控的危险，进而引导、控制市场，把主动权掌握在自己手里——渠道网络的存在就意味着成功。

作为渠道型企业，TCL的优势如表4-1所示。

⊖ 《中国营销传播网》，2002年7月30日，《TCL：渠道型企业的SWOT分析》，作者：李伟。

表 4-1 TCL 的优势

TCL 的优势	理解和解释
完善的营销网络渠道	硬件：27 家分公司、170 多个经营部和数千家遍布一、二、三级市场的加盟经销网点与自营专卖店 软件：经年累积的客户战略伙伴关系、良好的商业信誉和口碑效应
快速的分销能力加快了资金周转和货物周转的速度	快速的资金流、物流和信息流既成为 TCL 规避市场风险的有力武器，又为营销渠道跨行业、跨品牌水平扩充产品线提供了有力的保证
具备一定的信息技术基础	● 基于 DRP 系统的完整的内联网信息系统即将建立，上下端通联的信息反馈通路为决策提供较为全面的内部和外部信息 ● 用户服务 Call Center 系统的应用，实现了对服务全过程的整体监控，使向用户提供增值服务和多种产品的制造商提供用户反馈信息与产品意见服务成为可能 ● 先进的信息技术在网络上的不断普及和应用，不但大大加快了网络的终端响应速度，而且极大地降低了网络的运营成本，同时也提高了高端决策的准确性，为 TCL 进行外延式连锁扩张创造了必要的条件
自建的非营利物流体系	● 推进了中转仓的建设 ● 为多种销售模式的运作奠定了基础，干线运输引进竞争机制，降低了运输成本 ● 推进物流的总体规划项目，通过对现有物流运作的量化评估，明确未来的物流模式和实施计划
形成了 TCL 最重要的战略资源	● 一大批具有实力的客户群 ● 一大批高素质、懂管理、专业化的营销队伍 ● 千千万万忠实的用户

充裕的资金流、完善的信息管理系统、高效的物流运作体系，以及既能驾驭渠道又懂产品的人才队伍，这一切令 TCL 甚至开始有意于向专业的制造类渠道型企业发展。目前 TCL 面临的机遇是，参与家电行业的渠道企业都处于成长转型期。即便是代表未来渠道业发展方向、近年来风头强劲的大型家电连锁业，其零售额也只占中国零售业总额的很少份额。扩张与反扩张、控制与反控制、渗透与反渗透的较量在近年来的中国家电行业不断上演，这些给 TCL 这样一个制造类渠道型企业带来取长补短、发展自己的机会。

动态的渠道

图 4-2 显示出一个循环而动态的渠道。由四个注入的因素：渠道体制、

渠道运作、渠道建构和市场重心形成了渠道由静至动的共同方向的动力，这些因素随着市场的需要和企业自身的决策而变换，以市场需求为参照，任何一个因素向着市场需求的方向变化都产生正向力，反之则产生副作用力，进而会阻碍渠道的动态作用和持久的渠道生命力。

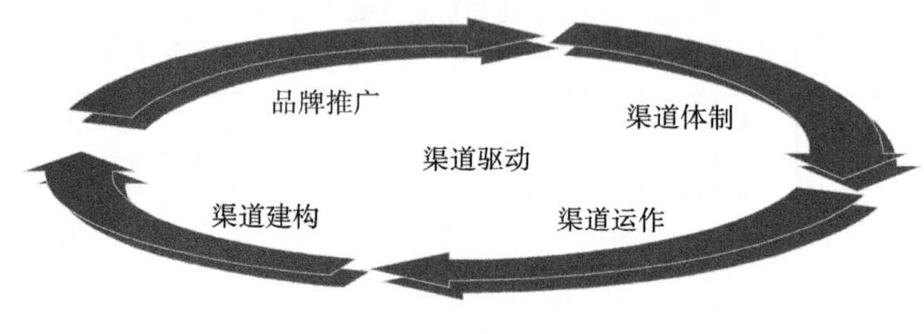

图 4-2　动态的渠道

渠道体制：扁平化

生产企业—总经销商—二级批发商—三级批发商—零售店—消费者，此种渠道层级可谓传统销售渠道中的经典模式。然而这样的销售网络先天不足，在许多产品可实现高利润、价格体系不透明、市场缺少规则的情况下，销售网络中普遍存在的“灰色地带”使许多经销商实现了所谓的超常规发展。多层次的销售网络不仅进一步瓜分了渠道利润，而且经销商不规范的操作手段（如竞相杀价、跨区销售）常常引发严重的网络冲突。更重要的是，经销商掌握的丰富的市场资源几乎成了生产企业的心头之患——销售网络漂移、可控性差。传统的销售渠道呈金字塔式，因其强大的辐射能力，曾为生产企业的产品占领市场发挥了巨大的作用，而在供过于求、竞争激烈的市场营销环境中，传统的渠道存在许多难以克服的缺点。

先锋企业正将销售渠道改为扁平化的结构，即销售渠道越来越短、销售网点越来越多。

- 销售渠道短，增强了企业对渠道的控制力。
- 销售网点多，增加了产品的销售量。

- 由多层次的批发环节变为一层批发，即生产企业—经销商—零售商。
- 在大城市设置配送中心，直接面向经销商、零售商提供服务。

以华为为例，2000年以来，华为压缩中间环节，增强物流及信息流的效率，引爆营销渠道的“扁平化革命”。华为为此推出了“圆桌计划”㊀，旨在进一步加强代理商队伍建设。调整现有的渠道，采用短渠道模式，进行扁平化管理，使渠道更贴近用户。华为推出的新渠道政策是以二级代理商为核心：在全国范围内发展500家二级代理商，把渠道体系覆盖到全国重点地市，最终形成多样化格局。

类似地，我们在很多候选企业中看到它们在渠道设计上的共同之处。美的推行面向“大批发商、大零售商、大制造商”的主导营销策略，确保在相对投入比较小的条件下，集中优势力量，使产品进入市场主流渠道。目前美的已成为约20家世界著名零售集团（如美国的凯马特、家得宝、西尔斯等公司）的供应商，而这些零售商为包括GE在内的超过10个世界知名的家电品牌提供OEM服务。美的的销售渠道扁平，大多数是通过海外的进口商分销给当地的零售商。如在欧洲，进口商一般是进口后直接分销给超市，通过渠道分销的比较少。在美国，大零售商占了销量的80%以上，美国几个主要零售巨头沃尔玛、凯马特的订单量通常都很大。㊁

渠道运作：一体化

传统的渠道关系是“我”和“你”的关系，即每个渠道成员都是独立的经营实体，以追求个体利益最大化为目标，甚至不惜牺牲渠道和厂商的整体利益。在由传统型渠道关系向一体化渠道转型的进程中，先锋企业适

㊀《智囊》，2003年3月14日，《渠道的舞步》，作者：郭鸿琦。

㊁《21世纪经济报道》，2003年11月14日，《从世界工厂到品牌运营商：美的海外市场延伸逻辑》，作者：康健。

时而变。企业与经销商由“你”和“我”的关系变为“我们”的关系。生产企业与经销商一体化经营，以实现生产企业对渠道的集团控制，使分散的经销商形成一个整合体系，确保渠道成员为实现自己或整体的目标努力。

联想渠道销售体系从2002年开始向服务和技术转型，试图打造一个一体化的大联想。所谓一体化，首先是指联想和渠道本身的一体化，结成一个高效运作的有机体。联想和渠道伙伴之间不是简单的产品买卖贸易关系，而是相互融会贯通的联盟伙伴关系，在管理上、运作上、信息数据上密切地交流，减少原有意义上的中间层损耗，最大化各种资源的效率。例如，通过一种新的信息系统，联想和核心渠道之间将做到数据共享。一方面，联想可以知道渠道伙伴的各种数据，特别是客户需求信息，以便做好产品调整，满足客户的需求；另一方面，渠道伙伴也可以通过信息系统知道联想现在的产品重点，知道技术和产品方面的发展趋势，以便做好更充分的准备。

一体化还包括战略战术运用层面的一体化。例如，联想将和渠道伙伴一起拜访客户，了解客户需求，而这种拜访和了解又是在不同层面展开的。拿金融体系来说，在北京，联想总部人员将和金融行业的增值代理商一起，拜访工商银行总行，了解在总行这一层面上对IT产品和服务有什么样的需求；在各省会城市，联想大区的客户经理会与相关渠道伙伴一起，拜访各省的工商银行分行，了解需求；在地市，联想的业务代表会和地区代理商一道，拜访各支行。这种拜访后所了解的信息，在联想内部及渠道伙伴之间是完全共享的，这样，不同地域、不同层面的渠道伙伴可以了解到工商银行系统对IT产品的整体需求以及其他地区的宝贵经验，有助于自己做好这一类客户的服务。

渠道建构：渠道终端营销

企业把产品交给经销商，由经销商一级一级地分销下去，由于网络不健全、通路不畅、终端市场铺开率不高、渗透深度不足等原因，经销商无法将产品分销到生产企业的目标市场上，结果产品的广告在电视上天天与消费者见面，消费者在零售店却难觅产品踪影。生产企业无法保证消费者在零售店见得到、买得到、乐得买。产品进入零售店后，摆放在什么位置、如何展示陈列、POP广告如何张贴、能否及时补货等，这些终端工作经销商往往做不到位，影响终端销售。

这种市场运作方式逐渐成为销售工作的桎梏。针对这些问题，先锋企业尤其注重以终端市场建设为中心运作市场。

一方面，通过对代理商、经销商、零售商等各环节的服务与监控，使得产品能够及时、准确而迅速地通过各渠道环节到达零售终端，提高产品市场展露度，使消费者买得到。

另一方面，在终端市场进行各种各样的市场促销活动，提高产品的出样率，形成品牌驱动力。

海尔非常明确地采用直控渠道终端的营销理念。海尔产品线的宽广成就了其专卖店和店中店的丰富多彩，直控终端的零售理念和超强的服务意识成就了海尔几近完美的品牌形象。用户几乎可以在全国各大城市和许多二三级城市随处看到海尔的产品，并且不但能看到店头统一、产品丰富的海尔专卖店，还能在许多大商场里看到装修考究、产品同样丰富的海尔专区（店中店）。

“直控终端”的海尔式“直销”模型，几乎在全国每个省都建立了自己的销售分公司——海尔工贸公司。如图4-3所示，以海尔空调为例，海尔工贸公司直接向零售商供货并提供相应支持，并且将很多零售商改造成海尔专卖店。当然海尔也有一些批发商，但海尔渠道网络的重点并不是批发商，而是更希望和零售商直接做生意，构建一个属于自己的零售分销体系。

渠道终端营销模式的优点在于：

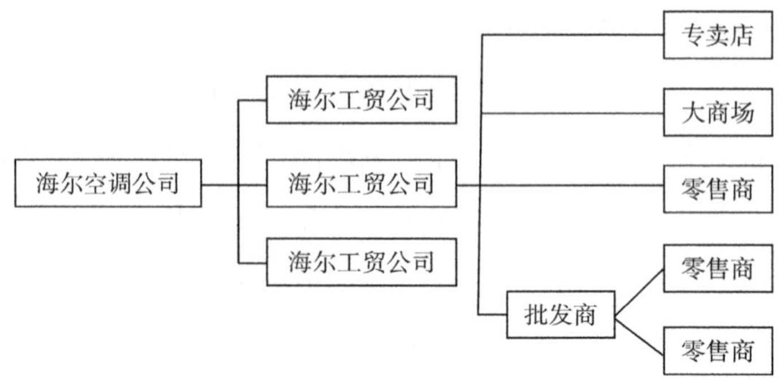

图 4-3　海尔模式下的营销渠道结构

- 掌控零售终端，避免渠道波动，稳定扩大销量。
- 提高渠道企业利润水平。由于节省了中间环节，不但给零售商更多利润，制造商利润水平也得以提高。
- 占据卖场有利位置，并由此在一定程度上限制了竞争对手的销售活动。
- 推广、服务深入终端，统一的店面布置、规范的人员管理、快速的意见反馈有利于品牌形象建设。
- 可以实现精益管理。由于没有中间环节，直接掌握终端销售情况更易于实现 JIT，提高收益率。
- 销售人员直接参与零售店经营活动，经常和顾客接触，对市场变化反应速度加快，市场应变能力增强。
- 由于和零售商之间长期稳定的关系，营销成本大幅降低。

品牌推广：加速产品融入市场

先锋企业在不断开拓和创造新市场的同时，非常重视对已经占领的市场乘胜前进，在渠道推力的作用下融入各类市场营销手段，包括品牌广告、促销等。这时，由于市场需求在逐渐产生，渠道成员在渐进的市场增长情况下进一步形成渠道推力，市场手段将适时激发产生强大的市场正向拉力。

联想在2003年开展“款款超值，缤纷特惠”的暑期促销，亮出“天骄”“锋行”“家悦”三个品牌电脑，并结合各类不同的用户需求，提供了不同的促销优惠方案。在以“天骄”为代表的数码应用路线在市场上取得优异市场成绩的同时，联想同时关注着正逐渐形成规模的两方全新需求。“锋行”“家悦”两款细分品牌，和原有的“天骄”品牌一起，组建成联想家用电脑的新阵容。其中，“锋行”采用了当时市场上最前沿的技术，比如超线程，加上联想功力深厚的系统稳定性、配置平衡性设计，让“电脑先锋们”安心享受娱乐应用、游戏、网上冲浪等方面的极速体验。而“家悦”完全是为普通用户推出的，结合普通用户初次接触电脑的特点，在产品的简易操作、放心使用方面做出了很大的努力。“促销也细分”，联想旨在针对不同用户进行有针对性的品牌细分，并在此基础上全方位地细分营销手段、渠道建设等，以达到和消费者不断成长的个性化需求相吻合的目的，事实上，这也是家用电脑市场未来发展的必然方向。

合力：闭环的渠道驱动

渠道驱动的核心是让分配好的利益和市场保持源源不断的动力，而渠道的两个核心成员制造商和分销商之间是一种共生关系，成功的渠道建设令双方始终因利益关系而相互依赖和支持。它需要操作的科学性，并运用IT技术的成果，还需要价值链各成员相互之间建立良好的合作伙伴关系。这一切需要的是一个坚强有力的理念，即所经营的产品应有持续稳定/增长的市场，这时，品牌建设起到及时的拉动效应，所产生的市场拉力与渠道推动力成为一个方向上的合力，随着品牌知名度和渠道成熟度的相互提升，闭环的渠道驱动力形成循环，成为源源不断的动力，如图4-4所示。

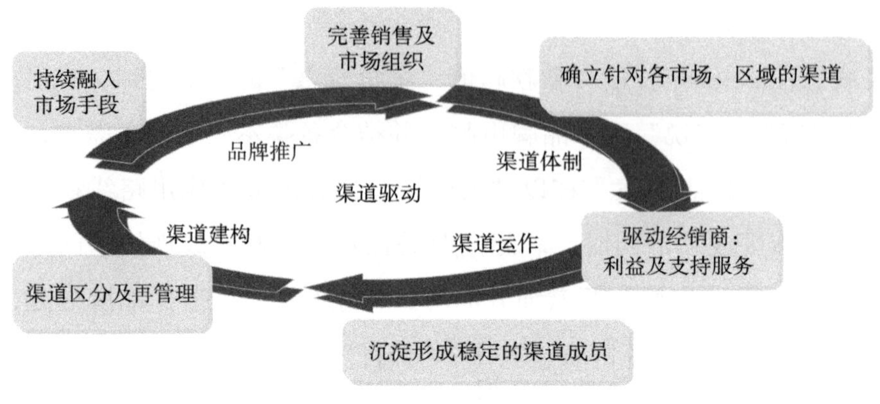

图 4-4　渠道驱动

为了更详细地说明“渠道驱动”所代表的“渠道营销”与“品牌驱动”所代表的“品牌营销”的区别，我们简要地回顾“品牌驱动”的步骤：建立 / 完善品牌管理组织，制订品牌计划，市场细分与品牌定位，品牌设计，资讯性传播（广告、宣传等）和体验性传播（产品、价格、渠道、服务），如图 4-5 所示。可见，品牌驱动下的渠道作用是以配合产品的传播而产生的，出现在品牌驱动营销环节的最后。

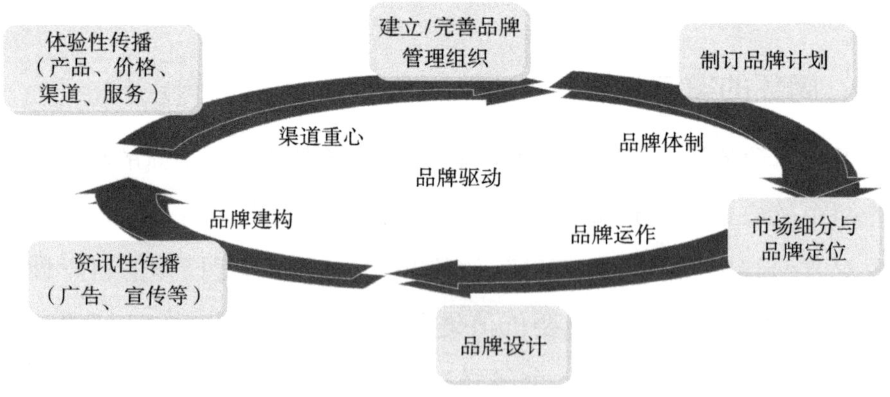

图 4-5　品牌驱动

从以上两个不同的闭环流程中，我们看到两种不同的力量。所要说明的是，对这些先锋企业的研究表明，对于中国市场，我们需要启用的是“渠道驱动”所代表的“渠道营销”的魅力。让我们按照联想自 1994 年起的渠道建设回顾联想渠道建设的第一个闭环流程，动态的渠道随着这个闭环流程而产生，显示出源源不断的渠道动力。

第一步，从完善销售及市场组织开始，无论是自建渠道还是寻找代理都需要一个完善的销售及市场组织。1994 年，29 岁的杨元庆出任刚成立的联想微机事业部（联想电脑公司前身）总经理。他毫不犹豫地放弃了联想在电脑行业内已经形成一定基础的直销业务，坚决走百分之百代理分销的发展道路。当时联想微机销售直接归总裁室领导，以直销为主，销售部门分为行业和大区。按照行业分为行业一部、二部、三部和四部，按大区分为华东区、中南区、北方区、西南区、西北区五个大区，各部门之间、各大区之间独立核算，各自背负利润指标。此外，还设有一个批发代理部，从事部分分销业务。自从销售体制改为完全代理制，联想将原来微机销售系统的 100 多人精简到 18 人。[⊖]1994 年，联想微机事业部开始建设自己的渠道，并要建立完全的代理体制。

第二步，在确立了走渠道建设的方向后，联想开始确立针对各市场、区域的渠道建设，即确立渠道骨架的构建，以合理的渠道结构到达预期的目标市场。为了尽快建立一支自己的代理队伍，1994 年一年时间内，杨元庆几乎跑遍了全国每一个省份，并且要明确在几级市建立多少个代理商。“过去大家都习惯于做直销，没有太多做代理的经验，我要教会销售人员怎么样宣传公司、怎么样把代理吸引过来。”杨元庆说，“当时非常非常艰苦，没有几家代理看好联想。我们想找大一些、在当地有一些影响的代理，但是想要找到却非常困难。”

第三步，如何在最短的时间内按照预先的布局设想建立起全国的代理网络和分销体系？驱动经销商最快的方法就是利益和服务。联想采用缩短给代理奖励兑现周期的办法，用“立即利益”拉拢代理商。当时，业界流

⊖ 环球咨询信息网 www.icinet.com.cn，2003 年 3 月 15 日，《营销大战中的联想集团》，作者：清华大学经济管理学院案例研究中心。

行的做法是，厂商给代理的奖励一般在一年以后兑现，联想PC把它缩短为一个季度，而且说到做到。联想这种“立即利益”的做法在当时确实吸引了一批代理商。以这批代理商为基础，联想不断拓展自己的营销渠道。

第四步，发展合作双方的制度并沉淀出一个相对稳定的代理商团队。到1997年，联想建立起了一个由2000家核心代理组成的销售渠道。1994年开始，伴随着公司渠道的发展，联想的经营业绩发展很快，公司销售增长率以100%以上的速度增长，公司利润增长率也达到80%以上。联想电脑迅猛的发展势头引起了国际电脑界的广泛关注。联想稳定的渠道成为当时联想取得中国第一的市场占有率的重要因素。

在这几年历次的市场风潮中，联想与代理商并肩战斗，帮助联想确立了在中国市场的优势地位。而制造商与代理商之间永远是既相互依存又存在利益冲突。在电脑业界，制造商往往采取的是代理制，代理商对他们的作用很大。就连在电脑业界地位显赫的IBM、康柏、惠普、宏碁等公司都生怕得罪渠道，对代理商十分倚重。对联想来说，想继续在激烈的市场竞争中扩大优势，更是离不开代理商的支持。

第五步，对渠道进行区分和再管理，以联想为例，包括商用、专卖、卖场等；IT渠道企业的管理是一项系统工程，渠道管理和对渠道成员的增值服务成为关键。在实行标准化的价格、折扣率、配货、结算等政策之外，还必须深层研究分销体系，掌握各种不同渠道的不同重点及对策剖析，包括流程化的信息情报处理等环节。由于这些代理商及渠道企业实力都还不强，大多数企业都还以业务为主，很难实施先进的管理。为使渠道进一步发挥魅力，联想从客户管理、营销人员管理、业务组合计划、业务发展协调、信息情报处理、人员结构优化到资金管理、财务管理，开始管理每个渠道，这些都是企业要取得业务良性发展不能不考虑的问题。

第六步，融入市场手段。联想开展了频繁的促销活动形成市场拉力和渠道推力的合力（见表4-2）。

表 4-2 1994 年起，联想频繁的促销

1994 年，联想在国内推广家用电脑的概念，通过宣传使之成为业界谈论的热点。同年，还制定了以科普教育刺激市场成长的策略
1995 年，联想以“联想电脑快车”为行动代号，在全国几十个城市的政府机关、厂矿、中小学校举行了近百场产品巡回展示和电脑知识咨询活动。联想还出资 500 万元，联合 10 家电视台、广播电台和报纸等媒体，举办了代号为“联想电脑驾校”的为期一年的电脑科普征文活动。至 1995 年年底，中国已经有 30 家以上媒体专门开辟了电脑科普教育的专版或者节目。当年，联想电脑公司对国人的承诺“每一年，每一天，我们都在进步”开始在广告中出现
1996 年年底，联想精心策划了一次以“一条联想服务长征路，一片真情承诺为用户”为主题的服务万里行活动，历时一个月，针对不同层次的消费者对电脑知识的要求，在全国七大省市巡回服务。活动共分三个角度：一是对社会传播计算机文化和知识；二是对电脑爱好者以讲座的形式进行群体普及；三是为联想电脑的用户提供专项服务。1996 年，联想 1+1 天蝎系列家用电脑热销大江南北，与联想 1996 年的促销活动关系密切
1997 年 6 月，联想电脑公司与中国太平洋保险公司签约，为每个购买联想 1+1 家用电脑的用户投保家庭财产险 2 万元，总保险金额 6 亿元。联想的行为开创了生产厂商为用户投保险的先河。同年，联想 1+1 电脑在全国各地举办“联想暑期送慧笔，特惠奉献全家受益”的促销活动。在这次活动中，凡购买联想 1+1 天蝎座的消费者可得到“五大优惠”：免费得慧笔（中文手写识别系统），2 万元家庭财产保险，优惠软件卡，性能提高，价格降低。从 6 月 28 日至 7 月 28 日，短短一个月时间，联想家用电脑销量突破 2 万台，这是国内外厂商首次在中国家用电脑市场月销量突破 2 万台。不少地区联想电脑一时脱销，为赢得消费者，联想又建立了联想信誉补偿金制度，自 8 月 1 日至 8 月 28 日，凡是在联想电脑代理商处购买联想天蝎系列家用电脑，因暂时断货而交纳一定预订金的用户，如果最终购买了联想天蝎系列家用电脑，则自预订之日起到代理商通知用户可以提货之日止，联想各地销售商将每天返还用户信誉补偿金 20 元
1998 年 3 月，联想的又一次活动拉开帷幕：联想“找朋友”活动在全国范围内展开
1998 年 5 月初，联想第 100 万台电脑将下线，为感谢广大联想用户的支持，联想将特聘第 10 万台、第 20 万台……第 80 万台联想电脑的用户为“联想荣誉用户”，再将第 92 万台、93 万台……第 98 万台、第 99 万台电脑赠予他们。此外，联想每年还有春秋季两次新产品发布会，对联想新推出的各种型号产品进行宣传、介绍

资料来源：环球咨询信息网 www.icinet.com.cn，2003 年 3 月 15 日，《营销大战中的联想集团》，作者：清华大学经济管理学院案例研究中心。

短短 3 年之后，联想在信息产业部公布的 1998 年电子百强中名列第一。1998 年度营业额上升了 45%，利润上升了 34%。之后集团举行国际路演，令投资者对联想股信心大增，股价由每股 4 港元大幅上升至每股 8.55 港元，集团乘势举行国际配售，共售联想股票 1.3 亿股，集资 9.36 亿港元，为集团未来多项投资计划提供了资金基础；同时联想的市场品牌建立。[⊖]直至 2002 年联想拥有了超过 3000 家零售点，成为击败戴尔电脑等

⊖ 联想公司网站 www.lenovo.com，联想发展历史，作者：不详。

国际大品牌在中国市场的最重要原因。2003 年联想开始了下一步的品牌定位设计和建设，推出了联想新标识和宣传语，着重建设联想品牌的内涵。品牌营销作为市场拉力带给各渠道成员信心，使之与渠道推力成为循环的合力驱动联想的进一步飞速成长。

小　结

我们在本章中主要阐明中国行业先锋企业“渠道为先”，取得企业成长的强大外力。先锋企业在此过程中首先提升渠道成熟度，通过渠道创造稳定的外力，进而融入建立品牌知名度的过程。

- 品牌知名度是拉力，渠道成熟度是推力。
- 先锋企业以渠道为先。
- 渠道必须动态持久。
- 渠道营销与品牌营销相互配合形成合力。

企业的成长需要强大的外力。中国行业先锋企业面对各类世界知名品牌对中国市场的冲击，没有一味选择在品牌知名度上与对手较量。它们知道付出时间、精力与资金创造品牌知名度是巨大的浪费。要取得企业的外部动力，真正的问题不是在一开始就获得和创造一个知名品牌，关键是通过渠道驱动取得持续的效果，随后深入进行品牌营销。联合“渠道”和“品牌”正向合力，先锋企业始终在持续而飞速地成长。

我们的观点

1. 大部分研究都认为戴尔取得飞速发展的核心是直销、速度和价格等，事实上，无论是直销、速度还是价格都是戴尔取得市场拉力的方式。

我们以市场对企业的外部动力作为考虑的起点，戴尔的关键是采取有竞争力的价格和直接掌握终端用户得到了市场拉力，这个拉力让戴尔从静止到起步，市场拉力大于它受到的竞争阻力而产生了巨大的加速度。换句话说，戴尔以直销做品牌，所有知道戴尔的人，无论是否使用戴尔的产品，都知道它是个价廉物美的品牌。这让戴尔没有投资巨大的渠道网络，而是得到一个更大的终端市场。

2. 先锋企业正将销售渠道改为扁平化的结构，即销售渠道越来越短、销售网点越来越多。

（1）销售渠道短，增强了企业对渠道的控制力。

（2）销售网点多，增加了产品的销售量。

（3）由多层次的批发环节变为一层批发，即生产企业—经销商—零售商。

（4）在大城市设置配送中心，直接面向经销商、零售商提供服务。

3. 先锋企业尤其注重以终端市场建设为中心运作市场。

（1）通过对代理商、经销商、零售商等各环节的服务与监控，使得产品能够及时、准确而迅速地通过各渠道环节到达零售终端，提高产品市场展露度，使消费者买得到。

（2）在终端市场进行各种各样的市场促销活动，提高产品的出样率，形成品牌驱动力。

4. 渠道终端营销模式的优点。

（1）掌控零售终端，避免渠道波动，稳定扩大销量。

（2）提高渠道企业利润水平。由于节省了中间环节，不但给零售商更多利润，制造商利润水平也得以提高。

（3）占据卖场有利位置，并由此一定程度上限制了竞争对手的销售活动。

（4）推广、服务深入终端，统一的店面布置、规范的人员管理、快速的意见反馈有利于品牌形象建设。

（5）可以实现精益管理。由于没有中间环节，直接掌握终端销售情况更易于实现 JIT，提高收益率。

（6）销售人员直接参与零售店经营活动，经常和顾客接触，对市场变化反应速度加快，市场应变能力增强。

（7）由于和零售商之间长期稳定的关系，营销成本大幅降低。

5. 成功的渠道建设令双方始终由于利益关系而相互依赖和支持。

6. 对于中国市场，我们需要启用的是“渠道驱动”所代表的“渠道营销”。

7. 渠道驱动的图解（见图 4-4）。

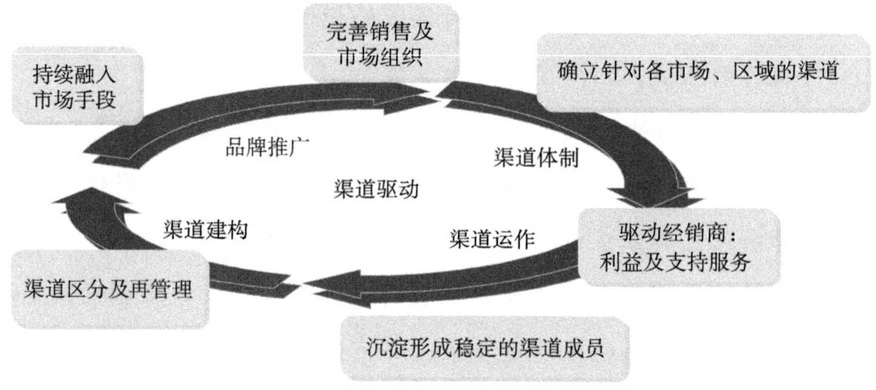

图 4-4　渠道驱动

8. 品牌驱动的图解（见图 4-5）。

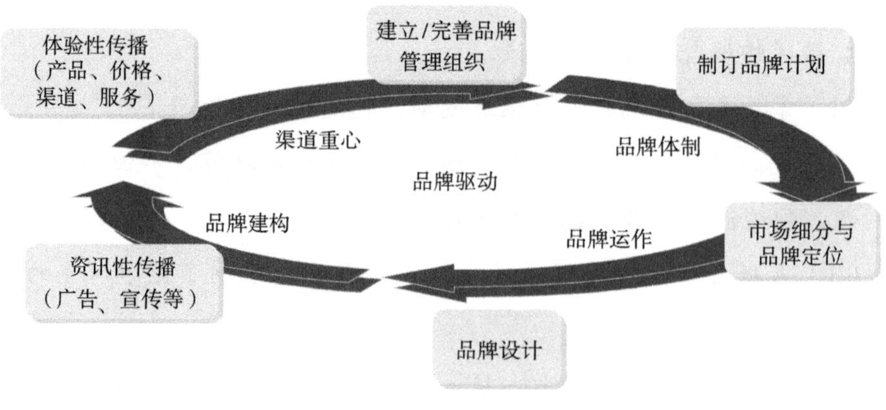

图 4-5　品牌驱动

没有永远的朋友，也没有永远的敌人，只有永远的利益。

——温斯顿·丘吉尔

05

第 5 章

利益共同体

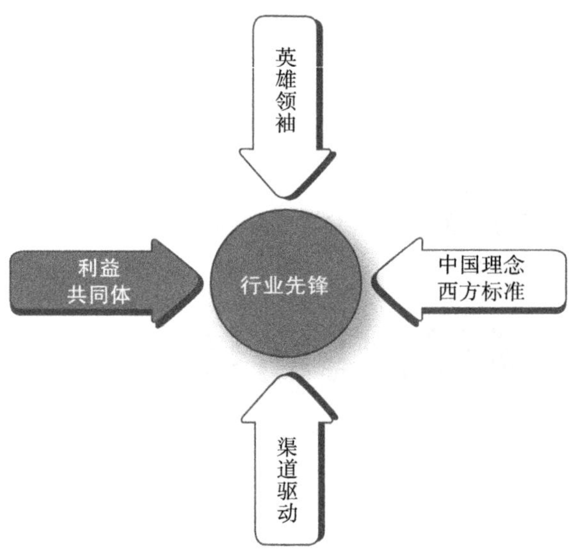

先锋企业直面市场，精研政府决策，融会民间智慧，这一点在很多世界优秀公司的成长过程中也有体现。而在经济高速发展的中国，企业与政府之间的各种合作，或许受到政府的某种支持，很多时候企业领导者不愿意提及，而且这种合作与支持一旦形成，企业对外界来说就多了一份神秘感或者多了一层光环。回顾这些年各种与政府相关的研究内容，有关中国政府之于世界 500 强排名的各种报道非常吸引我们的注意。曾在 1997 年，中国原国家经贸委宣布，未来几年重点扶植宝钢、海尔等 6 家公司，每年向每家公司投入不少于 2000 万元，力争使它们在 2010 年进入世界

500 强[⊖]，这些企业被政府和社会寄予进入世界 500 强的厚望。

我们通过这个来自中国政府的意愿，看到中国政府和企业的世界 500 强情结。7 年时间过去后，曾经提出进入世界 500 强口号的中国企业家们在经历过盛衰沉浮、进退消长后，他们当初的理想、自信、进取让我们越来越受到鼓舞。在这些企业的成长轨迹中，政府与企业形成了共同的梦想：富裕起来的中国爆发出的消费能力使家电、计算机、汽车等行业的制造公司快速扩张，销售额每年以 30% 的速度增长。中国先锋企业正在越来越接近每年销售额数百亿美元的世界 500 强企业的目标。

基于客观的研究素材，我们认为对中国先锋企业的成长，利益共同体的形成对企业的战略发展起到尤其重要的作用，这其中包括两种利益的共享关系：

- 价值链之外的利益关系，包括与政府利益共享以及来自社会的支持，也包括与竞争对手结盟或是其他利益的共享。
- 以企业自身价值链为研究基础的价值链上的利益共享，包括企业和内部员工、股东，以及与价值链上游的供应商、下游的客户等。

链外的利益

我们以《伊索寓言》中的“狮子和老鹰”的故事分析利益共享的前提。

> 一只老鹰停了下来，乞求狮子为了它们彼此的利益与它结成联盟，狮子回答道：“我不反对，但是请原谅，我必须要求你对此绝对忠诚，因为在合作的过程中如果你可以随意地飞走，那么我怎能像信赖朋友一样信任你呢？”
>
> 试探以后才能给予信任。

⊖ 《环球企业家》，2003 年 7 月，《中国企业十年一梦》，作者：郭海峰。

国际微软在中国

我们首先以多年来微软在中国的行销策略作为理解与政府利益共享的引子：微软中国与中国政府的关系在社交方式上经历了一个由强硬转向妥协的绥靖策略。如今，微软中国越来越将搞好政府关系、允诺投资软件技术作为交换的筹码来获得市场的认同。尽管微软竭力维护与政府的公关形象，但它在打击盗版上的各种策略在中国社会形成的负面反响很大。㊀

翻开微软在中国发展的历史，不得不总结的是微软在中国的两大痛处：一是盗版，二是政府采购的“滑铁卢”。20 世纪 90 年代初，微软刚刚涉足中国市场，并不了解中国市场特有的国情，一味坚持高价格的强硬销售政策，结果在市场上四处碰壁，业绩自然不理想。为取得中国市场的业绩，微软中国历届总裁在处理与政府的关系上做了大量努力，也以 62 亿元的采购大单显示出欲与中国政府利益共享的诚意。

1. 修复与政府的关系

自起用杜家滨打理微软中国业务以来，我们发现，微软开始注重逐渐修复与政府的关系，改善微软一贯的蛮横形象，之后的吴士宏、高群耀到唐骏，微软中国总裁的很大一部分任务都在“治疗”微软在中国的“形象”病。形象和外交关系的“修葺”在多年的努力后取得突破：自唐骏出任微软的 CEO 后，微软加强力度试图改善和政府间的关系，以摆脱政府采购失利的阴影。随后，微软的政府采购单就出自上海：微软在上海市政府的信息系统工程采购 100% 中标，上海市政府将 3 年内向微软支付 7500 万元用于购买微软 Windows XP 在内的产品。之后，微软公司和上海联合投资有限公司共同出资成立的上海微创软件有限公司宣布正式开业。这被舆论看成是微软向上海市政府示好的又一大举措，其象征意义远大于实际的

㊀ 《中国经济时报》，2003 年 8 月 19 日，《微软摇摆在“软”“硬”之间》，作者：曹增光。

投资价值。此时，微软总裁鲍尔默亲自“造访”中国并携带了 62 亿元的“捐赠”大单以显示诚意，欲与政府形成利益共享的合作关系。

经过一年考验，微软中国的业务的确交出了比任何一位前任都优秀的业绩表：在 2002～2003 上半财年（2002 年 7 月 1 日～12 月 31 日），微软中国在亚太区实现了最高的业务增长率和最高的销售额；是微软全球唯一一个连续 5 个月创造历史最高销售纪录的公司；是微软全球 32 家大的分公司中增长最快的公司；3 个销售大区全部超额完成任务。

2. 受排斥的社会形象

微软中国频频抛出政府公关的绣球，试图以此带动包括 XP 操作系统、办公套件 Office XP 的销售额。毕竟，在微软看来，与政府由于有相当数额的政府采购单，利益非常明显，并需要向更好的利益共享方向努力。直到今天，微软在这场浩大的“公关秀”过后，除了在上海等城市小有收获外，在其他地区仍然打不开局面。对此，位于美国的微软总部已经等不及了。

2003 年 5 月中旬，微软中国面向教育市场的强行登陆行动启动。学校陆续开始卸载 Office 软件，甚至于原定的计算机等级考试也不得不因此而搁浅数日，微软欲在教育市场使用硬政策挖掘出金矿。而由于国力有限，中国的教育经费投入一直偏低。中国千千万万的国家机关尚且不可能在一夜之间实现软件“正版化”，中国的教育机构就更不可能依靠财政拨款实现软件“正版化”了。人们对微软此次迫降行动的不满呼声四处蔓延。

微软反盗版的急切行为让我们看到在不到半年时间内，各种媒体纷纷触及微软的不妥当做法，微软在公众心目中的形象大打折扣，进而使微软包括操作系统 Window 及 Office 在市场终端的销售双翼皆受挫。

3. 促进利益共同体合作成功的理念

无论微软打击盗版的行为是否妥当，拥有多年进入中国的体验后，微软中国还是试图在政府采购中分得一杯羹，为此也显示出与政府利益合作的决心，而这都是为了促进终端产品销售的业绩。透过“国际微软在中国”的历任总裁的各种努力和他们最终在中国社会公众的形象，在我们对“利益共同体”的研究开始时，希望能了解到“利益共同体”的形成条件和各利益成员的立足点，我们得出这样两个结论：

- 利益越相近，合作就越可能成功。
- 每家企业在相同的环境中对待利益伙伴的方式越接近其他伙伴喜欢被对待的方式，利益共同体的实现可能就越大。

我们认为，利益共同体将为企业的管理、生产和市场战略以及整体业务带来新的机遇。企业不但有可能通过利益共同体得到所需要的利益关系，而且会高兴地看到自身所占据的市场层面扩大，可以和利益伙伴一同获得成功。简单地说，就是将蛋糕做得比原来大，同时帮助利益伙伴和自身获得一份以前想都不敢想的更大的份额。

政府支持：政府也有它的需求

对中国先锋企业来说，受到国家政府的政策支持和保障，以及赢得社会推崇和认可的企业形象被视为非常重要的成长路径。我们从宝钢集团联合上海各钢铁公司成为钢铁联合企业的过程中看到，由于获得国家和上海市政府的大力支持，并与政府共同建设，宝钢迈向世界级钢铁联合企业的行列。在我们的研究成果里，我们更希望看到的是：在这样的政府支持下，政府得到了是什么，我们认为政府与企业产生共同利益，说明政府也有对企业的依赖和需求。

上海宝钢集团的联合重组历经五年磨合，三次握手，促成联合各方做出市场化的选择。宝钢与上钢（即上海冶金控股公司）、梅钢同为钢铁企业，又同处上海地区，无论产品的互补、物流的便捷还是生产力的合理布局，三家都应该尽早成为一家。毕竟，做大做强以抗击国际市场的风浪，是中国企业必然的选择。

1. 宝钢的难题

1993年和1995年，中央和上海曾经两次启动宝钢与上钢的联合，一次是国务院正式批准，一次甚至已向外界公开宣布，然而都因种种体制和观念上的障碍而一再搁浅。宝钢是20世纪70年代末新建的中央企业，技术设备先进，基础实力雄厚，只一个三期工程就自筹资金500多亿元。按照这样的发展势头和后劲，宝钢自成体系、自成规模只是时间问题。

当时宝钢也有一个集团化的规划，但都是一些跨省市的兼并控股甚至投资建厂。这将导致资金分散，产品又无内在联系，这样的集团规划实施起来，对于集团终究未能形成整体效益。至于家门口的上钢，因为是上海地方企业，体制障目，视而不见；即使有政府的启动，实施工作令宝钢担心是否会遭遇预想不到的挑战和陷阱。宝钢预想到与各钢厂联合的过程中如果没有强有力的稳固支持，集团化的规划并不可行。

2. 政府的需求

上钢虽是20世纪50年代的老企业，却是国内品种最齐全、自我配套能力最强的钢铁基地，最多时可以生产国内钢材70%的品种。其主体企业上钢一、三、五厂也都是国家的重点骨干企业，为国家工业化和经济建设做出过很大的贡献。对于上钢的发展，许多老钢铁人有着很深的情结，哪怕是勒紧裤带也要搞技术改造，把上钢撑下去。如果和中央企业联合，从此上海就没有了“自己”的钢铁工业，这是无论如何也难以接受的事实。

就上海市政府看来，上钢的实际情况是，由于资金、技术和管理上的种种原因，上钢的许多技改项目要么是产品没有竞争力陷入困境，要么是资金缺口太大而中途夭折。到1998年年底，上钢所属10家企业主业全面亏损，最高的亏损额达9.2亿元。[⊖]时至1998年，上钢扭亏脱困的压力进一步加剧，而宝钢面对全球化的竞争，加速资本扩张的要求也空前迫切。

3. 与政府利益共享，责任共担

在中国，国有资产由国有资产代表（即国务院）管理，国务院不同意，就无法进行产权变动，因此，国家和上海两级“出资人”对上海地区钢铁工业资产做出战略重组的果断决策，即上海市政府将上钢和梅山钢铁公司的国有资产全数无偿划拨中央，由国务院委托宝钢集团经营，成立上海宝钢集团公司。

“只有放手，才能留下。”上海市委市政府洞悉市场大势，意识到再这样拖延，不打破“条块分割”的各种制度，最终会损失国有资产。组建上海宝钢集团被列为上海当年国有资产重组的一号工程，市领导直接听取汇报。为了解除宝钢接收上钢的后顾之忧，上海还出台了一系列配套政策，包括延续上钢上交所得税返还的政策，用于减员安置。在这样的情况下，联合水到渠成——宝钢和上海冶金控股集团、梅山钢铁公司宣告联合，成立上海宝钢集团公司。作为我国应对经济全球化重要策略的实践，这一举动引起了国内经济界和世界冶金行业的瞩目。

上海宝钢集团从联合之初就坚决摒弃这种内部平调的思路。由宝钢、上钢和梅山三方组成的董事会，在国务院委派的领导下，形成了一种明确

⊖ 新华社，2001年5月21日，《宝钢启示录：国有企业联合重组成功实践》，作者：陈雅妮，李荣，赵承。

的共识：核心企业是集团的重要支撑，只有保持和发展核心企业的强势，才可能有集团的整体优势；宝钢除了有形的资产，更有价值的是无形资产，即资信、管理、网络、文化和人才等。

我们从宝钢集团联合的过程中，看到政府与企业相互促进作用下共同消除障碍：

- 当政府行为和企业行为统一到市场选择的共同目标下，政府的推动就不再是“行政干预”而成为一种“放手”和“服务”。
- 企业的抉择也跳出了体制和观念的禁锢，着眼长远发展。

两年后，上海宝钢集团形成上海地区钢铁工业的总体发展规划。

（1）对宝钢。钢铁主业的劳动生产率明显提高，使产品结构调整迈出一大步。

（2）对政府。平稳分流和安置了约5万名富余劳动力，避免了低水平的重复。淘汰了总计192万吨落后的钢铁生产能力。[⊖]

（3）对利益共同体的双方。集团内严重亏损的10家子公司已有9家转亏为盈。上海宝钢集团不但变成国内最大的钢铁联合企业，而且成为具有国际竞争力的大型企业集团。

在宝钢的生产经营以及三期工程建设一如既往地呈强势发展的过程中，宝钢顺利完成了股份制改造成功上市。而历经20年形成的无形资产通过集约化运作，在集团整体及各子公司的发展中产生了特别的功效：宝钢经国际权威评级机构认定，在国内外资本市场上拥有相当于国家主权级的资信能力。集团依托这一优良资信，通过提供贷款担保、发行企业债券和优质资产上市，为整个集团的发展融资达150亿元之巨。

⊖ 新华社，2001年5月21日，《宝钢启示录：国有企业联合重组成功实践》，作者：陈雅妮，李荣，赵承。

为了明天的利益

《百年散论》中说：一家商业公司的真正目的不仅仅是要赚取利润，更是要让人看到它是一个由人组成的团体。其存在的根本原因是要以各种各样的方式满足其最基本的需求，并且以服务于全体社会的方式组成特别团体，这在长期看来是商业的生命。我们经常会在各种报道中看到一些公司正进行本地或区域的各类捐助，这是很有意义的事情。它也能真正有益于提高业务的声望和地位。科技变革的速度让人目眩。许多人意识到要密切接触以平衡高科技的生活。事实上，企业积极参与各类社会活动会得到用户和舆论的赞赏，企业也会受益更多。

另一种企业与政府、社会的关系，并不是“当下”实时的利益共同体关系，而是一种为了将来的利益所做的结合与合作。作为企业自身价值链以外的利益，往往隐约不可见。很多时候，企业，特别是那些小型的和强势的，对与周边政府和社会的利益共享并不关心。的确，探索未来是一项让人困惑的任务，更何况是那些未来触及不到的利益。

在我们对先锋企业的研究过程中，我们所发现的是这些企业敏锐的触觉，或许它们并不清楚某些结果的必然性，但是明天的利益和未来可创造的巨大价值深深地吸引它们：在先锋企业经营的初期，它们的规模和效益与政府并不存在明显的共同利益合作关系，而回顾它们成长历程中关键的几步，可以发现无不与政府的政策和机遇密不可分；随着企业逐步成长，它们与政府的利益共同关系越发容易形成。

我们对各先锋企业以及各行业的候选企业与政府相关“利益共同体”构筑上的案例分别进行了详细的分析，这些企业与政府合作而实现飞速成长的表现方式各不相同，我们的研究着重于了解企业与政府之间存在休戚相关的各种关系，而不是研究这些关系的建立和背景。再以华为为例，华为主要占领的是以政府采购单为主的中国手机基站或程控交换机为中心的产品市场。显而易见，决定的因素除了产品外，还有诸多与政府合作及利益共享的关系。从比较竞争优势的角度看，华为在 SDH 光传输、接入网、智能网、信令网、电信级 Internet 接入服务器、112 测试头等领域均处于世界领先地位；密集波分复用 DWDM、C & C08iNET 综合网络平台、路由器、移动通信等系统产品也已经挤入世界先进的行列，而其成为行业先锋的另一个重要因素来自华为专注于通信设备市场的成功，客观地说，华为在技术上的成功远远比不上它在商业操作上的成功。

中国的通信市场不是通信产品（比如手机、呼机、电话机）市场，而是通信设备，也就是以手机基站或程控交换机为中心的产品市场。与手机制造销售不同，手机关注的是消费者，而通信设备主要关注的是政府和电信部门，前者与市场运作相关，后者则主要是产品和关系运作。可以想象的是，在这场争夺政府采购单的战斗中，决定因素除了产品外，一定还有诸多其他因素。华为是本土公司，凭借华为对中国商业文化和政治文化的理解，当华为提出“华为和西方公司的差别，就是我们每层每级都贴近客户”的说法时，已经明确揭示了这种贴近：与消费品市场意义的贴近有所不同，华为更注重与地方当局结成利益共同体，华为的营销队伍“庞大而富于战斗力”，在程控交换机上建立起富有利益共同关系的销售网。⊖

虽然各种业务建立起的利益共同体并不长久，也可能不规范，但对于企业的先期飞速成长，这样的利益共同关系却相对重要。我们都可以理解，没有哪家企业可以长久地依赖这种关系联盟：面对强大的竞争对手，政府不可能长期起到保护企业和发展企业的作用，这种利益也无法真正体现华为在市场中的最终竞争优势。华为管理层因此在企业内部始终强调华为面临的危机，并且不断地投资于技术研发部门。

⊖ IT 搜狐 www.it.sohu.com，2003 年 10 月 26 日，《危机与兴盛：华为为什么总在兴盛中提醒危机》，作者：姜汝祥。

外部战略性的利益共同体

1. 化解竞争：互补优势

在竞争激烈的商业环境中，我们相信，各家公司在商业的各个领域都建立了伙伴关系联盟。当总体大于部分之和，即一加一等于三时，要选择协作。每个联盟都力图通过建立伙伴关系达到这种效果。从我们的材料中，我们看到，每家先锋企业或是行业领先企业都比那些默默无闻赢得微薄利益的小企业更明白何时与别的机构建立伙伴关系是相对有利的，何时单独运作而不与别人结盟是最好的选择。外部战略伙伴联盟有很多类型，我们大致罗列了导致企业开始萌生联盟念头的因素（见表 5-1）。

表 5-1　外部战略性的利益共同体建立因素

研究
开发产品
技术
营销渠道
产品和服务的多元化
客户服务
抵御新出现的和已经存在的竞争
与竞争对手建立伙伴关系
建立网上联盟
建立专业人员协会
在全球范围内建立伙伴关系

我们可以一起分析一下海尔－三洋和 TCL－松下、TCL－飞利浦的合作。2002 年 1 月 18 日，三洋电机与海尔集团宣布了海尔与三洋的合作。[⊖]海尔－三洋的合作方式主要有以下 4 种：

- 充分利用海尔的销售网络，在中国销售三洋的产品。
- 海尔与三洋合资成立在日本销售海尔产品的销售公司。
- 推进双方在生产基地方面的相互合作。
- 扩大三洋主要零部件向海尔的供应及技术协作。

⊖ 《中国营销传播网》，2003 年 2 月 9 日，《为海尔与 TCL 把脉》，作者：叶秉喜，庞亚辉。

2002 年 4 月 9 日，TCL 集团与松下宣布开始一揽子合作谈判。双方磋商的合作内容包括：

- 充分利用 TCL 的销售网络，在中国农村地区销售松下品牌的家电产品。
- 由 TCL 供应低价格普及型电视，由松下供应高品质的平面电视，双方互相提供 OEM。
- TCL 协助松下普及可刻录 DVD 标准的 DVD-RAM 制式。
- 松下向 TCL 提供全环保型空调冷媒技术及关键零部件。
- 松下投资 TCL 以及双方相互持股等事宜。

2002 年 8 月 22 日，飞利浦则和 TCL 签署了销售渠道合作。主要内容是 TCL 将利用其销售渠道和网络优势，在广西、贵州、江西、安徽和山西 5 省独家代理销售飞利浦彩电。

我们可以看出海尔 - 三洋、TCL- 松下、TCL- 飞利浦之间，都基于市场与技术的优势互补关系——全球化是战略联盟性质的商业利益共同体经营的重要原动力之一。对海尔来说，与三洋的合作更多的在于提升其国际品牌形象，而 TCL 与松下、TCL 与飞利浦的模式更多的在于利用 TCL 的庞大营销网络，释放 TCL 过剩的和相对低效率的营销网络资源。这些利益共同体之间，无论是从行业还是从市场来说都属于原定的竞争对手的关系，它们为了应对挑战、寻求协力优势而联合到一起。利益共同体之间的合作条件和前提是：与具有互补竞争优势的伙伴建立联盟，通过彼此协作取得相互的利益。其中，了解和共享彼此的可互补优势显得尤为重要。

2. 共同发展：互补行业

利益共同体之间没有竞争关系，也没有行业关系，但是合作双方的竞争优势合并以后可以形成共同利益优势。我们以宝钢集团国际经济贸易有限公司与日本三井物产株式会社组成的利益共同体作为探讨案例，了解外部战略关系的利益共同体的合作目的和过程。

2002 年宝钢实现合并销售收入 777 亿元。⊖宝钢控股的宝山钢铁股份有限公司已在上海证券交易所上市，在世界钢铁权威杂志《WSD》2003 年的排名中，其综合竞争能力列第二位。宝钢是中国最大的钢铁制造企业，并发展相关多元产业，包括贸易、金融、设备制造、信息、化工、地产等。尽管如此，宝钢并没有建立起自己完善的物流配送体系。中国入世后，外国钢铁巨头全面进入中国钢铁市场，如果宝钢不打造一个现代物流网络，就无法主导未来中国钢材市场的竞争。

三井物产株式会社建立于 1947 年 7 月，是日本四大综合商社之一，在全球拥有 850 多家分公司和 220 多家办事处，拥有一个完备且庞大的销售、采购物流系统和丰富的管理经验。三井物产试图以物流、投资、金融为公司在中国发展的三大支柱，全面打造一个高附加值的企业。三井物产看好中国物流业的发展，正在引进以 IT（信息技术）、FT（金融技术）、LT（物流技术）为基础的供应链管理形式，努力实现从综合商社向新型的综合实力型商社的转变。

建立在优势互补合作基础上的合作公司，主要业务可以是钢材加工、销售、仓储管理和配送服务，即根据客户要求，剪切加工用于汽车、家电、钢制家具、建筑、五金、工业电器等行业的成型钢材，并且能够对其进行深度处理，比如电镀、彩涂。在未来 5 年内，在全国主要的钢材消费地区建立加工中心体系，构筑一个能够向国内外客户提供迅速和高质量服务的，中国钢材领域中规模最大、功能最全、品种最多、效率最高、服务最优的现代流通体系，达到钢铁产品年加工配送 250 万～300 万吨的目标。

⊖ 宝钢集团网站 www.baosteel.com，《宝钢概况》，作者：不详。

可操作的外部利益共同体的最终落实形式必须通过利益合作者之间的协议与合同，通过协议的利益分配比例和相互的责任规范来完成利益共同体的切实目标。作为对外部战略伙伴而形成的利益共同体的总结，我们以表 5-2 显示利益共同体之间存在的价值关系。

表 5-2 利益共同体价值关系

我认为我的公司从利益共同体联盟中受益的部分
• 帮助我的公司提高竞争力
• 为我的公司提供有价值的协力优势
• 帮助我们降低成本
• 帮助我们减少重复劳动
• 帮助我们发明创造
• 帮助我们开拓新市场
• 帮助我们战胜已有的和新出现的强有力的竞争对手
• 带给我们其他的利益
我认为你的公司从利益共同体联盟中受益的部分
• 我们为你的公司提供了有价值的协力优势
• 我们帮助你的公司降低成本
• 我们为你的公司减少重复劳动
• 我们为你们做了发明创造或帮助你们进行创新
• 我们帮助你们战胜竞争对手
• 我们提供的其他收益

跨行业的互动式营销中心

格兰仕、康宝、万信、名人、欧派、希贵、京东方、大自然、中电 SCT、快乐厨房 10 家知名企业在北京共同签订"互动联合营销联盟公约"，试水大规模互赠促销模式，进行价格杀手们的渠道整合。格兰仕带动策划这一全新的营销模式——联合互动营销。参与结盟的第一批企业有 10 家，这个数字滚到几百家、上千家。[⊖]还有 20 多家企业急切地等待加入这个联盟，从 IT 企业到牛奶生产商，各行各业都有，这个联盟体会很快扩张到上百家、上千家。在此次联合营销中，消费者购买格兰仕的微波炉，同时他可以获得厨具、商务通等其他 9 种产品的优惠，反之亦然。也就是

⊖ 《21 世纪经济报》，2003 年 12 月 23 日，《格兰仕将价格战进行到底》，作者：茅以宁。

说，即使消费者购买一台 300 元的微波炉，也可以得到 5000 元的优惠券，以任意的组合方式，购买联合企业的产品。

这是中国第一次出现的搭建在品牌地位之上的企业联盟行为，从这个层面上说，家电联盟，对业界以及竞争对手都颇具威慑力。众多商家联合出手，五花八门的各类产品，凭券优惠的折扣价大多比实际市场售价低 50%～70%，折扣力度相当大。而联盟成员不但要对自己负责，而且要接受整个联盟兄弟公司的监督，原先用于开拓市场的各种费用转化成为直接的销售，如果能充分利用联盟厂商的销售渠道，迅速将货铺到几万、几十万个终端，就可以降低促销费用，节约出来的渠道成本与时间成本，足以获得价格上的绝对优势。

理论上说，这种互动式联合促销可以使原有的促销力量无限放大。假如，A、B、C 厂家联合促销，各自合法让利 100 元，则联合起来的每家企业可以新增加合法的 200 元促销资源为自己企业所用，而且品牌推广也是集中三家工厂的力量，一旦联合起来的工厂数量增多，其市场推广的力量也将呈几何级数增长。例如，欧派橱柜与格兰仕在各自的行业都属于佼佼者，联手则是将单打独斗与联合促销融为一体，通过双方资源的有效配置和资本的优化组合实现规模效益，以求产生“1＋1＞2”的效应。

链上的伙伴

对价值链以外的利益共同体，维系长期而共同的利益目标是利益“永恒”的关键。在我们开展这个有关“利益”分析的最初，我们总是习惯性地将利益定义在与价值链相关联的成员上，原因很简单，他们之间的利益共享显得更容易被理解和关注，因为这些成员利益共享的可能性和可行性都比在价值链以外建立利益共同体的合作关系来得容易和现实。

主观的合作：上下游关系

在将来自外部的利益共同体区分开之后，价值链所涉及的成员对象即与供应链等同，我们通过供应链的模型来分析价值链上的利益合作伙伴关系。在我们谈论链上的伙伴关系时，由于供应链的上下游原理和逻辑都是一致和相通的，我们不对“与供应商的双赢”和“与客户的双赢”分开进行研究。在图 5-1 中，我们看到，供应链所反映的是一个商业逻辑的循环，每个下游对象与上游成员形成客户关系，上游成员即是下游对象的供应商，并对下游客户的满意度负责。当我们强调“链上的伙伴”，意思显而易见，即供应链的所有成员最终的目的都是面向最终客户群，如果最终用户不满意，供应链上的每个成员的利益都受到影响，因此说，链上的成员之间是必然的伙伴关系。

图 5-1　供应链模型

从先锋企业的成长过程中，我们看到，它们试图通过制定公平合理的操作流程来完善与上游关系，并获得最大的可共享的利益。以华为的采购为例[⊖]，华为的采购原则是：通过设定供应商选择 / 公平价值判断流程以确保选择最符合华为利益的供应商，采购获得最公平的价值，同时保证华为向所有供应商给予平等赢得华为生意的机会。采购流程的基本原则是公平、公开和诚信，并由以下机制保证：负责供应商选择的主体部门是采购部各物料专家团（CEG）。华为采购部在向外部供应商采购物品、服务和知识资产时，有责任为华为获取最佳的整体价值。

因此在选择供应商时 CEG 有两个主要目标：

⊖ 华为公司网站 www.huawei.com.cn，《供应商选择 / 公平价值评定》，作者：不详。

- 选择最好的供应商。
- 评定公平价值。

同时，华为供应商选择流程明确规定了以下几点：

- 采购集中控制。采购是公司内部唯一授权向供应商做出资金承诺，获得物品和/或服务的组织。除此以外的任何承诺都视为绕过行为，视为对公司政策的违背。
- 供应商选择团队。供应商选择将由相关专家团主任组建团队来进行，成员包括采购和内部客户的代表。小组的使命是制定RFQ/RFP，确定能够按照华为要求提供所需产品或服务的现有合格供应商名单。这个团队管理供应商选择流程，参与评估供应商的回复以及选择供应商。
- 供应商反馈办公室。如果供应商在与华为的交往中有任何不满意的地方，有专门的帮助中心负责收集供应商的反馈和投诉。

优异的供应商与客户的关系应该是患难与共、同舟共济的，涵盖的问题如表5-3所示。

表 5-3

你想从供应商那里得到什么	怎样让客户找到你
你愿意为他们做些什么	你的客户如何理解价值
他们希望从你这里得到什么	你的客户需要你如何开展业务
他们愿意为你做些什么	你的独特之处

在对各公司的研究讨论中，我们认为一个企业能否健康发展，关键在于能否为公众利益集团（股东、顾客、员工、分销商、供应商、政府及社区公众）创造价值。企业创造价值的一系列活动构成企业价值链。在伙伴关系经营的进程中，企业必须学会不仅为伙伴关系付出，而且要从中得到对你有用的东西。这包括：以双赢的态度看待合作伙伴价值链和相互作用；

必须了解整个价值链过程，发现自己的信息和能力在何处有助于价值链，进而做到有益于最终客户群和价值链合作伙伴。

客观的合作：运用供应链管理

由于网络技术的发展，供应链管理被推上管理学科的热门舞台。很多企业纷纷开始了以 ERP 为导向的供应链管理实施。然而，正如我们在研究中所发现的那样，供应链管理的根本是：

- 企业管理层出于对企业自身利益，即企业内部资源的管理。
- 企业管理层出于对上下游的利益合作关系，即企业上下游资源管理。

我们因此将供应链管理这个管理学科作为企业之于上下游之间管理利益共享的学科。我们从供应链上成员的利益看，最主要的问题在于先锋企业如何带动成员合作共同完成最终用户的需求。广泛的研究分析告诉我们，带动链上的成员除了需要主观积极地创造良好的合作关系，更需要依靠供应链管理的实施。然而，在中国绝大部分企业实行和逐步完善供应链管理是一件非常艰巨的任务；我们在此不讨论 ERP 的实施，仅仅面对在 ERP 实施过程中所带动的流程革命以及供应链管理。艰难的转变过程令我们感叹。

为了更好地理解，我们可以简单地讨论一下供应链管理中涉及的内容，例如企业时常同时面对的相互矛盾的情况。

- 分销商希望一次性加订以满足市场起伏的需求，即他们愿意接受价格上打折扣的大订单，同时迫切需要完成短供货期的终端消费群的需要。
- 公司的生产厂要有效地利用各种资源，无法及时考虑生产有损失的订单。

- 供应商则希望产品可以集中批次生产，并通过适时生产的物料供货方式减少产品的内部库存。

可以看出，供应链上各成员之间的合作关系必须利用利益去驱动和维持，这种方式的形成需要企业在充分考虑自身利益的基础上，通过谈判形成利益共享的合作关系，以契约的形式固化，并在合同中加以体现。这种固化的合作关系不仅可以改善供应链性能，为购买者提供稳定的供给，为供应商提供稳定需求，稳定的合作关系还可以减少事务处理成本并加强合作。

先锋企业无不通过实施供应链管理的方式来改善企业与上下游之间客观和现实的利益合作关系，这些企业实施供应链管理的成功因素也值得我们借鉴：

（1）关注顾客。始终把最终顾客的需要和期望视为最重要的，并尽力识别和理解最终顾客的需要和期望，作为决策的主要依据。

（2）先进信息技术的应用。开发先进的信息管理系统，保证数据与信息在整个供应链内各方之间交流通畅；计算机辅助决策支持系统利用这些复杂的信息帮助管理者更好地进行决策并将其在供应链内迅速传递。联想1992年自编了财务系统，1996年采用了利玛的MRP-II系统，1998年又实施了SAP的R/3系统，共涉及77个流程，近4000个参数。⊖

（3）与供应商和顾客共享详细的信息。如售货点信息可电子传输到制造商订单处理系统并与运输公司共享。这使交叉码头成为可能，而货物无须进入仓库。

（4）减少供应商数量。企业以往的做法是对同一零部件采用多家供

⊖ 中国制造业信息化门户网www.e-works.net.cn，2003年6月4日，《全面优化供应链管理》，作者：冯敏杰。

应商，以便对供应商施加压力，获得较低的进价。企业的收益是以其供应商的损失为代价的。目前，这一情形已开始改变。企业通过减少供应商数量，扩大供应商的供货量，使供应商获得规模效益，企业和供应商都可以从低成本中受益。

（5）绩效定量管理。时间和成本是关键衡量手段，在定量的基础上进行决策。

（6）跨职能团队。来自相关职能部门的团队成员紧密协作可以消除往常的组织界限，并发现有益于整个供应链的改进。消除人与人、部门与部门的藩篱，实现整个供应链的协作。

（7）制订利益共享计划。利益共享对供应链各方来讲都是很重要的，只有充分调动供应链各方的积极性才有可能产生协同效应。

我们以服务于供应链各环节的物流行业为例，物流领域与厂家商家的利益共同关系很好地体现了价值链上各成员的共同利益。家电领域面临近乎惨烈的竞争，在原材料的挖潜性将近枯竭的情况下，众多家电企业被迫转向另一个利润源泉——物流领域的竞争。安得物流由此而生[⊖]，美的集团出资 70%，安徽芜湖一家贸易公司出资 30%，组建了安得物流公司。目前，安得物流除大股东美的外，伊莱克斯、神州数码、TCL、方正等 70 家家电或电子巨头已成为其客户，外部客户的业务已占总收入的 40%。安得物流已成长为一家第三方物流提供商。而从行业整体来看，目前中国家电业的物流提供商并不是真正意义上的第三方物流公司。海尔集团成立的海尔物流虽然实行独立核算，但业务几乎全部来源于海尔集团内部；由科龙和小天鹅两大集团联合组建的安泰达物流，甚至还没有独立核算，基本上还算是集团内部的物流管理部门，为两大集团制订物流方案并提供招标采购服务；绝大多数家电企业还没有关注商业物流，仍在延续自建物流的

⊖ 《中国经营报》，2002 年 9 月 19 日，《家电物流离“第三方”还有多远》，作者：钟国栋。

传统模式。

供应链管理在今后将成为企业管理的一个焦点领域。企业与精心选定的伙伴——顾客、供应商和第三方物流公司组成的供应链具有特殊的竞争优势，因为供应链是建立在优化配置所有伙伴特殊能力的基础上。我们可以勉强把企业内部一体化理解为一种智慧，如此说来，实施企业与上下游之间供应链管理的智慧将是一种大智慧，它是一个众人合力的、可操作的系统智慧。

小　结

在本章中，我们主要以价值链为参考，讨论了先锋企业价值链之外的利益共同体，以及企业价值链上的利益合作关系。

- 与政府的合作包含得到来自政府的支持，充分运用各种政府决策：当政府行为和企业行为统一到市场选择的共同目标下，政府的推动就不再是“行政干预”，而成为一种“放手”和“服务”。
- 与企业外务战略联盟合作而建立的利益共同体：往往有非常明确的利益共享原则，基于形成对企业具有优势的利益前提，即使是竞争对手，也可以就利益双方各自的优势进行互补的合作。
- 与价值链上的各成员的利益合作关系。

先锋企业相信利益共同体的力量，它们愿意并准备付出必要的时间和精力。它们认为：与对企业自身有利的成员利益合作经营是一种应对挑战和寻求突破性发展的解决方式和战略。企业不可能为所有人提供全部产品，但通过利益共同体的构建，先锋企业就能更接近这个目标。这令企业得以创造一个有利于盈利的环境，并能始终超越其目前的行业水准。

利益共同体的建构也是经营学、管理学和哲学的汇集，或者说它不仅仅是一种行为，它还是一种思想，更是企业的一项长期的商业发展战略，为先锋企业迎接商业挑战提供了发挥协同优势之路。

我们的观点

1. 中国先锋企业的成长，利益共同体的形成对企业的战略发展起到尤其重要的作用，这其中包括两种利益的共享关系：

（1）价值链之外的利益关系，包括与政府利益共享以及来自社会的支持，也包括与竞争对手结盟或是其他利益的共享。

（2）以企业自身价值链为研究基础的价值链上的利益共享，包括企业和内部员工、股东，以及与价值链上游的供应商、下游的客户等。

2. 我们从宝钢集团联合的过程中，看到政府与企业相互促进作用下共同消除障碍：

（1）当政府行为和企业行为统一到市场选择的共同目标下，政府的推动就不再是“行政干预”而成为一种“放手”和“服务”。

（2）企业的抉择也跳出了体制和观念的禁锢，着眼长远发展。

3. 当企业表现出这些重视政府决策的气质时，企业与政府之间可以通过运用每一个可能的工具和方法来确保双方的努力是成功的。

4. 从供应链上成员的利益看，最主要的问题在于先锋企业如何带动成员合作共同完成最终用户的需求。

5. 先锋企业无不通过实施供应链管理的方式来改善企业与上下游之间客观和现实的利益合作关系，这些企业实施供应链管理的成功因素也值得我们借鉴：

（1）关注顾客。始终把最终顾客的需要和期望视为最重要的，并尽力识别和理解最终顾客的需要和期望，作为决策的主要依据。

（2）先进信息技术的应用。开发先进的信息管理系统，保证数据与信息在整个供应链内各方之间交流通畅；计算机辅助决策支持系统利用这些复杂的信息帮助管理者更好地进行决策并将其在供应链内迅速传递。

（3）与供应商和顾客共享详细的信息。如售货点信息可电子传输到制造商订单处理系统并与运输公司共享。这使交叉码头成为可能，而货物无须进入仓库。

（4）减少供应商数量。企业以往的做法是对同一零部件采用多家供应商，以便对供应商施加压力，获得较低的进价。企业的收益是以其供应商的损失为代价的。目前，这一情形已开始改变。企业通过减少供应商数量，扩大供应商的供货量，使供应商获得规模效益，企业和供应商都可以从低成本中受益。

（5）绩效定量管理。时间和成本是关键衡量手段，在定量的基础上进行决策。

（6）跨职能团队。来自相关职能部门的团队成员紧密协作可以消除往常的组织界限，并发现有益于整个供应链的改进。消除人与人、部门与部门的藩篱，实现整个供应链的协作。

（7）制订利益共享计划。利益共享对供应链各方来讲都是很重要的，只有充分调动供应链各方的积极性才有可能产生协同效应。

创造，再创造

面对众多的挑战：飞速发展的商业环境、与日俱增的竞争压力、日益增长的市场期望，究竟是什么让这些企业持续成长并得以领先呢？

我们认为四个导入因素应运而生了四个重要的产出因素。这些产出因素是企业持续成长的关键。我们在众多跨国企业的成长过程中看到了这些导入和产出因素之间的关系。

在这部分中，我们将详细通过世界跨国企业和中国行业先锋企业的案例来阐述四个产出因素以及它们与导入因素的关系。

挑战思想，征服人心。

——卡莉·菲奥莉娜

06
第6章
拆开文化的礼物包

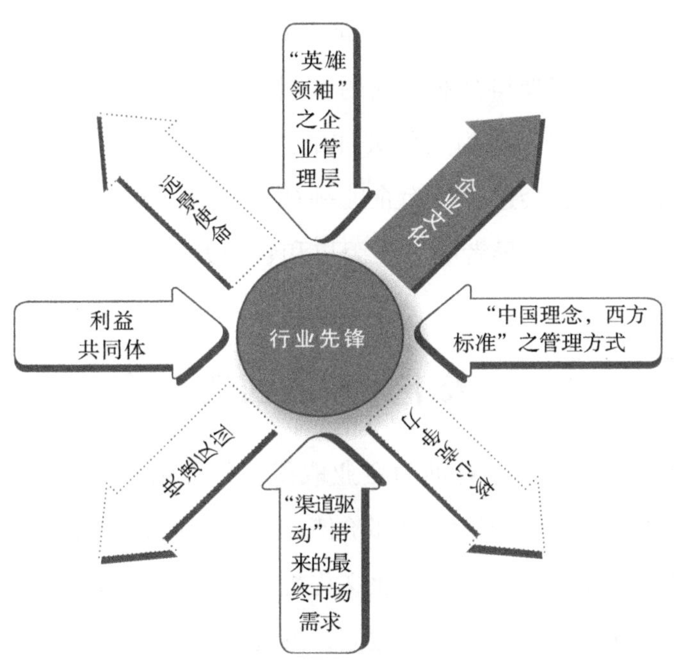

我们在越来越多的媒体对企业领袖和企业的聚焦上，看到了反映整个民族心理的转变过程：20 世纪 70 年代末 80 年代初，小说和报告文学成为民族精神的方向标，一篇《哥德巴赫猜想》唤起几代人的科学梦和强国梦。㊀进入 20 世纪 80 年代后半期，精英政治一时成为媒体报道的焦点，

㊀ 博客中国 www.blogchina.com，2004 年 1 月 18 日，《商业领袖当是民族精神的方向标》，作者：王育琨。

杰出新锐人物则多出于体制改革的精英。20 世纪 90 年代初期，公司的发展如沐春风，发展市场经济改变中国成为一种共识，许多精英人物开始转向企业。渐渐地，长期穷困的中国人终于认识到“致富才是硬道理”，富豪榜吸引了人们的眼球。

《福布斯》每年一度揭晓美国富豪排行榜，这通常是英雄的盛典。因为美国富豪榜很少有新鲜的面孔，进入者的财富是慢慢积累起来并可以公开度量的。而每到中国富豪榜揭晓，都让我们感到生存和毁灭的神秘矛盾。因为除了一些传奇故事，大多都禁不住理性的推究和考量。随着《福布斯》中国富豪的一个个落马或遭遇不测，中国人开始对财富有了戒心，人们于是注意到了富豪与企业领袖的区别，单凭财富并不能成为这个社会的栋梁，企业领袖终于成为人们关注的焦点。企业领袖成为聚焦的中心，反映了一种深刻的社会过程。而企业领袖代表着民族精神的方向标、企业文化之根源，是企业领导者的思维因果和管理方式的体现。

天下无双的创造

企业文化产生和存在对推动企业取得良好业绩有着非常重要的作用，优秀的企业文化可以理顺组织内部价值差异，提高组织运作效率，增强组织承诺和团队士气。企业通过企业文化提升整体形象和品牌信仰，通过对内的整合达到对外部竞争环境的适应，继而提高企业核心竞争能力，实现企业经营业绩的持续增长，铸造长青基业。我们都知道企业如果没有持续业绩，就无法承担一个企业公民的社会责任（比如减少失业率、保持社会稳定、创造更多的价值衍生机会）。如果业绩失败，企业领导者就会被股东、政府、员工、消费者和公众怀疑，被质询、审查、罢免甚至驱逐。[⊖]作

⊖ 北京同心动力企业文化咨询公司 www.cm7158.com，《企业文化的作用》，作者：孙兵。

为提升企业业绩的重要因素，企业文化存在于任何企业，只是有强有弱、有优有劣、有隐有显。优秀的企业领导者在领导企业一段时间后往往能让弱势文化变强大，让零散的文化变系统，让优秀的文化变卓越。

郭士纳与 IBM 变革

美国《时代》周刊评选出了当今世界 50 位数字英雄，它这样描述郭士纳：“IBM 公司董事长兼首席执行官，现年 57 岁，被称为电子商务巨子。人们一直认为，郭士纳使 IBM 公司摆脱了 80 亿美元财政困境并使其有了 60 亿美元。其实郭士纳的绝技是把原本死板的 IBM 公司变成了一个巨大的、在电子商务各方面处于优势并且提供计算机服务的公司。自郭士纳掌权该公司以来，公司的股价上涨了 1200%。”㊀

IBM 的局面在郭士纳 1993 年接手时颇为惨淡，1991～1993 年，连续 3 年亏损，当年的亏损额高达 80 亿美元。当时一本名为“电脑大战”的书中说：“比尔·盖茨曾经预测，IBM 将在几年之内倒闭。盖茨的话也许是对的，自 1980 年以来，IBM 就是个失败者……传统的大型电脑并没有在一夜之间消失，但它们却已经是过时的技术了，而且，它们曾经在其中引领时尚的王国已经萎缩。”

一向喜欢冒险并有着“扭亏为盈魔术师”美誉的郭士纳，被 IBM 委托的猎头公司瞄上，在一番接触和思考后，他想起了自己最喜爱的名言：“观察乌龟吧，它是靠伸出头来才能前进的。”就是乌龟的行动，使得郭士纳做出了决定。

在办公室，郭士纳挂出他最喜欢的作家卡雷的一句话：“从书桌上瞭望世界是危险的。”他以务实的态度拒绝“远见”之类的东西。他说，IBM 目前最不需要的就是远见。他一反公司不裁员的规定，半年内就果断

㊀ 《商界》2002 年 02 期，《郭士纳神话：拯救 IBM》，作者：刘林森。

裁掉4.5万人，彻底摧毁旧有的生产模式，开始削减成本、调整结构。重振大型机业务，拓展服务业务范围，并带领IBM重新向PC市场发动攻击。以前在IBM的会议上，气氛融洽，大家衣冠楚楚，还能愉快地聊天。但郭士纳令会议气氛陡变，他见面时从不与你寒暄，而是单刀直入。对那些习惯回避问题的IBM人来说，这令人恐惧："我的上帝，现在我必须和这个人四目相对了。"他直截了当的方式令总部大楼里的每个人都战栗不已，"当他召你进去时，永远不要指望听到赞扬。他总是大吼：'见鬼去！瞧瞧你做了些什么？'"。郭士纳带来了压力，也带来了新鲜空气，还有IBM久违的士气。1994年，他对公司员工讲："我希望你们知道，那迎面吹向我们的风就要过去。我不能确切地预测什么时候会发生令人激动的改变，但我相信风必将改变方向。"

他在自传《谁说大象不能跳舞》一书中写道："一方面我的关注点在公司战略、分析以及衡量问题上，我已经从这些问题中看到了成功的希望。同时，我知道去改变数十万员工的思想态度和行为模式，是一件非常非常难以完成的任务。""成功的组织机构几乎总是会建立这样一种文化氛围，即该组织文化能够强化使组织更加强大的那些因素的作用。当环境发生变化时，组织文化将很难发生变化。实际上，这个时候，组织文化就会成为组织转型和改变自己适应能力的巨大障碍。"在10年前进入IBM这头蓝色的"巨象"以后，老谋深算的郭士纳需要面对的暗刺则是IBM企业文化的异化。郭士纳意识到这是一个十分严重的问题，"而且，最具有挑战性的还是，它们几乎都与那些公司以及公司员工良好的、聪明的和有创意的观点错综复杂地纠缠在一起——这使得任何试图摧毁它们甚至触动它们的努力都显得十分疯狂"。

IBM的经历使郭士纳明白了变革管理的意义，他醒悟道："从根本上来说，我的文化改革最深层的目标，就是要让IBM的员工重新相信自己——相信他们有能力自己做决定，决定自己的命运，而且，相信他们自己已经知道自己该做什么。”而这种变革是所有变革中最深刻、最艰难、最危险的变革。因为“从终极意义上来说，是管理者去邀请员工自己来改变文化，自己改变自己”。

9 年时间，郭士纳奇迹般地使一个连续 3 年累计亏损已经达到 157 亿美元的巨型公司变成了年盈利 81 亿美元的传奇企业，同时成功地将这个巨人从硬件制造商改造为一家以电子商务和服务为主的技术集成商，完成重大转型。

企业文化寻源之旅

我们在这些比中国先锋企业具备更长久发展历史的世界企业中看到了 CEO 对企业文化和管理方式的独特理解和重视，CEO 在面临变革和改进的情况下，关注的问题往往是他认为的更合理的企业文化和管理方式。由此，每一次真正的变革，无论这些企业的历史有多悠久，所导致的结果都是，与掌权人自身文化和他所推崇的管理方式休戚相关的“天下无双”的新文化、新组织和新管理。而对中国成长中的企业来说，由于经历的是从无到有的发展变化，领导者自身的文化和他推崇的管理方式更明显地主宰了企业初期发展的轨迹，文化不是无源之水，无本之木；企业领导者自身及他所推崇的管理方式决定了这些经营 20 年的企业所产生的企业文化。

图 6-1 所描述的是企业文化在企业初创阶段逐步形成的三个作用因素。首先，企业文化不是文化企业，不能用泛文化来看企业文化，更不能拿着文化来套企业，企业文化的产生是先有企业然后才有文化。其次，企业家所形成的企业家文化并不代表企业文化发展的终点[⊖]，企业文化的发展历经企业家个性魅力（企业家文化）→团队个性魅力（团队文化）→企

⊖ 北京同心动力企业文化咨询公司 www.cm7158.com，《从企业家文化到竞争性企业文化》，作者：孙兵。

业个性魅力（企业文化）→最终形成的社会个性魅力（竞争性文化）。而作为初创阶段，企业家或者说企业领导者在形成企业文化及带动企业文化向竞争性企业文化的发展中都起到决定性的作用（定位）。

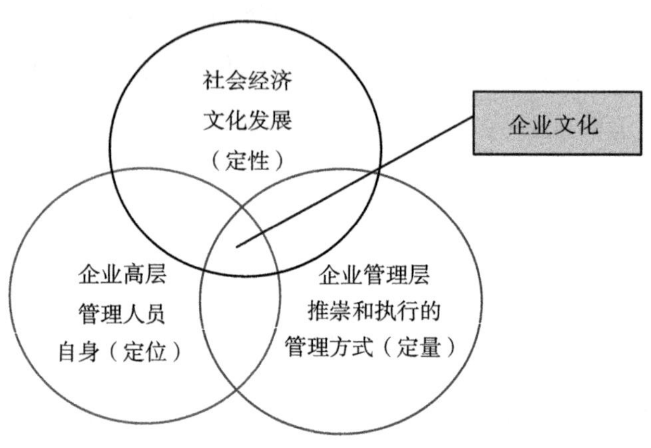

图 6-1　企业文化之寻源

企业文化既是企业的核心灵魂也是企业的本质特征，是基于企业家推崇和执行的管理方式产生的团队绩效。从管理方式的角度（定量），管理方式对企业文化的推动有这样的发展过程：人事制度→人的管理→企业管理方式→核心价值观→企业文化。[1]同时，社会及客户（消费者）对公司行为的参与是反映和判别企业价值的决定性因素（定性），如果企业能将其文化与客户沟通并广泛散播，那么企业就会变得非常强大。

企业文化寻源之一：企业领导者自身

希望集团是刘氏四兄弟刘永言、刘永行、刘永美（陈育新）、刘永好创办的我国最早的私营企业之一。1982 年，刘氏四兄弟筹集 1000 元到四川新津农村创办良种场，养鹌鹑，后来转产饲料，成就“中华饲料大王”美名。1995 年，希望集团被评为中国最大的民营企业 500 强第一和中国

[1] 《世界经理人网站》www.cec.globalsources.com，《真正的企业文化是什么》，作者：不详。

饲料工业百强第一。同年，希望集团开始划片区管理，先后组建了大陆希望、东方希望、华西希望和新希望几大集团公司。

“在最困难的时候一定要坚持下去”是刘永行给我们触动最深的一句话。刘永行这样注解“财富”：“我们创造财富，到底是为自己还是有其他的什么作用？不把这个问题解决的话，就没有动力。这个时候，我意识到，我们现在创造财富，我们拥有财富，已经跟自己的生活没有什么相干了，它实际上是一种社会财富，我们可以用它来创造更多的就业机会，帮助我们的员工，不断地提高自己的能力，发挥自己的能力，帮助他们成长起来，让他们产生很强的作用感，这时，你感到你的作用感就越来越强，你感到你的工作才有价值。不然的话，你明明知道再创造的东西跟自己没有什么关系，为什么还要去做，就会感到没有方向。‘财富’有各种各样的定义，但对于我来说，财富就是一种再创造财富的生产资料。我们可以用它来创造更多的财富，而这个财富可以作用于社会，作用于我们的员工，同时也是展示我们能力的一种手段。”[⊖] 1999 年 4 月，刘永行率希望集团总部从四川迁至上海浦东。在短短 3 年时间里，在全国范围建立起 120 个饲料厂，如今已进入全面回收期，被誉为“中华饲料王”。面对新世纪和中国加入 WTO 的机遇，刘氏兄弟提出将希望集团建成“百年老店，百年名店”，成为世界优秀企业。刘永行的事业从广袤的农村起步，他的产品面向中国最大多数的广大农民，他的理想是让中国最贫穷的农民阶层尽快富裕。这个驰名全国的农业大亨将自己与中国农民的切身利益紧紧地联系在一起。

2002 年 3 月，刘永好在新浪网与网友交流时，应一位学生的要求，给予热血青年创业的忠告，他说：第一，要有激情，没有激情什么也做不成；第二，要敢于做，敢于开创一些事业；第三，要有吃苦的准备，就是

⊖ 新希望集团网站 www.newhopegroup.com，《新希望企业文化寻根》，作者：不详。

要不怕吃苦，在困难的时候要顶得起、站得直。也许是吃过太多的苦，也许正是苦难的磨炼才有今天的成就，刘永好将“艰苦创业”四个字誉为希望事业的传家宝。这也是希望企业文化的一个起源。

希望企业文化的另一个重要起源就是共同致富的美好追求。刘永好四兄弟当初到农村创业时得到了新津县县委的大力支持，并做出了一年带动10户农民共同致富的承诺。一年下来，他们超额完成了自己的承诺，不仅如此，在希望集团和新希望集团的发展中，“共富”一直是他们不懈的追求。从他们提出的“让农民致富、让市民满意、让政府放心”的经营理念中，从他们打出的“养殖希望富、希望来帮助”的广告语中，都可见一斑。更有说服力的是，1994年，刘永好等10位民营企业家向全国发出了《让我们投身到扶贫的光彩事业中来》的倡议。光彩事业在国内国际上都产生了广泛的影响，并被联合国有关组织认定为世界上最好的扶贫模式之一。新希望集团为光彩事业投资了2亿多元，在贫困地区建设了14家扶贫工厂。

另一方面，为了加速企业的发展，抢占时机实现规模经营，刘氏兄弟希望通过对国有企业的兼并来扩大规模。1991年就与四川内江一国营饲料厂达成兼并协议，但由于政策的限制失败了。1993年，刘永好当选全国政协委员并在“两会”上提出“国有加民营、优势互补、共同发展”的思路，即有名的“1＋1＞2”的理论，并在此思路的指引下，7天与5家国有企业签订兼并协议，成就一段“中南七日行”的佳话，从而开始了希望集团的低成本扩张。“1＋1＞2”的发展模式其实质是共赢。共赢理念是希望企业文化的第四个起源。

企业文化寻源之二：推崇和执行的经营管理方式

我们以希望集团按区域划分管理之后独立出的新希望集团作为我们在此研究过程中的讨论案例。刘永好领导的新希望集团在世界经济一体化的今天，始终强调："跟国际的优势企业比我们还是小学生，既然是小学生我们就要练好基本功，小学生的基本功就是'加减乘除'。"㊀新希望所定义的企业推崇的经营管理方式是做好市场经济的"加减乘除"，刘永好对此做出非常详尽而充分的定义并领导企业执行推广。

1."加"就是增加诚信的意思，以及共赢的理念

"我们要取信于我们的客户，取信于我们的员工，取信于政府，只有诚信才能兴企；所谓共赢的理念，就是只有大家共同来做，我们的企业才会发展。我们会跟我们的合作伙伴、跟我们的客户、员工，以及我们的社会共赢，只有共赢事情才能做得大，做得好，做得长。'加'也是增加国际的理念和现代管理的理念。新希望从农产业走来，我们很乡土，因此需要增加国际化的理念。我们通过自己学习，对外开放，用拿来主义，把具有国际背景的、有经验的优秀人才拿来，为我们所用，让他们在这里发挥作用，这就是我们的'加'，是与国际的融合。另外，我们要增加现代管理的意识，加强培训。我们规定每一家工厂要有 3～5 个后备干部，全集团加在一起就是数百位。通过培训，通过学习，通过合作，来增强我们现代管理的意识，我们提拔和引进更多的管理干部把他们放到重要的岗位上，这同样是做'加法'。"

2."减"就是减去纯家族式管理的一些不足

纯家族式管理不足在于外来的管理人才引不进来，引进来了不能充分发挥才能，这就是不足，我们要减去。减，还在减去老板过多的一些职务。不但减去过多的职务，还要减去对很多具体事务的管理。经过大约一年半的努力，刘永好已经减去了 50 多个董事长职务。刘永好认为："我必

㊀ 新希望集团网站 www.newhopegroup.com，《新希望的投资文化：爆米花效应与批判式论证》，作者：不详。

须减去一些具体的事务，我不能成天给下属打电话，一方面是我没有那么多的时间，另一方面是我一打电话，你们都听我的，那么我们的管理团队的领导威望就会降低，他们的指令的硬度也会降低，这样对企业的管理是不利的，我应该做这个‘减法’。”

3.“乘”就是要注意生产经营、品牌经营、资本运作的结合

“当我们生产经营做好了，我们就有好的产品了，当品牌运作做得好我们可以把产品卖到很好的价格，当我们的资本运作做得好，在资本市场就可以求得一个增值，这个增值就是乘法。其中，生产经营是足，是基础；品牌经营是身，是躯干；资本经营是头，是灵魂。头足正立而不能倒立。新希望实现部分资产上市，成立新希望投资公司，以及引进的金融投资人才就是试图多做一些乘法。”

4.“除”就是要除去一些短期化的行为

“新希望在短期行为上有过深刻的教训。我们要做百年老店就得克服这种短期化的行为，把眼光放长远去考虑问题，还要除掉老板和老总一手遮天的习惯。如果老板或者老总一个人说了算，谁的话都不听，在他那里的员工和人才总是留不住，总是会走人，这就是一手遮天的问题。这就得除去。”

在投资管理方式的制定上，刘永好同样明确了新希望的投资管理方式。新希望集团虽然是一家以农产业为主的企业，但在资本运作层面上也有自己的体会和认识。做知青时曾经在农村做过爆米花生意的刘永好说：“很多人都爱吃爆米花，大多数人可能都没留意过：玉米爆炸时，体积会骤然增大，一般情况下是原来的 3～5 倍，而超常膨胀的则会达到原来的 10 多倍。我们发现，一些垄断性行业在逐渐放开时，也会产生类似爆米花爆炸时的效应。其实巨大的膨胀里面就是超额的利润。”

与战略投资相配套的是新希望集团内部的一个“项目批判式论证制度”。新希望集团如要上一个项目，也要请有关人士出面论证，而他们的论证不是从项目的可行性说起，而是从项目的可否性开刀。每个项目出来均要进行三轮“批判性论证”，第一轮在企业内部论证，第二轮是邀请企业外部各方面专家论证，第三轮是集中企业内部和外部专家共同论证。而且论证中不说优点和可行性，只对项目挑刺，谁批倒了就给谁大奖。经过这几个回合的论证仍驳不倒的项目，集团就要研究这个项目投资上马的时间了。

“要把项目投资的风险降低到最小的程度，第一步就要多听听‘反面’意见。因为市场如布，总有缝隙，逆向思维可以使我们较为容易地发现项目的不足之处和缺陷所在。如今，市场已进入微利和买方时代，上一个项目就可圆发财梦的时代已成为历史。因此，当我们寻找和论证项目的时候，为了不被自己手中已有的‘适当利润’蒙住双眼，坚持‘项目批判式论证制度’不失为一个保险的办法。”

企业文化寻源之三：社会经济文化发展

2002 年年底，在创业 20 周年之际，新希望对自己的企业宗旨进行了修改。确立了新的企业宗旨：与客户共享成功、与员工共求发展、与社会共同进步。一直以来，新希望沿袭希望集团的“与祖国一起发展、与人民携手致富、与社会共同进步”的企业宗旨。原宗旨表达的是一片拳拳报国之心。刘永好认为：“这个宗旨原则上是对的，但是随着中国市场经济的进程，随着买方市场的形成，随着人本管理意识的增强，我们的企业宗旨需要落实到我们的客户和员工。”

2003 年 3 月，刘永好在新希望商学院一期给学员授课时对新的企业宗旨做了解释：

> 与客户共享成功。新希望经过 20 年的发展，取得了一些成功。但是这些成功或者说我们所做的这些事要得到利才能够使我

们的企业有更好的成长。另一方面，我们要在这个社会生存，就需要得到政府的满意、得到消费者的满意。我们要与客户共享成功，要有这样的理念，与员工共求发展。做企业，单靠少数几个人是不可能的。这个共求发展体现在什么地方呢？一是要提高企业经营效益，把企业这个舞台做得更大；二是要给员工发挥潜力、增长能力的机会，让员工随着集团的发展而发展。不但对公司有贡献，对社会有贡献，对国家有贡献，甚至今后在其他的岗位上或者到其他的公司去了都会有贡献。这就是我们与员工共同发展的理念所在。与社会共同进步。社会在发展、国家在发展，给我们提供了发展的机会。党的十六大提出2020年国家经济总量要翻两番，这就意味着我们的生活水准还要提高很多，这给我们带来了巨大的机会，我们应该跑过这个大势，就是说国家翻番我们肯定还要超过这个增长的速度，因为全国的企业有发展得好的，有发展得慢的，我们算是发展得好的，应该超过这个才是。这就是与社会共同的进步，与社会共同的进步就要求我们很多地方都要规范、要创新、要有激情，要与社会同步，共同发展。这就是我们企业的宗旨。㊀

在三因素促成下形成的企业文化

这些因素的相互作用下产生了企业从上到下同时又是员工共同认可的企业文化。希望集团搞企业文化从来不是疾风骤雨式的，也不是急功近利式的。在某种程度上，它是一个从自发到自觉的过程。㊁新希望的企业文化留下了刘永好以及希望集团刘氏四兄弟创业的鲜明烙印和人格特征。但

㊀ 新希望集团网站 www.newhopegroup.com，《宗旨之变》，作者：不详。

㊁ 新希望集团网站 www.newhopegroup.com，《新希望企业文化的运作与评点》，作者：不详。

是当希望集团分化之后，当新希望集团壮大之后，在集团化的管理模式之下，整个职业经理层的文化无疑起到越来越重要的作用。

像家庭、像军队、像学校是新希望企业文化的三个层次。⊖一个温暖可靠的家庭，一支善打硬仗的军队，一所培养人才的学校，是新希望集团一直塑造的企业形象。在此基础上和新的环境中，刘永好提出新希望的企业文化三段论：要“像家庭、像军队、像学校”。

（1）像家庭。“企业应该像家庭一样，和睦温馨、团结一致，但必须避免家族式的管理。”“我们这个企业要像家庭一样互相友爱。母、子、父、女、兄弟之间要互相关爱、互相支持、互相帮助，同甘共苦。我们这个企业就是一个家庭、一个温暖的大家庭。”中国是一个家庭观念十分强的国家，新希望集团提倡企业文化要像家庭，就是提倡一种有凝聚力的亲情文化。

（2）像军队。“好的企业应该像军队一样，纪律严明，令行禁止。”在工作中应按这个原则去做：定一个规则后，对的就要肯定，错的就要批评。刘永好认为，新希望在管理上坚定不移地抓住了两个关键点：一是财务独立，子公司的财务一律接受总部直接领导，严格的财务制度使集团能够充分了解和把握下属公司的情况，杜绝了许多问题；二是推行技术的垂直管理体系，保障了集团的技术创新，有效地扼制了只顾眼前利益的短期行为。企业规模做大之后，集团式管理首先需要的是严明的制度和纪律，新希望集团倡导企业文化要像军队，就是倡导一种有执行力的严格文化。

（3）像学校。“优秀的企业也应该如同一所学校，让它的员工能够不断成长、提高。学校的概念就是有老师、有同学、要学习。我们要学习新东西、学习做人、学习科技、学习企业管理，还要学习怎么样去遵守

⊖ 新希望集团网站 www.newhopegroup.com，《新希望企业文化的三个层次》，作者：不详。

国家的法规和企业的纪律。”新希望成立了自己的商学院，选拔优秀的基层管理人才进入学院深造，为合格的学员提供更大的舞台。新希望倡导企业文化要像学校，就是提倡一种有生命力的学习文化。在企业文化的建设与运作上，经过长期的经营管理实践，新希望倡导和形成了自己的企业文化。

梳理和提炼的文化礼物

我们研究小组将本章的标题命名为“拆开文化的礼物包”，是想对企业文化的产生做一个形象的描述：三个企业文化起源因素构成了企业外化表现的“礼物包”，即在社会经济文化背景中的、企业的领导者以及他所推行和执行的管理方式。打开这个外化的礼物包，文化就像给企业管理层的礼物，蕴藏在这个“礼物包”中。企业文化是由三个起源的因素促成的，在企业成长的初创阶段自然形成，对于企业的领导者和高级管理层，受到顾客及员工认可的企业文化是反馈给管理层的礼物，它将推动管理层取得受到认可的优秀业绩。因此说企业文化形成的核心是认同和共享，没有认同的文化就没有价值，而认同的关键是员工、顾客和社会的参与和共享。我们相信企业文化管理是一种最高境界的管理，一切物质及业绩都是在文化的指导、推动、渗透和熏陶下出现的。

然而，我们在相当多的研究材料中看到一些企业，它们一方面疏于基础管理，内部管理水平很差，没有战略规划，没有良性机制，沟通、协调存在一大堆问题；另一方面却强调要建设高水平的企业文化。这里需要强调的是，企业文化并不能当作对外的包装企业的包装盒——文化不是被类似 CI 设计出来的包装盒。以设计出的企业文化来包装企业形象是舍本逐末的做法。但是，很多企业领导者对建立企业文化的目的并不明确，领导推行设定的企业文化，好像这样一来企业就真有了文化内涵。由于没有抓住企业文化的真正内涵，在这些企业里，企业文化只是一句口号。这种主张“企业文化强制性地创造和灌输”的观点是对现代企业文化的曲解，是典型的单向传播的落后观念，它将对企业造成负面影响。

我们相信企业自诞生的那一刻起，企业文化也就同时产生了。过去，企业文化是由自发到自觉的过程，是从低级到高级的过程。而现在，企业文化已从实践层面上升到理论层面，为人们所重视和研究，并被视为影响 21 世纪企业成败的决定性因素，从而引起了几乎所有企业家的重视。我们所看到的先锋企业，虽然处于不同的行业，具有不同的经营特点，企业规模和历史也很不同，但它们的企业文化有很多相似之处，比如，强调以人为本、沟通与合作、创新、重视顾客需求和努力提高产品与服务质量，这些相同之处的起源就是企业领导者对企业业绩追求所带来的共同思考。

一个有作为的企业家，他提出、实践和塑造企业文化，使企业上下产生一种认同感，提炼出一种共同的价值观。他无时无刻不思考这样一些问题：

- 我的企业生存和发展的目的是什么？
- 我的最终奋斗目标是什么？
- 我的产品如何被人们接受？
- 我如何制造出最好的最有竞争力的产品？
- 我怎样把最好的人才集中到公司来，又能充分地调动他们的积极性？
- 最好的战斗力又能以最具团队的力量去战胜一切竞争者？

在稳定的社会经济环境中，各个企业的发展过程中，企业领导者和企业管理层推崇和执行的管理方式起到“控制和灵活”这两个有效推动企业运转的作用。“灵活”是指企业领导者自身带动人与人之间、团队与团队之间的相互协作以及建立良好的人际氛围，并能充分发挥人的能动性。

“控制”是指企业管理层推崇和执行的管理方式，依靠严密的规范和流程。

企业文化的产生依据企业所强调的“控制与灵活”的程度不同，内外发展的重心不同而形成企业文化的四个导向[⊖]，即规则导向、支持导向、创新导向和目标导向。一般来说，企业多数情况下会循着以下规律发展：企业首先需要解决好生与存这一根本问题，有了一定规模之后再去系统解决内部管理的问题，因此企业文化随着企业所推崇的管理方式的不同发展阶段，呈现出不同的导向，大体顺序是：低层次目标导向、规则导向、绩效导向、创新导向、愿景导向，循序渐进，不断发展；先锋企业鲜明的企业文化就是提炼和梳理它们多年经营管理风格和方式，随着企业的发展，企业文化的发展历经企业家个性魅力（企业家文化）→团队个性魅力（团队文化）→企业个性魅力（企业文化）→最终形成社会个性魅力（竞争性文化），如图 6-2 所示。

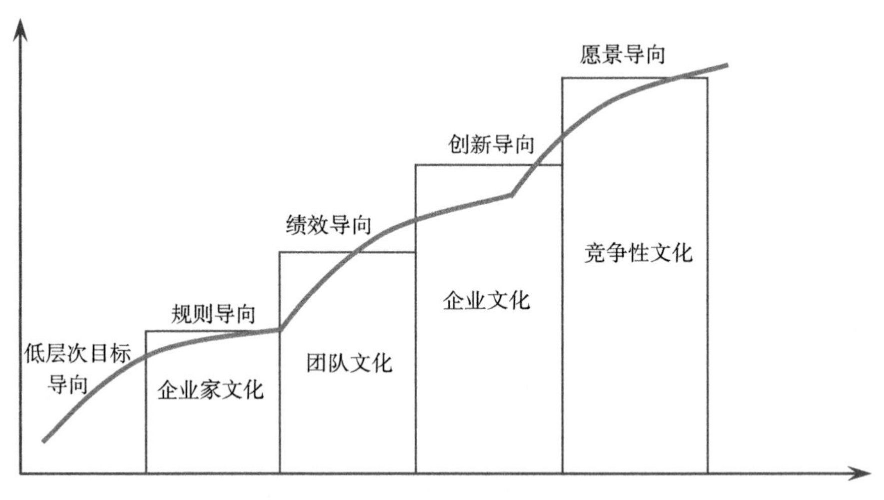

图 6-2　企业文化发展之旅

在公司创立之初，创业者以战略框架、资源、流程、关系及价值观为对象，做出“企业家文化”，开创成功，塑造后来组织继续发展的特色。

⊖ 北京同心动力企业文化咨询公司 www.cm7158.com，作者：孙兵。

其后，这种文化开始经历转变，逐渐倾向于建立并发展强化的组织，建立组织分明轮廓，发展组织对外的竞争力等高层次目标导向的企业文化。以 TCL 的企业文化为例，TCL 创业初期提出“廉洁奉公、思想统一、雷厉风行、富有成效”的企业口号。1993 年年初，TCL 提出“团结开拓、艰苦拼搏”的企业精神，并为企业精神做了明确定义。李东生曾这样总结：“TCL 之所以能够实现高速增长，其中的重要原因就是 TCL 员工特别是管理干部，能将企业精神贯彻到工作实践中去。这些企业精神是 TCL 宝贵的精神财富，也是保证 TCL 事业继续发展的思想基础。TCL 看重企业文化建设，是要把最能推动 TCL 发展的思想、观念、精神、作风进行总结、提升，使之规范化、系统化，并广泛地为全体 TCL 人理解、接受，成为其自觉行为。”2000 年，为了企业下一步求得更大的发展，TCL 重新确定了企业的核心价值观，并系统表述为：企业经营目标是“创中国名牌，建一流企业”，经营宗旨是“为顾客创造价值，为员工创造机会，为社会创造效益”，企业精神是“敬业、团队、创新”。[⊖]

小　结

我们在本章中首先阐述了一家企业的企业文化根源，是企业领导者的思维因果和管理方式的体现。世界一流企业的管理层在执行艰巨的改进过程中，企业文化起到了无法替代的作用：即便是世界一流企业，它们拥有悠久而丰厚的企业文化，优秀的企业领导者仍然能通过发挥自身个人优势及管理方式，让弱势文化变强大，让零散的文化变系统，让优秀的文化变卓越。企业文化来源于三个因素：

- 社会经济文化发展。

⊖ 《销售与市场》，2002 年 6 月 28 日，《TCL 企业文化新说》，作者：李东生。

- 企业高层管理人员自身。
- 企业管理层所推崇和执行的管理方式。

这三个企业文化起源因素构成了企业外化表现的“礼物包”，打开这个外化的礼物包，企业文化就像给企业管理层的礼物，蕴藏在这个“礼物包”中。需要强调的是企业文化不是外在包装企业的工具，它形成于企业发展的各阶段，通过对最能推动企业发展的思想、观念、精神和作风进行提炼和梳理而得到。企业管理层之所以要建设企业文化，是要通过总结、提升，使之规范化、系统化，并广泛地为员工理解、接受，成为其自觉行为。

随着企业的发展，企业文化的发展通常历经企业家个性魅力（企业家文化）→团队个性魅力（团队文化）→企业个性魅力（企业文化）→最终形成社会个性魅力（竞争性文化）。从企业文化的发展进程来看，中国先锋企业在过去的近20年时间里已经逐步形成和提炼了具有创新导向的企业文化；随着市场竞争及国际化竞争的日益剧烈，目前这些先锋企业正在推动自己的企业文化向愿景导向的竞争性文化转型，这其中必然还有相当长的路要走。

我们的观点

1. **企业文化之根源，是企业领导者的思维因果和管理方式的体现。**

2. 企业文化之寻源如图6-1所示。

3. 企业文化的产生是先有企业然后才有文化。其次，**企业家所形成的企业家文化并不代表着企业文化发展的终点，企业文化的发展历经企业家个性魅力（企业家文化）→团队个性魅力（团队文化）→企业个性魅力（企业文化）→到最终形成的社会个性魅力（竞争性文化），如图6-2所示。**

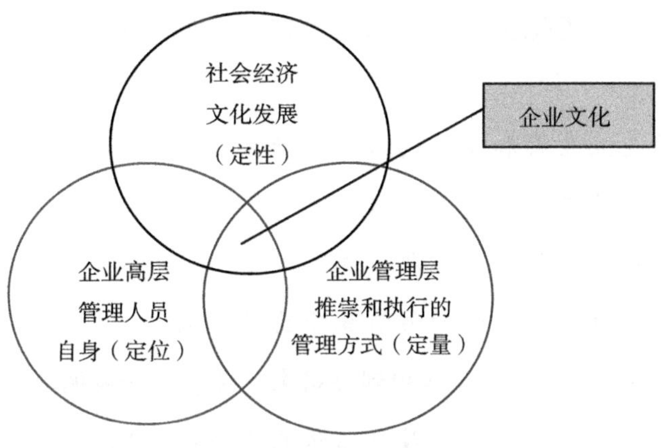

图 6-1　企业文化之寻源

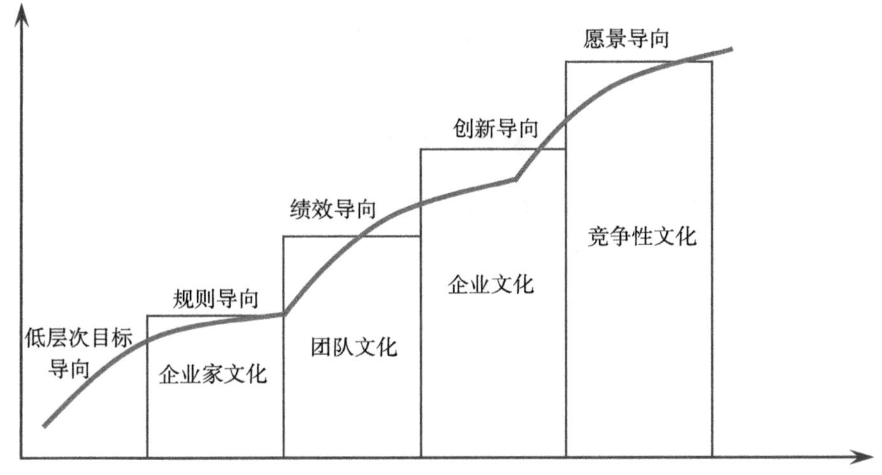

图 6-2　企业文化发展之旅

4. 企业文化既是企业的核心灵魂也是企业的本质特征，是基于企业家推崇和执行的管理方式下产生的团队绩效的；**从管理方式的角度（定量），管理方式对企业文化的推动有这样的发展过程：人事制度→人的管理→企业管理方式→核心价值观→企业文化。**

5. 企业文化并不能当作对外的包装企业的包装盒——文化不是被类似 CI 设计出来的包装盒。

6. 一个有作为的企业家，他提出、实践和塑造企业文化，使企业上下

产生一种认同感，提炼出一种共同的价值观。他无时无刻不思考这样一些问题：

（1）我的企业生存和发展的目的是什么？

（2）我的最终奋斗目标是什么？

（3）我的产品如何被人们所接受？

（4）我如何制造出最好的最有竞争力的产品？

（5）我怎样把最好的人才集中到公司来，又能充分地调动他们的积极性？

（6）最好的战斗力又能以最具团队的力量去战胜一切竞争者？

7. 在稳定的社会经济环境中，各个企业的发展过程中，企业领导者和企业管理层推崇和执行的管理方式起到“控制和灵活”这两个有效推动企业运转的作用。“灵活”是指企业领导者自身带动人与人之间、团队与团队之间的相互协作以及建立良好的人际氛围，并能充分发挥人的能动性。“控制”是指企业管理层推崇和执行的管理方式，依靠严密的规范和流程。

企业的总裁们越来越信服：在市场上处于领先地位并拥有主导性的份额是能够持续盈利的先决条件。

——杰克·莱维

07

第7章

推动核心竞争力

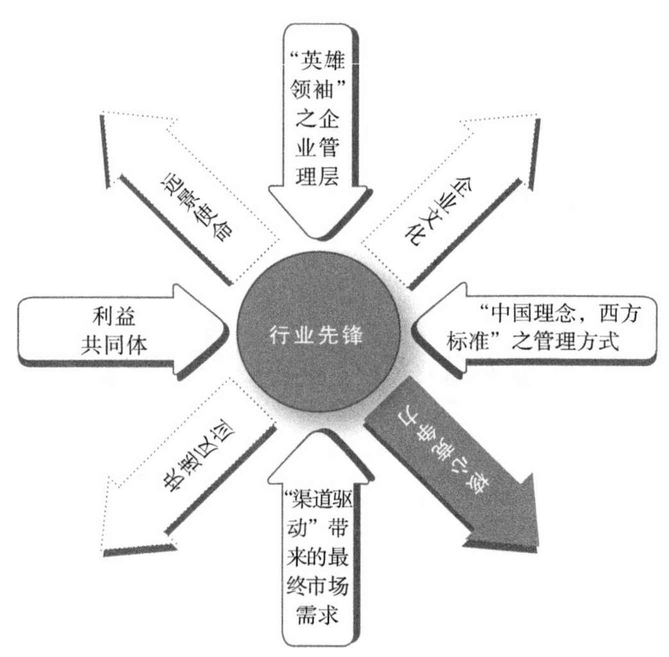

在众多的研究资料里，我们发现很多观点认为关键技术能力是最难的，因而是最核心的能力。而从技术能力这方面看，中国企业与世界级领先企业存在巨大的差距，中国的许多产品，如PC和家用电器，其核心技术、核心器件都是外购的，缺少核心技术使中国许多大企业的市场地位很不稳固，而这是否意味着中国企业没有核心竞争力呢？

我们认为，核心竞争力不仅仅是技术能力，只要它能创造出持久的竞争优势，像分销能力、资本运作能力、制造能力、人力资源能力等都可能成为企业的核心竞争力。㊀当我们从企业的整体角度来考察核心竞争力时，就会发现技术能力、产品化能力、分销能力、制造能力、人力资源能力、品牌价值等能力固然很重要，但企业还需要一种能力将这些功能能力组织在一起，沿着一个明确的方向运动。这种能力是其他诸多关键能力的核心，是它们的灵魂，是企业真正的核心竞争力。这种核心竞争力具有什么特点呢？它究竟是什么呢？

首先，核心竞争力是一个相对的概念，是同域同期企业之间的相对比较。同域是指各企业的产品有竞争关系的地域。我们在定义企业核心竞争力的时候，如果只注重其绝对的一面，在实践中就会让企业感觉其高不可攀，会以为只有那些高精尖的东西才能成为企业的核心竞争力。实际上，只要在某一时期比同一地域中有竞争关系的其他企业有优势的竞争力，就具备了核心竞争力的要件。

其次，核心竞争力是一个发展的概念，在不同的时期和不同的发展阶段，核心竞争力是不同的。由于企业面对的市场环境不断变化，恒久有效的核心竞争力就不可能存在。这一重要约束条件决定了我们的企业不仅要努力建立某一时期的核心竞争力，而且要适应竞争环境的变化，不断建立新的优势竞争力。任何核心竞争力都有时效，因此静态地强调核心竞争力的不可模仿是不全面和不准确的。如果某个时期的竞争力在别人模仿之前又建立了新的优势竞争力，旧的被模仿的竞争力的前景如何就不重要。

什么是核心竞争力

除了具有动态和持续发展的特性，核心竞争力还具备其反映企业综合

㊀ 慧聪网 www.hc360.com，2003 年 9 月 23 日，《企业核心竞争力的动态观》，作者：闵昱。

能力的特征。在绝大多数企业有关核心竞争力的各种策划材料中，我们看到企业往往习惯于通过提高现有产品的价格/性能比的方式来确立自己的竞争优势，或者是通过产品的低成本，或者是通过产品的高质量（性能）来赢得竞争优势。事实上，如果没有真正地理解市场/顾客所需价值定位和市场力量的性质，这些都是不可能发生的。当众多企业都热衷于这一标准方式时，这种方式作为企业获取差异化竞争优势之源的重要性便会大打折扣，而且因为技术的快速传播与模仿复制，其实现的难度也会越来越大。同时，由这种方式建立起来的差异化竞争优势很难维持太久，充其量为短期差异化竞争优势。

我们认为从长期来看，核心竞争力是一个企业的差异化竞争优势，它立足于企业在追求顾客价值实现的过程中，向顾客提供优于竞争对手且不易被竞争对手模仿的、顾客看重的消费者剩余价值的能力。企业的这种独特能力，由于意在追求顾客的满意度与忠诚度，体现了顾客价值导向，同时，又难以被竞争对手模仿，因而可以为企业提供持续的差异化竞争优势。

核心竞争力一旦形成，不但对企业在本行业、本领域获得明显竞争优势形成了保障，它还能促成企业开辟新领域、建立新的利润增长点，甚至成为企业建立新的主导产业、实现战略重心的转移、寻求不断发展的重要手段。比如本田公司以发动机作为自己核心竞争力的基础，并将这种能力推广发展到动力机车、摩托车、轿车、割草机等产品。佳能公司则以光学、超微摄影技术和微处理器技术为核心竞争力发展了复印机、激光打印机、摄像机、图像扫描仪等产品，使佳能公司不仅在1976～1982年从发明静电印刷术的施乐公司手中夺到一半的中档复印机市场，而且后来又成为施乐公司在高档彩色复印机市场的主要竞争对手。

对企业核心竞争力的文字定义十分关键。很多情况是文字准确即可为企业撑开经营开拓的蓝天，否则会成为企业发展的羁绊。⊖比如，世界主要球状轴承制造商 SKF，如果将球状轴承定为自己的核心竞争力，无疑会让 SKF 的工程师和销售人员为球状轴承寻找商机而颇费心机，因为球状轴承的应用范围有限。而若 SKF 将核心竞争力定义为抗摩擦技术、精密工程技术以及制造球体的技术，则 SKF 很可能制造出盒式磁带录像机的圆形精度磁头，或者生产出圆珠笔的钢珠等。这个例子表明，企业核心竞争力绝不是制造一两种产品或提供一两种服务的能力，而是可以满足客户某一类型或近似类型价值需要的能力。摆脱以具体产品、服务甚至具体业务为中心审视企业的核心竞争力，将会让人有豁然开朗的感觉，这也是很多企业成功运用核心竞争力取得飞速发展的原因。

C. K. 普拉哈拉德（C. K. Prahalad）和加里·哈默尔（Gary Hamel）在 1990 年出版的《哈佛商业评论》上发表的“公司的核心竞争力”一文中，把企业界关注的焦点从研究竞争策略转向了增强核心竞争力，是企业战略理论的一个里程碑。普拉哈拉德和哈默尔对企业的核心竞争力的定义如下：核心竞争力是企业组织中的集合性知识（collective learning），特别是关于如何协调多样化生产经营技术和有机结合多种技术流的知识。随着产品生命周期的日益缩短和企业经营的日益国际化，企业的差异化竞争优势来源于，企业管理层如何比竞争对手既快速又低成本地将遍布于企业内的各种技术和生产技巧有机地结合起来形成核心竞争力的能力。按照普拉哈拉德和哈默尔的定义，企业的核心竞争力有三个基本特征，这三个特征组成了企业核心竞争能力。

- 核心竞争力提供了进入多样化市场的潜能。
- 核心竞争力应当对最终产品中顾客重视的价值做出关键贡献。

⊖ 中国制造业信息化门户 www.e-works.net.cn，2002 年 3 月 12 日，《企业核心竞争力的构建与扩散：战略协同的过程》，作者：张国军。

- 核心竞争力应当是竞争对手难以模仿的能力。

显然，这三个特性都反映出核心竞争力的最关键要素是从顾客需求的角度定义企业的核心竞争力。不符合顾客需求、不能为顾客最重视的价值做出关键贡献的能力不是核心竞争力，核心竞争力首先应当是深入理解和准确把握市场和顾客需求的能力。对于这一点，海尔是这么总结的："与顾客零距离就是与竞争对手远距离。"同时，我们在很多先锋企业的核心竞争力构建过程中看到，先锋企业通过构建自己的核心竞争力向关联性业务进行转移扩散，从而形成良性多元化的格局，这也是核心竞争力形成的战略协同过程。核心竞争力是根植于企业的一系列资源、技能和知识的组合，借助该能力，企业能够根据生存环境的变化实施一到多项核心流程，使企业能够在市场竞争中保持长期的比较竞争优势。

核心竞争力的构建：内外两个来源基础

企业核心竞争力的构建如图 7-1 所示。

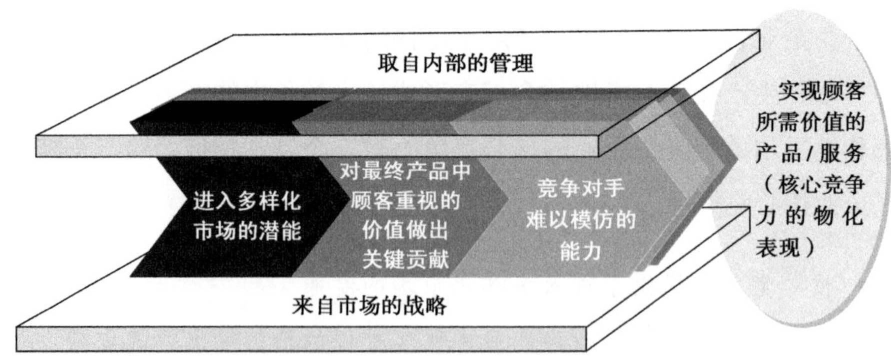

图 7-1　企业核心竞争力的构建——整合的力量

我们通过图 7-1 来反映核心竞争力的来源及其构建的关键因素。

核心竞争力的外部获取：来自市场的战略

创造市场、理解市场、冲击市场、服务市场、操纵市场和开发市场是企业发展战略中最重要的概念。构建企业核心竞争力的关键因素之一就是基于这些重要的市场概念，即企业在市场中创造佳绩的能力。从很多先锋企业成长过程的实例来看，核心竞争力的外部获取首先要依赖于市场 / 顾客价值导向的战略。

我们曾在第 4 章“渠道驱动立足中国市场”中分析了戴尔获得飞速发展的重要原因：我们认为是它以低成本的方式取得市场并掌握市场拉力而获得了成功。类似地，在讨论戴尔的核心竞争力时，我们认为戴尔的核心竞争力事实上是有效而持续地实现了市场 / 顾客所需的价值。

首先，戴尔持续并加强对主要顾客的关注：戴尔通过国际互联网和电话直销方式使顾客购物便捷，同时戴尔始终有方式可以听取主要顾客的意见和要求，迅速积极地回应并满足他们的需要。戴尔每年要单独抽出两日来招待主要客户公司的高级主管。此外，戴尔总可以及时按未来趋势来调整产品：与康柏 48 天的库存相比，戴尔只保持两周的库存（其行业的标准是 60 天），存货一年周转 30 次以上。基于以上数字，戴尔公司的毛利率和资本回报率分别达到 21% 和 106%。[⊖]

戴尔通过其直销方式确保以较低的存货反应于顾客变化的需求，在产品淘汰快和价格竞争激烈的行业背景下，戴尔在保持利润的情况下持续关注顾客随时变化的价值，这一点成为其销售额每年以 40% 的增长率递增的差异竞争优势。市场优胜劣汰，那些不能为顾客提供利益和可感知价值的公司都将被淘汰，而那些始终处于行业领先地位的企业所依靠的就是它们始终保持其差异优势，以为顾客提供所需价值作为其竞争战略。

为了企业发展，设定和构建企业核心竞争力的过程中，企业高层管理

⊖ 《中国营销传播网》www.emkt.com.cn，2002 年 6 月 21 日，《直销：戴尔的营销利器》，作者：芮新国。

人员必须回答和思考下列有关当前市场和市场发展能力的一系列问题[⊖]。

- 企业真正有特色和可持续的能力是什么？它所面对的市场在未来有何改变？
- 企业想集中于现有市场，还是新市场？
- 新的利润增长点在哪里？什么类型的新产品/服务能产生新的利润，企业目前的状况是否可以实现这种新利润增长的可能？
- 通过革新、新产品开发、重大技术的控制或服务水平的提高，企业的产品是否实现了差异最大化？
- 企业应该将重点放在一个完整的产品/服务上，还是放在由第三方使用或销售的关键模块上？
- 在多大程度上，企业所占有的资源和资本能使企业独自开发这些市场机会？
- 为实现这些目标，企业需要与其他公司建立联盟、合资企业或网络吗？
- 定价、定位和管理与顾客、竞争者的关系中隐藏着什么含义？
- 在多大程度上，企业与第三方的关系能支持或不能支持企业的努力？
- 怎样才能通过与顾客的反馈和情感交流，建立和维持企业的信誉？

我们以宝钢的案例来说明这些问题对企业设定其核心竞争力的作用。创建初期，宝钢面对的是一个巨大的国内市场：计划经济时代，尽管国外钢铁业无论在装备、技术还是管理上都领先于国内钢铁业几十年，但由于市场的分割，国外的钢铁企业无法直接进入国内市场竞争，如此大的市场需求给宝钢提供了很好的市场机会。对于第1～4个问题，在当时天时地

⊖ 乔恩·休斯，马克·拉尔夫，比尔·米切尔斯．供应链再造[M].孟韬，张丽萍，译．大连：东北财经大学出版社，2003.

利条件下，企业顺理成章地选择以提高技术和生产力满足现有市场的需求。宝钢因此在技术和管理方面全面引进，以快速缩小与国外钢铁企业的差距，同时也确立自己在国内钢铁企业的领先地位，取得了领先优势。在这一阶段，对国内竞争对手来说，宝钢的整体装备技术和集中管理模式在其所处行业中形成了宝钢的核心竞争力；相对于国外竞争对手来说，本土市场优势又使其具备了自然领先的特征。

入世之后，国际国内市场进一步一体化，引进变得更容易了，但由于宝钢自身的成长，通过引进来获取核心竞争力的客观条件反而不具备了。在受企业发展的大环境影响的各个阶段，上述 10 个问题的前 4 个问题是企业管理层需要动态讨论的要点：很显然，随着中国入世，第 1 个问题中所涉及的“面对的市场在未来有何改变”显得尤其重要。贸易壁垒的取消、分销权的放开，使国外竞争对手的政策弱势不复存在，国内竞争对手也采取同样的引进策略拉近同宝钢的差距，宝钢通过引进技术所形成的核心竞争力正在逐步丧失。

为保持竞争优势，适应跨越式发展需要，宝钢股份在新环境中如何把握当前企业所需的核心竞争力呢？回答第 5～7 个问题显得非常重要和有效。在原先以技术为中心的核心竞争力受到挑战的情况下，宝钢将焦点放在了实现正在不断变化的顾客价值上。宝钢开始关注顾客价值，在国内外用户比较集中的地区建立多个剪切配送中心，不断满足用户的个性化需求。宝钢还坚持深化与用户的战略合作，提高战略用户的忠诚度。对于用户的各类要求和所需的价值，宝钢全面推行流程再造，全面实施 ESI 工程，不断优化产销、采购流程，实施敏捷制造、企业资源计划、客户关系管理、供应链管理、电子商务等重点项目，不断缩短交货周期，积极扩大网上用户服务系统覆盖范围，优化国内外销售体系，提升用户服务质量并不断为用户创造价值。积极推进电子商务，推行网上订货，以战略用户为试点，建立“大客户通道”。

对于问题6和问题7，宝钢选择通过充分利用购并或合作法培育与核心技术相关的核心竞争力。在宝钢实行技术引进的过程中，宝钢管理层意识到运用技术引进提升企业核心竞争力，有时往往使企业经营者感到时间不足和精力不济，同时，由于技术引进还会增加市场的供给能力，打破原有的供求关系，从而使项目未来的不确定性增加。基于这些情况，宝钢采取积极探索购并、联盟、合作、参股等多种资本运作方式，寻求战略规模优势和协同效应；寻找钢铁业内部投资机会，提升公司竞争力；寻找下游行业的投资机会，提高抗风险能力；制定和实施恰当的融资策略，优化资本结构；建立内外战略环境信息网络系统，优化、整合、合理配置战略资源，促使战略与资源的互动。至今，宝钢已经基本完成对集团三期优质资产的收购，产品结构明显优化。在实践过程中，宝钢认识到核心竞争力具备四个基本特征：它是稳定性保证能力，也是创造性推动能力，还是系统性集成能力和战略性应变能力。在这四个基本特征中，前两个能力是核心竞争力微观层面的特征，是企业得以生存的基础；后两个则是宏观层面的特征，是企业把握机遇、适时发展的前提。

需要强调的是，回答上述问题的目的是将市场中顾客所需价值和企业的强项联系在一起。很多时候在明确了顾客所需价值的情况下，即使不是企业的强项也可以通过收购兼并和战略从企业外部获取构成核心竞争力的技术，令企业的产品和服务向最终顾客传递价值。[⊖]一种是对拥有某种企业所需的专长的企业，直接通过收购兼并为我所用。这种方式相对内部开发而言，所需的时间最短，可得性也比较强。例如，海尔集团对拥有亚洲最大的滚筒洗衣机生产线的红星电器厂实施收购兼并，迅速弥补了企业的空白。康柏公司1998年年初收购老牌厂商DEC，并利用其在计算机技术方面的核心技术重新划分了世界PC领域的势力范围。北方电讯（Nortel）

⊖ 中国制造业信息化门户www.e-works.net.cn，2002年3月12日，《企业核心竞争力的构建与扩散：战略协同的过程》，作者：张国军。

公司 1998 年收购了 Bay，也是利用 Bay 在互联网络领域的核心技术优势，使自己由单一的电信厂商向网络领域进军。另一种是与拥有互补优势的企业（科研院所）形成战略联盟。这种旨在形成以知识学习为中心目标的战略模式可以克服内部开发所需资源和能力不足的矛盾。比如，2000 年 5 月，海尔集团与荷兰飞利浦、德国迈兹、日本东芝等 12 家国际大公司组成技术联盟，以期在技术资源组合的基础上获取挑战彩电核心技术的能力。

我们认为核心技术是企业在实现市场及顾客价值的过程中选择的一种方式，通过某个时间段里市场持续有需求的技术达到对产品 / 服务满足顾客所需的价值。企业可以选择自主开发核心技术，也可以选择兼并和联盟，而这个决定（问题 4～7）受到来自企业内部和企业所处行业的因素影响。

在纷繁复杂的有关分析中国各先锋企业核心竞争力的材料中，我们看到绝大多数材料从负面表现了各类管理学者对中国企业核心技术的担心。而我们认为：顾客所需价值通过企业自身或外购的核心技术，从而生产出的核心产品 / 服务，它是企业核心竞争力的物化表现。它凝聚了企业核心竞争力的优势，因而成为企业最终产品和市场多元化的逻辑基础，是介于企业核心竞争力与最终产品之间的中间产品。比如，VCD 核心主板即为介于飞利浦公司的核心专长（解码技术）与最终产品（飞利浦 VCD）之间的核心产品。事实上，核心产品是核心竞争力的物质体现和市场体现，而发展核心产品会使企业避开在最终产品市场上的激烈竞争，获得可观的“虚拟市场份额”，而且能够绕开在最终产品市场上由于垄断地位而受到的法律和销售渠道等因素的限制，由此获得的收入和经验可以加快核心竞争力的发展。目前国内 VCD 生产厂家市场大战是最终产品的竞争，而众多厂家却都用的是飞利浦的核心主板这一核心产品，从飞利浦公司的角度看，不管市场上 VCD 厂家的竞争输赢如何，其核心产品市场份额丝毫不会动摇，甚至还会得到提高，如新的生产厂家订货或者原有产品升级换代。因此只要对核心产品不断开发、创新，就会使企业确立持久竞争优势，而且这种开放性战略还有助于制约竞争对手开发核心技术的激励。

对于企业的核心竞争力和核心产品，企业要考虑三个方面的问题。

（1）是否存在顾客可感知价值。核心竞争力应能使顾客感受到产品对其利益的卖点或买点，显著地实现其所看重的价值。只有那些确实能为顾客提供根本性效用的技能，才能表明企业在此方面具有核心竞争力。比如，本田汽车公司生产发动机的技能是本田公司的核心竞争力，因为它确实能为顾客带来高价值利益。这种高价值利益包括节省燃料、速度快捷、操作简单、减少噪声及振动程度。

（2）是否存在独特性并使竞争对手难以模仿。企业核心竞争力作为特定企业个性化发展的产物，必须是企业所特有的，并且不易被竞争对手模仿。否则，这种竞争力就很脆弱，难以给企业创造较大和持续的竞争优势。企业核心竞争力的这种独特性（融技术特性与组织特性于一体）不仅决定了企业的差异性，而且决定了企业的效率差异与收益差异。

（3）是否可以实现范围经济。核心竞争力作为一种“通用”的技术专长，应具有很强的“溢出效应”。一旦企业建立了自己的核心竞争力，便可以在生产实践中将其组合运用到企业当前或潜在的业务领域，并在这些领域构建企业的竞争优势，产生获利的亮点。在这方面的典型例子是：佳能在光学、超微摄影技术和微处理器技术方面的技术竞争力，使其在照相机、显微摄影装置、复印机、印刷设备等方面获益匪浅。[⊖]因此，要测试核心竞争力是否可以覆盖多个部门和产品，是否可以提供潜在进入市场的多种方法。

⊖ 中国制造业信息化门户 www.e-works.net.cn，2002 年 3 月 12 日，《企业核心竞争力的构建与扩散：战略协同的过程》，作者：张国军。

核心竞争力的内部获取：独特的内部管理

从企业核心竞争力的两大来源看，取自市场的战略可以令企业有效地具备核心竞争力的特征之一，即“对最终产品中顾客重视的价值做出关键贡献”。而由于核心竞争力具备反映企业综合能力的特征，它是企业特有的已经营化的知识体系。核心竞争力的内部获取来源可以令企业具备核心竞争力的另外两个特征，即“具备进入多样化市场的可能”和“竞争对手难以模仿的能力”。因此，除了通过实现市场和顾客价值的战略，确立构成企业核心竞争力的技术要素，还要在企业内部与企业的经营管理系统进行有机的整合，并与企业自身文化融为一体，形成企业独特的核心竞争力。

在企业核心竞争力要素的整合过程中，需要相关的机制与环境条件加以支持。例如，可以通过有利于学习和创新的组织管理机制：以团队管理为中心的分权化扁平状网络组织，也可以创造充满活力的创新激励机制，比如，海尔的“赛马”机制和“市场链”机制（市场效应的内部化）。还有通过以市场为导向、以顾客价值追求为中心的企业文化氛围，比如，海尔集团通过向红星电器厂注入自己的以“产业报国，追求卓越”为核心价值观念的企业文化来实施企业收购兼并后的整合管理工作。另外是依赖既开放又相互信任的合作环境。更简洁地说，当企业通过实现市场和顾客价值得到了效益，企业就必须通过内部管理进一步提高效率，这样内外结合可构成既有企业自身特色又符合外部市场需求的差异竞争优势。基于这些，我们认为企业核心竞争力同样是一种以企业资源为基础的能力优势，而且是异质性战略资源，如技术、品牌、企业文化、营销网络、人力资源管理、信息系统、管理模式。只有在这些方面强化突出，建立互补性知识与技能体系，才能使企业获得持续性差异竞争优势。

1. 企业内部战略性资源的整合

以企业对核心技术的管理来看，企业作为技术开发的主体，通过在企业内部开发出构成核心竞争力的技术，走自我发展的道路，是一种基本模式，它需要企业首先强化自己的研发力量，积极培养和引进各级各类科研人员，注重研发费用的投入。其次，企业也需完善企业的技术创新体系。另外，出于核心竞争力战略地位的需要，要为项目优先配置资源（人、财、物），这里特别要强调的是作为企业核心竞争力携带者的人力资源的优先配置（这一点常常会被一些企业忽视）。这必然要求企业内部的资源能够自由流动和共享，否则便难以保证项目资源的优先配置和企业资源的优化配置。

2. 企业内部战略性资源的培养

有关企业内部战略资源的培养，我们认为学习型组织的形成对企业核心竞争力的营造十分重要。学习型组织影响着核心竞争力要素的内部开发以及核心竞争力的外部获取两个来源优势。尤其是在核心竞争力要素的外部获取（在战略联盟中学习）过程中，企业组织的学习能力与学习的深度、广度和速度决定着其外部学习的成效，也决定着其核心竞争力要素的外部获取。即便是企业核心竞争力的培育和提升，没有一个学习型组织的持续学习、积累和创新，也是很难做到的。这就要求企业组织设法成为学习型组织。

在一个学习型组织中，支持其不断学习和创新的组织机制（组织特征）有：

- 扁平化网络组织结构，这种组织结构强调决策权的下移和平等的网络交流。
- 组织的开放性，信息与资源在企业组织内部共享。

- 企业组织中充满亲密合作的伙伴关系。
- 以任务为中心的自组织项目团队具有很强的环境适应能力和应变能力。⊖

企业核心竞争力战略意图和战略结构还必须在企业内外（内部员工、外部顾客和投资者）进行广泛深入、有效的沟通，以确保企业核心竞争力战略能被清晰地理解、认同和接受，并转化为企业员工自觉的行动。

为了更好地理解企业核心竞争力战略，可以在企业内部就三个方面的问题进行讨论，以期取得企业内部共识。

- 如果我们不控制这种特制的核心竞争力，我们的现有竞争优势能维持多久？
- 这种核心竞争力对顾客可感知价值如何重要？
- 如果我们不拥有这种特制的核心竞争力，我们将来会失去哪些可能的机会？

3. 企业内部战略性资源的创新

资源上的创新可以带给企业核心竞争力的第三特征，即“多样化的潜能”，企业战略性资源创新的一种形式是将企业现有核心竞争力向关联性业务转移扩散，以形成良性多元化的格局。如摩托罗拉公司建立在其无线电通信技术专长基础之上的核心竞争力，不仅使其在核心业务交换机等通信产品市场上享有持久的优势地位，在 BP 机、移动电话和无线移动通信装置的产品领域也遥遥领先。

在核心竞争力的观念进入企业领导者的意识之前，核心竞争力的形成是一种无意识的企业行为的结果。其形成与成长的速度和强度，同企业

⊖ 中国制造业信息化门户 www.e-works.net.cn，2002 年 3 月 12 日《企业核心竞争力的构建与扩散：战略协同的过程》，作者：张国军。

有意识地塑造和提升行为的影响相比，要慢得多、弱得多。与此相比，根植于核心竞争力观念的企业领导者，往往能够在认准市场需求和产品技术变化趋势的基础上，准确定位企业的核心竞争力。然后建立相应的企业机制，配备相应的环境条件，塑造和提升核心竞争力，并将其转化成竞争优势。同时，这一切反过来又进一步增强了企业的核心竞争力。

培育和提升企业的竞争力，并把它转换成竞争优势的内部管理机制，一般包括企业的组织结构和流程制度，而管理风格、企业文化和资源状况则构成了转换环境。成功的企业往往能够完善这种转换机制和环境条件，从而实现以核心竞争力制胜。以高屋建瓴之势首先打开欧美家电市场的海尔，其核心竞争力就是根据不同市场和顾客所需价值不断创新的能力，这种能力的形成以及显示出来的竞争优势，得益于海尔文化的完善。在海尔，创新能力同企业文化水乳交融，张瑞敏对此的解释是："创新是海尔文化的价值观。"

核心竞争力的变革与维护

动态的核心竞争力：变革

变革战略的管理是一个包括辨识变革需求、确定变革目标、实施变革措施和衡量变革效果等步骤在内的循序渐进、周而复始的循环过程。从核心竞争力的角度看，变革战略管理也是核心竞争力的辨识和评估、培育和提升以及再评估的循环过程。核心竞争力的变革过程需要经历三个主要阶段。

1. 辨识变革需求

回答"是否需要变"的问题。变革的最终目的是，使企业能拥有持续的竞争优势，从而能在剧烈而多变的市场竞争中取得主动，实现永续经营。作为持续竞争优势的源泉，核心竞争力自然成为辨识变革需求的出发点和落脚点。面对竞争环境的变化，变革的引领者首先需要根据核心竞争力能否转换成持续的竞争优势，判断变革的必要性和迫切性。

2. 确定变革目标

回答“在哪些方面变，变成怎样”的问题。变革的首要问题是企业的业务或者业务组合是否需要变？核心竞争力基本上决定了这个问题的答案：建立在核心竞争力基础之上的业务可以发展，否则就不要涉足，甚至是在企业现有的业务中，如果存在其核心竞争力已经消亡的，也要忍痛割爱，将其从业务组合中裁减掉。客观地看，核心竞争力能否转变成竞争优势，取决于相应的转换机制和环境条件能否促进这种转换。因此，在确定变革目标的过程中，还需要对企业的组织结构、流程制度、管理风格、企业文化、资源状况等进行评估，按照是否有利于促进培育和提升企业的核心竞争力，既而向持续竞争优势转化的标准，决定在哪些方面做多大程度的改革。

3. 实施变革措施

实际上是解决“怎么变”的问题。在决定“业务组合是否需要变”，以及“在核心竞争力的培育、提升和转换的机制和环境条件上，有哪些方面需要做多大程度的改革”等问题之后，就可以制定和实施具体的变革措施。在这个过程中，变革措施的实施者要对照并修订变革措施，使变革措施的实施最终达到预期的目的；同时，在衡量变革效果中，是否有利于增强和转换企业的核心竞争力，应该成为变革成功与否的判断标准。

实施基于核心竞争力的变革

实施基于核心竞争力的变革战略，在考虑核心竞争力基础作用的同时，要以人尤其是企业高层的变革为突破口。成功的变革大多是由高层发动、自上而下的，并且拥有一个推动变革的灵魂人物，如GE的杰克·韦尔奇、IBM的郭士纳。在中国，美的集团、联想集团、华帝燃具等都在高层推动变革方面做出了极大的努力和尝试。[⊖]基于核心竞争力的企业战略，并非一定就是专一业务经营的战略。企业决策的关键在于所经营的业务是否建立在自己的核心竞争力的基础之上。在实施基于核心竞争力的多元化经营方面，佳能公司提供了一个很好的例子。以照相机起家的佳能公司，经过专注经营，以独特的影像技术为核心，集成了最先进的精密机械技术、光学技术和微电子技术，构成了图像化方面的核心竞争力。在此基础上，把业务领域从原来单一的照相机业务，延伸到复印机、打印机、传真机等新行业，取得了多元化经营的巨大成功。同时，进入新业务领域的成功并未影响照相机的技术领先和市场地位，反而促进了照相机产品的更新换代和继续发展。1988年，该公司提出了“二次创业”，再次以自身的核心竞争力为基础，进入信息机器、映像机器和液晶装置、半导体这三大发展潜力大的新领域。如今，该公司已经实现了从“影像的佳能”到“信息的佳能”的过渡，并开始迈向“社会生态学的佳能”。

发展的核心竞争力：维护

我们在描述核心竞争力的特性时已经提出：即使是企业经过长期努力培育起来的核心竞争力也会在不同的商业环境中丧失。一方面，随着时间的推移和科学技术的迅速发展，企业的核心竞争力会演变为一般能力。比如20世纪80年代，苹果公司以“用户界面友好”作为其核心竞争力并获得巨大的竞争优势。但是，随着软件产业和技术的发展，如今用户界面友好已经成为所有软件竞争必备的基本能力。另一方面，如果企业缺乏对其

⊖ 《世界经理人文摘》，2000年9月1日，《基于核心竞争力的变革》，作者：Stephen Chen。

核心竞争力的专门管理，部门之间沟通不畅或缺乏必要的资助，均会导致企业核心竞争力的丧失。我们认为企业可以在以下几方面做出改进。

首先，关注企业核心竞争力的健康发展，对其持续不断地进行投入和创新。普拉哈拉德和哈默尔这样提醒：成功常常导致狭隘性，使得过去成功使用过的知识和思维方式制度化，而不汲取新思想，竞争力就会失去它的多样性和多元化潜能。其次，安排专职经理（如首席知识官）全面负责核心竞争力的管理，特别是要防止其在业务经营中流失。如企业在对外联盟过程中，要注意预防核心竞争力的泄露和被竞争对手学习掌握：在对外剥离企业经营业务时，要注意避免因不了解企业核心竞争力而误把它排除在企业资源范围之外出售，特别是出售给自己的竞争对手或潜在竞争对手。最后，加强各部门之间的沟通，并以企业核心竞争力的投资、开发与运用为中心议题进行定期评估，以在产业发展的相对稳定时期保持企业核心竞争力发展的均衡性，加强企业核心竞争力的巩固。

随着中国加入WTO后的时间推移，知识产权的保护以及企业凭借自有知识产权获取竞争优势，日益凸现其重要性。松下、日立等著名的电子企业拥有专利达5万件以上，每年其使用权收费高达10亿美元之巨。虽然较跨国集团公司，中国企业在专利和知识产权管理上存在较大的差距，但近几年来先锋企业在行业中率先推进知识管理的做法已取得较大成效，以TCL为例，集团每年申报专利以50%的速度增长，到2003年累计申请专利181项，获授权专利127项，专利实施率达100%。TCL通过一系列方式为企业的可持续发展打下了坚实的基础。

1. 建立健全专利管理制度

知识产权管理的重要性在集团高层领导中引起了共鸣[⊖]，由经国家认定的技术中心负责集团专利的管理。制定了集团专利管理办法，明确了集

⊖ TCL集团股份有限公司，《切实加强知识产权管理工作，提升企业竞争力》，作者：不详。

团专利工作任务及专利工作者的职责与权利，规定了集团专利工作者应具备的条件，规范了集团专利申请、专利保护、专利文献利用、专利奖励等一系列管理措施，要求各企业根据实际情况并结合集团专利管理办法制定各自的专利管理制度，做到从根本上对专利管理进行规范。同时，对集团下属企业专利管理机构进行调查，并有针对性地做了调整，改变了原来各企业专利管理不规范、管理水平参差不齐的局面，根据集团专利管理办法规定，各企业均配齐了专利管理人员，集团每年组织一两次专利管理培训班，邀请资深专家来集团授课，普及专利法知识，提高企业领导对保护企业自主知识产权的认识，有力地推动了企业知识产权管理进程。

2. 投资兴建集团专利文献库，加速新产品研发

为了使企业加强自主知识产权产品的开发，掌握更多的核心技术，集团逐步加大了对研发的投入，每年研发经费投入达产品销售收入的 3%，集团为加速企业技术开发进程，充分利用国内外专利信息，防止研发中专利侵权，投资 30 多万元建立了“TCL 中外专利信息系统”，该系统涵盖了集团属下各企业产品所涉及的领域，包括电学、光学、声学、信息、机械工程、照明、测量、测试等诸多领域，使研发人员能及时迅速了解世界最新专利成果，并有利于制定知识产权战略，为未来能在知识产权上获取巨大的收益奠定了基础。每年开发新产品近百项，掌握了微缝视屏幕墙、丽彩芯片、背投彩电、回放电视、基带信号发生器、固态聚合物锂电池、数字无绳电话机、HID 家庭信息显示器、ISDN 数字电话机等核心技术，通过这些核心技术的开发，提高了 TCL 产品的技术水平，增强了 TCL 品牌的竞争力，同时也提高了 TCL 品牌的价值及美誉度，为集团创造了良好的经济效益。尤其是在移动通信终端产品方面，其研发投入已占其销售收入的 10% 以上，逐步将产品设计从外观上的突破过渡到底层核心软硬件的开发，在国内率先掌握了部分核心技术，拥有了自主知识产权的产

品，并争取在 3G 手机上获得质的突破，掌握其所有核心技术，将产品竞争力延伸到全世界，2001 年其利润已居全国同行第一名。

3. 以项目为纽带

把集团的市场优势、资金优势、生产优势与高校、科研院所、国外公司的人才优势、技术优势结合起来，加快掌握自主知识产权的速度。与一所大学合作，利用其 3 个专利并与自有 2 个专利结合，仅用几个月的时间就成功开发、生产出拼接缝隙小于 1mm 的具有世界领先水平的微缝视屏幕墙，大大节约了人力、物力，赢得了竞争机遇；与西北工业大学合作，利用其人才资源优势开发其中的嵌入式软件，结合 TCL 集团的彩电硬件开发优势，很快就开发生产出深受市场欢迎的具有自主知识产权的网络电视。集团每年通过各种合作的项目达到几十项，充分利用了国内外技术与人力资源，解决了研发中心高技术人才不足的问题，是及时掌握核心技术的良好办法。

尽管与世界级企业比，中国企业的知识产权管理水平还较落后，核心技术拥有量也不多，但通过先锋企业从加强知识产权管理的基础入手，逐步提高产品的技术竞争力，中国先锋企业可以拥有来自企业内部战略资源的差异竞争优势。

小　结

在本章中，我们首先讨论了企业核心竞争力的动态和发展的特征。我们认为从企业各种经营和管理的能力来看，企业需要一种能力将这些功能能力组织在一起，沿着一个明确的方向运动。这种能力是其他诸种关键能力的核心，是它们的灵魂，也是企业真正的核心竞争力。而从企业相对行业竞争对手的角度看，核心竞争力是企业的差异化竞争优势，它立足于企业在追求顾客价值实现的过程中，向顾客提供优于竞争对手且不易被竞争对手模仿的、顾客看重的消费者剩余价值的能力。这其中包含三个特征（张国军）：

- 核心竞争力提供了进入多样化市场的潜能。
- 核心竞争力对最终产品中顾客重视的价值做出关键贡献。
- 核心竞争力是竞争对手难以模仿的能力。

将顾客所需价值通过企业自身或外购的核心技术而生产出的核心产品/服务是企业核心竞争力的物化表现。取自市场的战略可以令企业有效地具备核心竞争力的特征之一，即“对最终产品中顾客重视的价值做出关键贡献”。同时，来源于企业内部管理的企业自身管理能力可以令企业具备核心竞争力的另外两个特征，即“具备进入多样化市场的可能”和“竞争对手难以模仿的能力”。当企业通过实现市场和顾客价值得到了效益，企业就必须通过内部管理进一步提高效率，这样内外结合可构成既有企业自身特色又符合外部市场需求的差异竞争优势。

我们的观点

1. 企业还需要一种能力将这些功能能力组织在一起，沿着一个明确的方向运动。这种能力是其他诸种关键能力的核心，是它们的灵魂，是企业真正的核心竞争力。

2. 首先，核心竞争力是一个相对的概念，是同域同期企业之间的相对比较。其次，核心竞争力是一个发展的概念，在不同的时期和不同的发展阶段，核心竞争力是不同的。

3. 核心竞争力是一个企业的差异化竞争优势，它立足于企业在追求顾客价值实现的过程中，向顾客提供优于竞争对手且不易被竞争对手模仿

的、顾客看重的消费者剩余价值的能力。

4. 企业核心竞争力绝不是制造一两种产品或提供一两种服务的能力，而是可以满足客户某一类型或近似类型价值需要的能力。

5. 按照C. K. 普拉哈拉德和加里·哈默尔于1990年《哈佛商业评论》上发表的“公司的核心竞争力”一文中有关企业的核心竞争力的定义，有三个基本特征组成了企业的核心竞争力。

（1）核心竞争力提供了进入多样化市场的潜能。

（2）核心竞争力应当对最终产品中顾客重视的价值做出关键贡献。

（3）核心竞争力应当是竞争对手难以模仿的能力。

显然，**这三个特性都反映出核心竞争力最关键的要素是从顾客需求的角度定义企业的核心竞争力。**

6. 为了企业发展，在设定和构建企业核心竞争力的过程中，企业高层管理人员必须回答和思考下列有关当前市场和市场发展能力的一系列问题。

（1）企业真正有特色和可持续的能力是什么？它所面对的市场在未来有何改变？

（2）企业想集中于现有市场，还是新市场？

（3）新的利润增长点在哪里？什么类型的新产品/服务能产生新的利润，企业目前的状况是否可以实现这种新利润增长的可能？

（4）通过革新、新产品开发、重大技术的控制或服务水平的提高，企业的产品是否实现了差异最大化？

（5）企业应该将重点放在一个完整的产品/服务上还是放在由第三方使用或销售的关键模块上？

（6）在多大程度上，企业所占有的资源和资本能使企业独自开发这些市场机会？

（7）为实现这些目标，企业需要与其他公司建立联盟、合资企业或网络吗？

（8）定价、定位和管理与顾客、竞争者的关系中隐藏着什么含义？

（9）在多大程度上，企业与第三方的关系能支持或不能支持企业的努力？

（10）怎样才能通过与顾客的反馈和情感交流，建立和维持企业的信誉？

7. 企业核心竞争力的构建如图 7-1 所示。

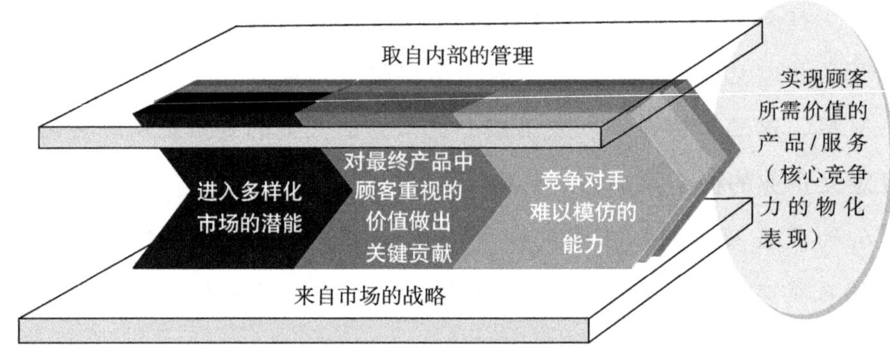

图 7-1　企业核心竞争力的构建——整合的力量

8. 核心技术是企业在实现达到市场及顾客价值的过程中选择的一种方式。

9. 将顾客所需价值通过企业自身或外购的核心技术，从而生产出的核心产品 / 服务，它是企业核心竞争力的物化表现。它凝聚了企业核心竞争力的优势，因而成为企业最终产品和市场多元化的逻辑基础，是介于企业核心竞争力与最终产品之间的中间产品。

10. 对于企业的核心竞争力和核心产品，企业要考虑三个方面的问题。

（1）是否存在顾客可感知价值？

（2）是否存在独特性并使竞争对手难以模仿？

（3）是否可以实现范围经济？

11. 当企业通过实现市场和顾客价值得到了效益，企业就必须通过内

部管理进一步提高效率，这样内外结合可构成既有企业自身特色又符合外部市场需求的差异竞争优势。

12. 学习型组织影响着核心竞争力要素的内部开发以及核心竞争力的外部获取两个来源优势。在一个学习型组织中，支持其不断学习和创新的组织机制（组织特征）有：

（1）扁平化网络组织结构，这种组织结构强调决策权的下移和平等的网络交流。

（2）组织的开放性，信息与资源在企业组织内部共享。

（3）企业组织中充满亲密合作的伙伴关系。

（4）以任务为中心的自组织项目团队具有很强的环境适应能力和应变能力。

13. 为了更好地理解企业核心竞争力战略，可以在企业内部就三个方面的问题进行讨论，以期取得企业内部共识。

（1）如果我们不控制这种特制的核心竞争力，我们的现有竞争优势能维持多久?

（2）这种核心竞争力对顾客可感知价值如何重要?

（3）如果我们不拥有这种特制的核心竞争力，我们在将来会失去哪些可能的机会?

不需要自己做每一件事，90%你要做的事别人会比你做得更好。

——约翰·布劳菲

08
第8章

机会从来都没有过剩

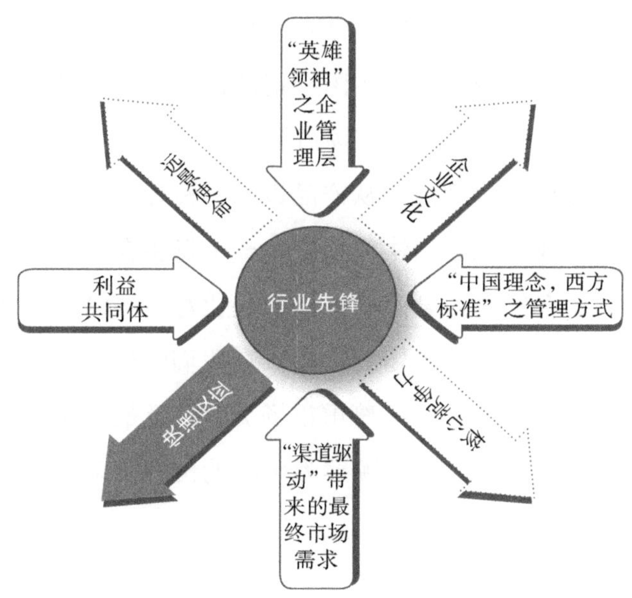

2001年2月，海尔举行全球经理人年会。在这个年会上，海尔美国贸易公司的总裁迈克先生提出了一个点子，他说在美国冷柜的销量非常好，但有一个用户难题是传统的冷柜比较深，拿东西尤其是翻找下面的东西非常不方便。他说能不能发明这样一个产品，从上面可以掀盖，下面能够用抽屉分隔，让用户不必探身取物。就在会议还在进行的时候，设计人员已经通知车间做好准备，下午在回工厂的汽车上，大家拿出了设计方案。当天，设计和制作人员一同经历了一个不眠之夜。到晚上两三点钟，

第一代样机就这样诞生了。迈克回忆那天的情景时说："他们拍拍我的肩膀说给我个惊喜。他们把我带到一个小房间里，我看到一些盒子上蒙着帆布，他们让我闭上眼睛，他们掀开帆布，我睁眼一看，17 个小时之前我的一个念头已经变成一个产品，展现在我的眼前了。我简直难以相信，这是我所见过的最神速的反应。"

第二天，海尔全球经理人年会闭幕晚宴在青岛海尔国际培训中心举行。一个披着红色绸布的冷柜摆在了宴会厅中。在各国经理人疑惑的目光注视下，主持人揭开了绸布，当场宣布：这就是迈克先生要求的新式冷柜，它已被命名为"迈克冷柜"。全场的经销商们先是惊讶，继而爆发热烈的掌声。当天，这款迈克冷柜就被各国经销商订购。如今这款冷柜已经被美国大零售商希尔思包销，在美国市场占据了同类产品 40% 的份额。

我们在这则故事里看到海尔从产品设想、设计、生产到销售的整个过程中的快速反应，我们也看到快速反应是一个发生在一系列产品参与对象中间的以市场/顾客价值为导向的过程，企业对市场需求的快速反应可以避免企业错过任何一个创造市场的机会。在我们的研究中，快速反应被作为企业联合其利益共同体，共同尊重市场/顾客及最终用户所需价值的产出结果。我们需要了解以市场/顾客为中心的价值驱动，以及利益共同体对最终用户产生的价值。

成功的快速反应

成功的快速反应是指企业通过与利益共同体的合作，准确把握顾客所需价值，以低成本、高速度满足市场需求和顾客所需服务水平。

从推动到拉动的快速反应能力如图 8-1 所示。

供应链由推动式转为拉动式，对顾客驱动的需求迅速做出反应，并通过技术连接供应商。

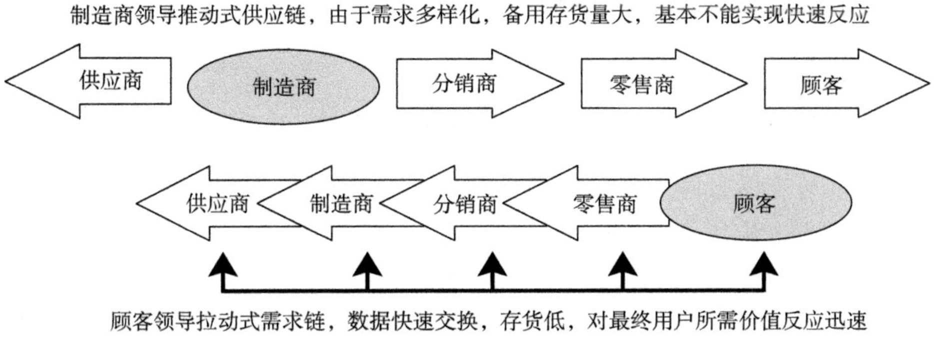

制造商领导推动式供应链，由于需求多样化，备用存货量大，基本不能实现快速反应

供应商　制造商　分销商　零售商　顾客

供应商　制造商　分销商　零售商　顾客

顾客领导拉动式需求链，数据快速交换，存货低，对最终用户所需价值反应迅速

图 8-1　从推动到拉动的快速反应能力

我们以图 8-1 来说明成功的快速反应所具备的概念。传统上，各种反应都是由制造商推动的。制造商根据顾客的偏好与市场需求在线设计新产品。产品由第三方供应商提供材料在内部制造出来，产品既而通过分销商、代理商或零售商上市并销售到用户或顾客手中。在整个供应链的反应过程中，由于固有的后勤低效率、生产计划的及时反应难度较大、最终顾客的需求多样性，再加上较差的市场预测，往往导致原材料堆积如山、交货时间拖延、生产代价高昂。而在以顾客需求为起点的拉动式需求链方式中，一切反应都有顾客需求作为最终的价值保障，这也就是说，由于及时满足顾客需求，顾客对各种有效反应均予以价值回报。

其次，有效的渠道战略也是成功快速反应的要素。在渠道战略选择的过程中，戴尔创造了一个强有力的直销渠道，它的直接目的在于削减竞争者对重要客户和敏感市场的接近机会。我们知道在很多行业，制造商和分销商之间会爆发一些为了争抢关键客户而导致的纠纷，直销战略模式有效地避免了这种分歧和风险。同时，直销模式是价格控制的有效武器，戴尔通过直接的客户关系完成了渠道中间的价格控制。这令我们情不自禁地赞赏戴尔直面最终客户的渠道战略，要知道在技术性产品生命周期的早期，通过分销商拓展销售是渠道战略中尤其重要的一个环节。戴尔必须建立一整套有力的商务模式来替代原有的分销模式，包括以下关键要素：

- 实时地反馈客户和市场需求。
- 销售现有存货产品的能力。
- 有效控制产品在生命周期过渡阶段的库存。
- 有能力减少陈旧剩余的材料库存。
- 基于市场动态波动的实时价格控制。

戴尔公司创建于1984年，到1994年，戴尔计算机还处在计算机制造商的第二层次，与其他企业一样，戴尔根据库存产品提前订购配件。而后，戴尔提出构建快速反应模式，把生产方式转变为根据订单制造流程，通过JIT系统降低库存量，面向顾客直销产品，其效果是惊人的，市场反应速度之快达到每3天就做一个需求预测，预测周期决定了戴尔对市场的反应速度，也决定了戴尔可以达到快速库存反应。2003年戴尔公司的销售总额高达414亿美元，实现利润26.5亿美元。㊀

在实施快速反应的前期，为了确保这种新型供应链能力获得长期实现，戴尔制订了供应链再造计划，其意义远远超出了简单地追求效率和价值产出。我们可以想象，戴尔在前期经历了相当困难的战略性转变，因为它必须提升自己的内部生产反应速度，帮助各参与戴尔相关业务的外部成员，共同获得完成快速反应模式的能力。实施快速反应的最重要工作是深度细分市场，我们知道市场营销的本质是令市场销售需求与公司生产能力相匹配。戴尔快速反应系统的最大特点就是，由原先根据需求预测将材料囤积在工厂的采购方式，转变为每两个小时根据订单量收集所需材料的方式。更直接地说，就是供应商在戴尔的生产工厂附近设有发货中心，每两个小时接收根据生产订单而派发出的材料需求单，发出所需的零件，送到正确的生产线指定位置。在供应商送出材料的同时，工厂也开始了生产的准备工作。

㊀《电子商务世界》，2003年3月9日，《电子商务环境下的现代物流三段论》，作者：不详。

我们可以从图 8-2 中看到，快速反应流程的建立首先是要明确对市场需求和顾客所需价值的及时反应能力，这要依赖于其价值链上各成员所组成的利益共同体。需要联合供应商、政府、银行等共同组建战略合作伙伴关系。由于有着巨大的发展的市场份额作为保障，戴尔的主要供应商及利益联盟自然认识到其中的商业机会，从而积极响应戴尔共同完成对市场的快速反应模型。供应商与戴尔一起缩短产品生产周期，顾客需求和各种信息可以迅速传递到戴尔供应商，这些运作能力构成了戴尔成功的快速反应模式。

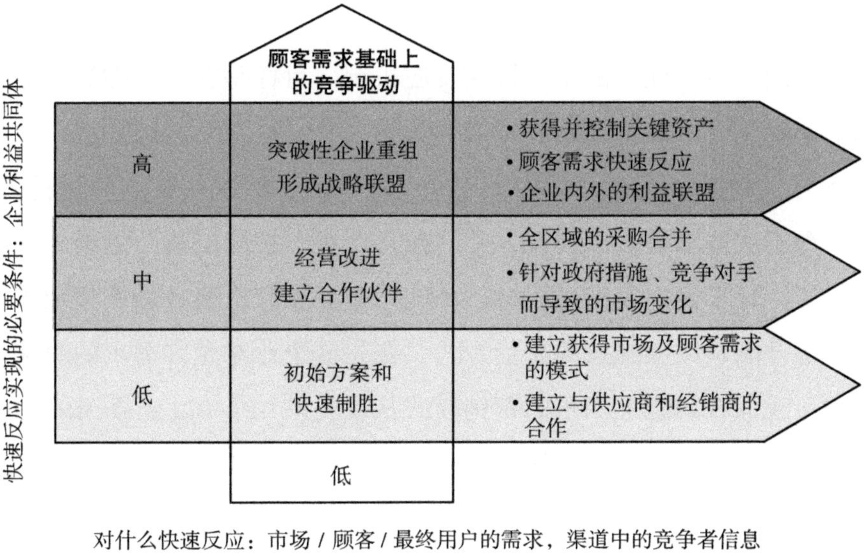

图 8-2　快速反应模式

市 场 机 会

在《华为基本法》第九十九条中我们读到：“公司应建立预警系统和快速反应机制，以敏感地预测和感知由竞争对手、客户、供应商及政策法规等造成的外部环境的细微但重大的变化。”我们从这条简明的法则中看到企业应当对来自市场的信息（竞争对手、客户）以及来自其利益共同体

(供应商、政策法规)的各种变化信息做出快速反应。在企业酝酿快速反应的模式之前，企业必须首先充分了解市场及顾客的需求，并且必须建立一个可以了解到顾客需求的方式以确保顾客需求成为快速反应的起点。我们以IT行业为例，讨论先锋企业如何了解顾客所需价值。我们知道随着产品同质化趋势越来越明显，服务的概念已经远远超越了机器维修和软件维护的范畴，它贯穿于销售和使用的全过程。于是商品差异化体现的另一关键因素就是将服务纳入其品牌价值体系。以IT业为例，目前服务成为IT厂商们提供给客户最直接、最具实用价值的产品，并有独立于技术和设备之外的趋势。

类似地，宝钢建立的市场快速反应机制，目标是在不断缩短产品生产周期的前提下，快速满足客户的各种需求。[㊀]宝钢持续走访一汽、上海大众、格力、海尔、科隆、格兰仕等重点用户，了解这些企业原材料采购、库存、深层次需求等方面情况，就“按月订货、按周交货”的模式向用户做出承诺，基于客户需求对线材、冷轧汽车板和家电板、热轧集装箱板和管线钢等产品领域实施按周交货方式。在先锋企业对顾客需求的快速反应案例中，我们看到企业侧重的营销模式从原先的4Ps-4Cs到今天的4Rs的发展过程，营销模式越来越强调快速反应顾客需求机制。[㊁]

经典4Ps

4Ps(产品、价格、渠道、促销)营销策略自20世纪50年代末由杰罗姆·麦卡锡(Jerome McCarthy)提出以来，对市场营销理论和实践产生了深刻的影响，被营销经理们奉为营销理论中的经典。而且，如何在4Ps理论指导下实现营销组合，实际上也是公司市场营销的基本运营方法。

㊀ 《全景网络证券时报》，2001年10月19日，《宝钢股份积极推行按周交货制》，作者：华强。

㊁ 中国管理咨询在线 www.chinamcn.com，《4PS-4CS-4RS》，作者：不详。

4P 指代的是 product（产品）、price（价格）、place（地点，即分销，或曰渠道）和 promotion（促销）四个英文单词。这一理论认为，如果一个营销组合中包括合适的产品、合适的价格、合适的分销策略和合适的促销策略，那么这将是一个成功的营销组合，企业的营销目标也可以借以实现。

但是简洁也常常意味着有所遗漏。这就像一件考究的中式长袍，谁都能穿，但不是谁穿着都合身。如同一位欧洲学者 / 咨询顾问所言，营销组合的 4Ps 模型被广泛接受的原因恐怕并非由于其普适性，而在于它是一个优美的理论。

4Cs：4Ps 的挑战者

随着市场竞争日趋激烈，媒介传播速度越来越快，4Ps 理论逐渐受到挑战。到 20 世纪 80 年代，美国劳特朋针对 4P 存在的问题提出了 4Cs 营销理论：4C 分别指代 customer（顾客）、cost（成本）、convenience（便利）和 communication（沟通）。

customer（顾客）主要指顾客的需求：企业必须首先了解和研究顾客，根据顾客的需求提供产品。同时，企业提供的不仅仅是产品和服务，更重要的是由此产生的客户价值。

cost（成本）不单是企业的生产成本：它还包括顾客的购买成本，同时也意味着产品定价的理想情况，应该是既低于顾客的心理价格，亦能够让企业有所盈利。此外，这中间的顾客购买成本不仅包括其货币支出，还包括其为此耗费的时间、体力和精力消耗以及购买风险。

convenience（便利），即所谓为顾客提供最大的购物和使用便利：4Cs 理论强调企业在制定分销策略时，要更多地考虑顾客的方便，而不是企业自己方便。要通过好的售前、售中和售后服务让顾客在购物的同时，也享受到便利。便利是客户价值不可或缺的一部分。

communication（沟通）则被用以取代 4P 中对应的 promotion（促销）：4C 认为，企业应通过同顾客积极有效地双向沟通，建立基于共同利益的新型企业 / 顾客关系。这不再是企业单向的促销和劝导顾客，而是在双方的沟通中找到能同时实现各自目标的通途。

4Rs：营销理论的最新进展

4Cs 理论也留有遗憾。4Cs 以顾客需求为导向，但顾客需求有个合理性问题。顾客总是希望质量好、价格低，特别是在价格上的要求是无界限的。只看到满足顾客需求的一面，企业必然付出更大的成本，久而久之，会影响企业的发展。所以从长远看，企业经营要遵循双赢的原则，这是 4Cs 需要进一步解决的问题。4Cs 仍然没有体现既赢得客户，又长期地拥有客户的关系营销思想。没有解决满足顾客需求的操作性问题，如提供集成解决方案、快速反应等。

针对这些问题，美国唐・舒尔茨（Don E. Schuhz）提出了 4Rs（关联、反应、关系、回报）营销新理论，阐述了一个全新的营销四要素：侧重从更高层次以更有效的方式在企业与顾客之间建立起有别于传统的新型的主动性关系，如互动关系、双赢关系、关联关系。与顾客建立关联（relevancy），提高市场反应（response）速度，关系（relationship）营销越来越重要，回报（reward）是营销的源泉。

我们看到 4Rs 营销理论的最大特点是以竞争为导向，在新的层次上概括了营销的新框架。4Rs 根据市场不断成熟和竞争日趋激烈的形势，着眼于企业与顾客的互动与双赢。它体现并落实了关系营销的思想。通过关联、关系和反应，提出了如何建立关系、长期拥有客户、保证长期利益的具体操作方式，这是一个很大的进步。更重要的是提出了反应机制，反应机制为互动与双赢、建立关联提供了基础和保证，同时也延伸和升华了原有 4Cs 中的便利性。另外，“回报”兼容了成本和双赢两方面的内容。追求回报，企业必然实施低成本战略，充分考虑顾客愿意付出的成本，实现成本的最小化，并在此基础上获得更多的顾客份额，形成规模效益。这样，企业为顾客提供价值和追求回报相辅相成、相互促进，客观上达到的是一种双赢的效果。

以华为为例，华为的创新服务模式谋求与各方共赢的发展，我们可以从中看到在华为的飞速发展中，良好的渠道驱动环境帮助华为成功建立了获取市场及用户需求的模式。由于中国通信业经过了十几年的高速发展，网络覆盖率及终端用户数量均实现了大幅的增长，同时伴随着“5＋1”电信竞争格局的形成，通信市场竞争日益白热化。终端用户数的持续增长及新业务的迅速拓展对运营商提出了更高的要求，网络的演进与市场的开拓密不可分，因此电信运营商迫切需要全面良好的服务来缩短网络建设到提供业务的周期，为最终用户提供更加缜密优质的服务。华为顺应行业发展趋势，在过去两三年适时地进行了调整，推出了一系列贴近客户需求的服务。

从提供基础售后服务实现向整体解决方案提供商转变。客户最终需要的是服务，而产品只是服务的载体。但是目前华为在客户眼中主要还是一个设备供应商，通过给客户讲卖点来卖自己的产品。随着最终客户业务需求的不断变化和技术的不断进步，任何一家供应商都难以提供客户需要的所有产品，并将其做到最好的程度。通过服务变革，加大高端服务的投入，逐步形成华为对整体服务解决方案的提供能力。华为可以集成本身的产品，也可以集成友商的产品，再加上定制化的软件开发，向客户提供整体解决方案，这是华为从设备供应商转向整体解决方案供应商的重要道路之一。

华为将售后服务的优势转化为整体服务提供商。由于产品越来越同质化，服务就成为赢得客户支持的关键。我们拥有基于产品售后服务的口碑，但脱离了产品的服务品牌相对还比较弱，服务口碑与服务产品品牌之间存在裂隙。相对于小的设备集成服务公司而言，华为对通信核心网络和设备有着深刻的理解，并具有强大的技术研发力量，在发展过程中已经积累了丰富的经过实践证明的管理知识，因此华为也有能力在服务上竞争。相对跨国企业，华为具有良好的服务口碑和服务体系，能够更加贴近客户需求并赢得客户的信任。华为目前的关键是对设备、网络的深刻理解，把在品牌和研发上的优势延伸到增值服务中，转化为服务产品的优势。

基于这个目标，华为正在进行服务变革和结构性调整，不仅在原有设备售后服务方面继续保持优势，提供高质量的服务，而且推出可供客户选择的专业服务、集成服务、外包服务等高端服务，满足不同客户的个性化服务需求，以期支撑客户业务的快速发展。通过组织结构调整，分别建设售后服务队伍和专业服务交付队伍，保障基础服务与专业服务的交付质量。尽管客户需求在不断变化，但华为及时提出了“专业、快捷、热忱”的服务理念，以客户需求为导向，谋求与客户的双赢发展。㊀

快速反应的必要条件

首先让我们来了解价值驱动因素影响下的典型商品市场的动态，这些动态并没有细致到顾客的个性化需求，我们将重点先放在普遍的商品市场的动态规律。我们以图 8-3 来说明商品价格在市场上的一般变化特征，我们由低处出发，按顺时针方向循环阅读此图。

当价格处于周期中的低点时，市场上首先表现出躁动。这通常是生产商企图借此刺激价格上涨，尽管上涨几乎没有事实依据，但它会暗示供给不足。诸如供应能力受到潜在限制或自然灾害是如何严重之类的谣言会刺激商品驱动因素。市场会出现许多谣言，比如，某种材料在自然界的稀缺、

㊀ 华为技术支持 http://support.huawei.com，《创新服务模式 谋求双赢发展》，作者：宋一新。

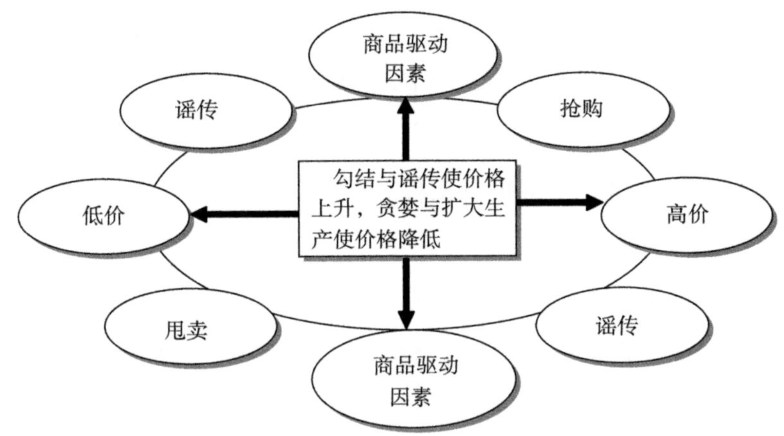

图 8-3　太多的企业如同骑在木马上旋转的小孩子一样运行于商品市场中，它们需要积极与主动

资料来源：乔恩·休斯，马克·拉尔夫，比尔·米切尔斯．供应链再造 [M]. 孟韬，张丽萍，译．大连：东北财经大学出版社，2003.

某工厂发生了爆炸或为进行必要的维修需要关闭。生产商在合作中可能会互相联合（生产商之间的相互联合，而不是参与它经营的供应商或分销商），供应商也会开始缩减规模或投资于储备。这些驱动因素表现为由于供应不足而争相抢购，其中包括购买商预先订购来增加库存，这种反应皆由躁动及谣言引起。谣言使人们感到供需平衡会被打破，会引起价格上涨的预期效果。当然，买方力图避免通过事先订购来增加需求的做法，而供应商希望利用定价与商品不足来促进销售，增加利润。

反之当价格处于高点时，也是同样的。市场上会出现另外一种躁动。供应商试图延长供给不足的谣传时间，来人为地维持高价。企业内部人士与交易商企图操纵并控制供应，其结果是刺激了商品驱动的因素。不同的影响因素在此起作用。这可能会吸引更多的厂商进入该市场以期在高价位上获得利润。诸如此类因素会导致供应商生产过度，供应很快就超过需求，谣言又开始了。

事实上，我们对商品市场进行研究会发现这些市场同以往的模式一样，一些“偶然事件”会引起相当大的震动。商品供应并不必须以成本为基础。供应商可以准备忍受好几年的收支相等以期待在繁荣的年份获利。这又形成了“买方是市场的受害者”这一范式，并为大多数组织所接受。供应商也未意识到他对定价负有责任，并声称他们被市场所控制。如何才能打破传统的周期呢？

打破传统周期的影响，最关键的因素就是买方与供应商（卖方）形成利益共同体合作方式：这时候，利益共同体联盟的共同目标就是对市场供求力量共同理解，以及给予准确猜测，而不再是原先供需关系中的基于成本或价值的单纯目标。鉴于买方需要的是实施更直接的干预，以致能够处于一个优先且持续的地位；利益共同体使得企业可以尝试使用一种更积极的手段（如果善于应变的话）来抵制市场的恐惧、贪婪与欲望，即有条件的供应。

稳定的利益共同体契约可以令买卖双方面对变化的价格市场，无论价格低迷还是高涨，它都确保双方不受市场价格的变化而共同直面竞争对手和市场变化。1997 年东南亚金融市场的混乱为大范围内的工业品提供了许多诸如此类的机会。实行利益共同体战略计划的一种措施是独家原材料采购，即无论市场价格如何，买方总是特意向某一供应商采购原材料。短期内，买方可能不得不多支付一些，使其价格超过最低可行价格。紧接着就是预示其正在采用一种不同的定价方法，这可能会使市场做出反应，普遍价格水平将会下降，然后买方与供应商就未来定价原则达成一致。

如何形成基于顾客价值的快速反应

我们通过分析联想如何形成快速反应机制，来了解企业应当如何形成基于顾客价值和市场需求的快速反应模式。产品的生命周期越来越短，产品的个性化需求越来越多；为了降低获取产品信息的复杂度，提高产品数据的准确性，同时还需考虑促进产品的结构化，缩短新产品从创意到上市的时间周期以及丰富知识管理和决策支持。联想通过实施电子商务、供应链流程重组等项目，更快速准确地反应未来客户对产品的需求，同时提供更优质的相应服务。

电子商务的实施：有效的信息获取方式

联想的第三代电子商务包含了以 ERP 为基础的销售管理和以 SCM 为基础的供应链管理系统，以及由联想自主开发的 PRC 系统（下游渠道关系协同系统）。⊖通过对联想分销模式的梳理变革以及应用中间件技术建立了联想与渠道之间营销和库存数据交互信息系统，共计在 147 家渠道推广应用，其销量之和已占联想渠道总销量的 80%，同时还建立了直接面向指名大客户的 CTO 模式，从而构架起联想独立创新精准分销的双链模式。

SCM 计划系统的实质是建立了一个科学的模型，不但能够预测中长期（4～12 个月）的市场需求，也能预测短期（1～4 个月）的市场需求。这个模型能够综合考虑历史销售曲线、年初目标、自己的和代理商的库存变化等因素，同时能够根据调价、促销、产品切换等突变因素进行调整，利用修正以后的预测，可以产生采购计划。除了利用销售预测外，还会考虑库存信息、采购周期、采购规模效应、生产周期、生产产能等方面的因素，采购计划包括立即生效的采购订单和中长期的采购预测，供供应商参考。这些订单和预测通过供应商协同网站传输到供应商端，他们可以实时反馈这些订单所处的状态。

另一端客户的订单（可以是个性化配置订单）通过联想的电子商务系统进入订单确认系统，一方面作为生产计划模块的输入之一，产生生产计

⊖ 《电子商务世界》，2003 年 3 月 9 日，《电子商务环境下的现代物流三段论》，作者：不详。

划；另一方面通过订单确认系统自动运算获得订单能否满足和满足时间的信息，再通过电子商务系统把这些信息传达给用户。同时代理商的库存信息、市场部门的销售统计和计划也会通过电子商务系统传输到销售预测模块中作为输入参考。再加上车间管理系统和配送管理系统，这就构成了联想完整的供应链信息管理系统。

在建立这样的系统以前，首先不存在能够快速获得像代理商销售、库存这样市场最直接信息的方式，也没有前期销售统计分析的数据，要获得这些信息往往要滞后很多天。其次就算了解了市场信息，改变采购计划、生产计划，修改订单、通知供应商又要很多天，因此决策往往是滞后的。而在建立了这样的系统后，不但市场信息可以直接传到供应系统，更方便的是只要重新运行采购计划和生产计划模块就可以快速改变采购计划、生产计划，并无时差地传递到供应商和生产车间，这就是信息的通透性带来的优势。

精益制造满足个性化需求

为满足客户日益增强的个性化需求，CELL 生产方式的应用越来越广泛。CELL 的含义就是单人操作，一个人完成整台机器的组装、调试工作。采用配餐式的备料生产，且每人一台工作用机，信息化程度非常高。2000 年年底，联想北京厂新厂 3 条各具备 18 个标准工位的 CELL 生产线正式建成投产，目前北京厂可以承接占订单总数 50% 的小批次订单，产量超过总产量的 30%，极大程度地满足了多品种、小订单的需求。

CELL 生产方式的信息化程度非常高，每个工位可以实现网上接单、网上调用作业指导书、配置正确性的自动核对以及网络下载软件系统的操作。如采用传统的流水线生产，在整机装配环节需要很多工人来完成，而 CELL 生产方式可以做到从备料检查、整机装配到常温调试，每个人完成一台。工人可以直接从服务器上下载软件系统，速度非常快，能够达到

100M/ 分钟。大大提高了装配的效率，并降低了制造成本。

同时，联想立体仓库的信息化程度也非常高，它通过 ERP 的数据交互，实现在线自动核算，应收、应付账款等财务信息的自动生成，货位准确率达到 100%，并且进行动态实时盘点。例如，现有 400 个软驱，通过采购商务部采购到货，经过扫描之后入库。SCMS 系统会自动分配一个地址，堆垛机开始运作，同时通过与 ERP 的交互，财务可以看到这批材料的状态由材料采购在途变成材料在库，并根据相应的采购计划生成材料应付账款。如果根据生产计划安排，这批物料需要调到生产线上使用；在物料出库扫描的同时，通过 ERP 系统，财务可以看到物料的状态由材料在库变成在线产品的一部分，并根据批次成本进行在线产品的自动核算。成品下线时经过扫描，发送给渠道，财务产生应收款。这就是 ERP 和立体仓库之间无缝集成、实时交互数据的全过程。

联想的供应链整合

联想的 PC 销售采用分销方式，遍布全国的 4000 多家代理商联结成大联想销售同盟，庞大的营销网络是联想保持高市场份额、取得竞争优势的重要因素。但分销模式带来的另一个问题就是如何保证对客户的需求做出快速反应并及时满足。

流程革新后，联想设计的供应链模式是按市场供应、按订单生产，变企业推为用户拉。用户、代理商不用考虑库存有没有，只管把他们需要的产品（可以是产品目录中有的，也可以是配置自选、完全个性化的）订单交给系统，然后联想的供应系统（采购、生产、配送）通过对各类历史数据的分类测算，确保在最短的时间里完成这个订单，把货交到用户手里。正如我们讨论的快速反应的两大因素，即如何能快速满足客户的订单，又是以最低的成本而不需要备大量的积压库存。这就要求企业建立科学的资源计划模型，通过计划系统自动驱动采购、生产、销售各环节，能够做到对市场和顾客需求的准确预测和及时反应，并联合各类供应商、经销商根据市场的变化及时做出调整。

代理渠道的满意对联想而言也是至关重要的，经过几年的努力，联想现在已形成了以客户订单为驱动、以 ERP 为基础、完全基于网络的订单管理体系。目前，联想网上处理的订单已经达到全部订单的 99%。代理商通过互联网，可以查阅到产品的全部信息，填写订单时，只需按照提示，点击所选机型，填上订购数量，相应的付款数额即自动生成。订单中心也省略了手工录入和计算的麻烦，只需确认代理商身份真实性即可，从而大大缩短接收订单的时间。过去接收一张订单至少要 1 小时，现在只需几分钟，并且保证了订单数据的准确性。订单的平均日处理量由 1995 年的 378 件提高到 2001 年的 1497 件。

提高对市场的快速反应能力，更直接的结果就是提升客户的满意度。过去，代理商发出订单后，符合不符合要求、能否供货、何时何地供货，只能打电话询问。现在，订单确认系统每隔两小时更新一次供货信息，代理商可以通过互联网实时地全程跟踪自己订单的处理状态，包括身份的确认、供货地点和时间的确认、资金审核、交货单的确定、发货到货的具体时间等。

类似地，对于分支机构和生产车间遍布全球、每月接到 60 000 个销售订单的海尔来说，高效率的快速反应系统就意味着企业运作的生命线。2001 年，海尔实现全球营业额 602 亿元。由于海尔的产品每天要通过全球 5.8 万多个营销网点，销往全球 160 多个国家和地区，每月采购 26 万种物料，制造 1 万多种产品，面对如此巨大的交易量和物流配送，海尔决心实施流程再造⊖；由此开始了与 SAP 的合作。在对海尔运行数据的大量收集、调查和分析的基础上，SAP 与海尔找到了存在的最大瓶颈，即企业

⊖《电子商务世界》, 2003 年 3 月 9 日,《电子商务环境下的现代物流三段论》, 作者: 不详。

内部的物料管理和原材料采购等。

根据海尔的实际情况，SAP先与其合作伙伴EDS为海尔物流本部完成了家用空调事业部的MM（物料管理）模块和WM（仓库管理）模块的实施。SAP于2000年3月开始为海尔设计实施基于协同化电子解决方案mySAP.com的BBP（电子采购平台）项目。经过7个月的艰苦工作，mySAP.com系统下的MM、PP（生产计划与控制）、FI（财务管理）和BBP正式上线运营。而今，海尔的后台ERP系统已经覆盖了整个集团原材料的集中采购、原材料库存及立体仓库的管理、19个事业部PP模块中的生产计划、事业部生产线上工位的原材料配送、事业部成品下线的原材料消耗倒冲以及物流本部零部件采购公司的财务等业务，构建了海尔集团供应链的快速反应，带来了显著的经济效益：采购成本大幅降低，仓储面积减少一半，降低库存资金约7亿元，库存资金周转日期从30天降低到12天以内。

小　结

在本章中，我们讨论了面对众多可能的市场机会，如何以快速反应把握。快速反应被作为企业联合其利益共同体共同尊重市场/顾客及最终用户所需价值的产出结果；成功的快速反应令企业通过与利益共同体的合作，准确把握来自顾客所需的价值，以低成本、高速度满足市场需求和顾客所需服务水平。

我们认为首先企业应当对来自市场的信息（竞争对手、客户）以及来自其利益共同体（供应商、政策法规）的各种变化信息做出快速反应。企业可以通过4Rs的方法深入了解市场及顾客的需求并对此加以竞争者现状的分析，直接找到需要快速反应的内容。4Rs包括relevancy（关联）与顾客建立关联，response（反应）提高市场反应速度，relationship（关系）关系营销，以及 reward（回报）合理的利润回报。

为达到成功的快速反应，企业需要最关键的因素就是将各买方与供应商（卖方）形成利益共同体的合作方式。在这种情况下，利益共同体联盟的共同目标就是对市场供求力量共同理解以及给予准确猜测，并不是原先供需关系中的成本或价值。

基于以上两个条件，企业可以进一步通过：

- 电子商务的实施：有效的信息获取方式。
- 精益制造满足个性化需求。
- 供应链整合。

实现企业的快速反应机制，为了降低获取产品信息的复杂度，提高产品数据的准确性，促进产品的结构化，缩短新产品从创意到上市的时间周期，丰富知识管理和决策支持，以便对于未来客户需求做出更快速准确的反应和提供相应的服务。

我们的观点

1. 快速反应是一个发生在一系列产品参与对象中间的以市场 / 顾客价值为导向的过程，企业对市场需求的快速反应可以避免企业错过任何一个创造市场的机会。

2. 快速反应被作为企业联合其利益共同体，共同尊重市场 / 顾客及最终用户所需价值的产出结果。我们需要了解以市场 / 顾客为中心的价值驱动，以及利益共同体对最终用户产生的价值。

3. 成功的快速反应是指企业通过与利益共同体的合作，准确把握顾客所需价值，以低成本、高速度满足市场需求和顾客所需服务水平。

4. 戴尔以一整套有力的商务模式替代原有的分销模式，包括以下关键要素：

（1）实时地反馈客户和市场需求。

（2）销售现有存货产品的能力。

（3）有效控制产品在生命周期过渡阶段的库存。

（4）有能力减少陈旧剩余的材料库存。

（5）基于市场动态波动的实时价格控制。

5. 快速反应模式如图 8-2 所示。

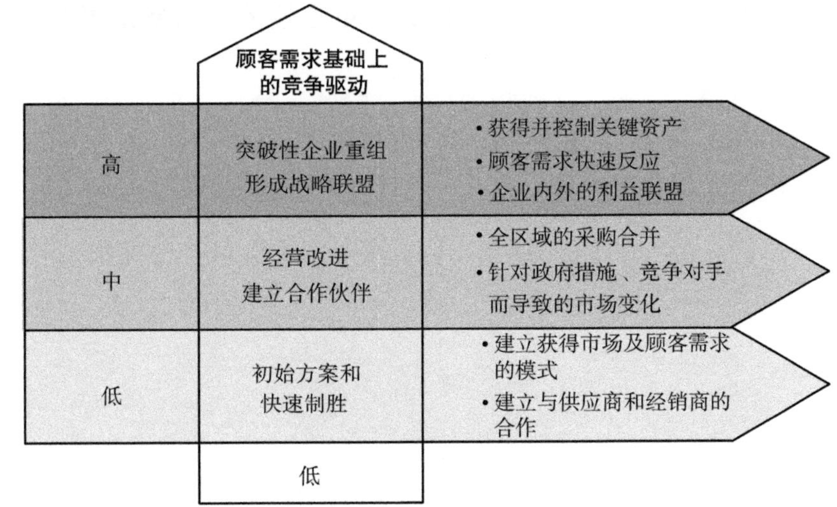

图 8-2　快速反应模式

6. 企业应当对来自市场的信息（竞争对手、客户）以及来自其利益共同体（供应商、政策法规）的各种变化信息做出快速反应。

7. 改变以产品为导向的模式，转为真正的以客户需求和客户服务为导向的模式。

8. 随着最终客户业务需求的不断变化和技术的不断进步，任何一家供应商都难以提供客户需要的所有产品，并将其做到最好的程度。

9. 快速反应的必要条件：利益共同体。最关键的因素就是买方与供应商（卖方）形成利益共同体合作方式。这时候，利益共同体联盟的共同目标就是对市场供求力量共同理解以及给予准确猜测，而不再是原先供需关系中的基于成本或价值的单纯目标。

10. 如何形成基于顾客价值的快速反应？

（1）电子商务的实施：有效的信息获取方式。

（2）精益制造满足个性化需求。

（3）供应链整合。

11. 提高对市场的快速反应能力，更直接的结果就是提升客户的满意度。

我为松下制定了250年的奋斗目标。要10代松下人不断奋斗，使这个世界成为物质的乐土。

——松下幸之助

09
第9章
激发前进力量的灯塔

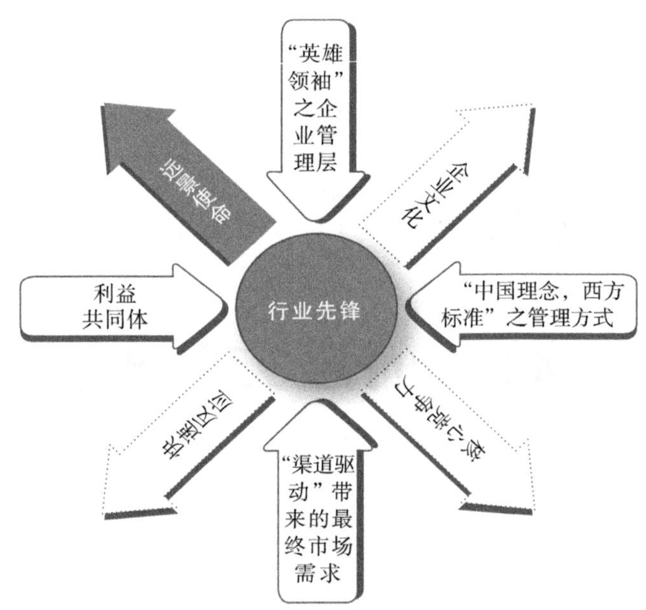

我们在《缔造永恒：具有远见卓识的公司的成功习惯》一书中考察了这类“具有远见卓识的公司”，发现那些能够持续成功的公司都在其远景使命中保证了稳定不变的“企业存在理由”，尽管它们的经营战略和实践活动总是不断地适应着变化的外部世界。我们把各种因素共同作用下制定的企业某个时期内的“远景使命”比喻为指引企业行动和力量的灯塔，它是企业发展过程中指引正确方向的重要因素。这种在不断发展的过程中能保持和保证企业最终远景实现的动力正是使一些公司成为精英企业的原

因，它们能够适时改造自己，让几代人明确方向保持可观的长期效益。

同样，我们也考察了相当多的中国企业，绝大多数中国企业都毫不犹豫地将自己企业的远景使命定义为“成为世界级的一流企业”，对比那些拥有经营历史的真正世界级企业的远景使命，中国企业的“远景”让我们觉得内容空洞而千篇一律。事实上，一个构思良好的远景使命包括两个主要部分：围绕企业经营宗旨的价值观和生动的未来前景。我们之所以说“围绕企业经营宗旨”，是因为企业经营宗旨界定了我们的主张是什么以及我们为什么存在，这是企业存在的不变的本质。价值观和生动的未来前景是对企业经营宗旨的动态补充。各任领导者对企业价值观产生影响，他们有权决定企业渴望实现、渴望创造的东西，而随着企业发展产生的各类利益共同体，他们帮助企业创造生动的未来前景，帮助企业发现那些必须通过明显改变和发展才能达到的东西。

真正优秀的公司知道哪些东西永远不应该改变，哪些东西应该自由地改变；知道哪些东西可以慷慨地牺牲，哪些东西需要永远珍爱。这种能够在“保持”和“改变”之间进行协调的不可多得的能力，与企业构建远景使命的能力密切相关。远景使命在应该保留什么样的经营内容、应该如何发展未来前景方面，给人们提供了指南。但是远景使命又是一个人们用得最多而理解最少的概念，不同的人对它也有不同的理解：根深蒂固的价值观、出类拔萃的成就、令人振奋的目标、社会契约、激励力量、存在的理由，等等。我们以图 9-1 来说明影响企业远景使命形成和发展的因素。

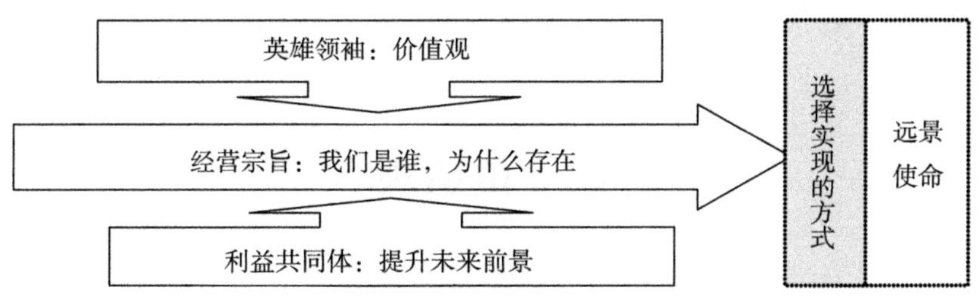

图 9-1　绘制企业的远景使命

戴维·帕卡德（David Packard）1960年在给惠普的员工所做的演讲中指出：企业生存理由触及的是一种除了赚钱之外的公司存在的更深层次理由。帕卡德说："我想讨论一下公司为什么存在的根本缘由。换句话说，我们在这里是为了什么？我想很多人都以为，公司的存在仅仅是为了赚钱，这是错误的。尽管这确实是公司存在的一个重要结果，但我们要深入下去，去发现我们存在的真实理由……你可以环顾周围（整个经营世界），并发现人们好像都对赚钱感兴趣，而没有其他兴趣，但其深层的驱动力在很大程度上来自于要做一些事情的渴望：创造一种产品，提供一种服务。概括而言，是要做一些有价值的事情。"

我们认为经营宗旨是绘制企业远景使命的基础，它界定了一个组织经久不衰的特征。这种特征是组织的稳定标志，它超越了产品或市场的生命周期、技术突破、管理时尚和某个时期的企业领袖。事实上，在构建远见卓识的公司具有的关键因素中，经营宗旨是最持久、最显著的因素。公司的缔造者们，如惠普公司的戴维·帕卡德、索尼公司的井深大（Masaru Ibuka）、默克公司的乔治·默克（George Merck）、3M公司的威廉·麦克奈特（William Mcknight）、摩托罗拉的保罗·加尔文（Paul Galvin），松下的松下幸之助，他们都懂得，更重要的是知道你是谁，而不是你要去何方。因为随着我们周围世界的变化，你将要去的地方（远景使命）也会改变。领袖会去世，产品会过时，市场会变化，新技术会不断涌现，管理时尚也瞬息万变，但是，在优秀的公司中，经营宗旨却会作为企业的生存价值永恒不变，它代表着企业存在的理由。

确立价值观

哈佛商学院终身教授约翰·科特在被问及"你如何看待'9·11'事件对商业领袖的影响，它将怎样影响未来商业领袖的决策"时，他曾这样回答："当危机降临时，很容易鉴别出一家机构是否由真正的领导人在运转。[⊖]真正的领导人在危机时刻挺身而出，他们理解普通人的感受，并试图引导他们走出低沉情绪，他们还会非常诚实地告诉人们世界正在发生的变化，以及该如何驾驭这些变化。

在第 2 章中我们曾用"行业英雄，企业领袖"来形容先锋企业的"英雄领袖"，他们不但要应对一个需要他们运转的具体系统，时刻将关注点放在企业合理运转的系统上，更重要的一点是，他们需要关注整个经济环境、政治动荡、人们的内心需求。很多企业家喜欢说"生意就是生意"，他们压低工资、开除员工、污染河流，他们赚了很多钱，然后他们用这些钱财进行慈善活动，他们由此觉得自己很高尚。而我们在更多的优秀和卓越企业的发展过程中看到的优秀领导者，他们思考更为宽泛的问题，即在企业利润之上的社会责任。他们关注世界：一方面，承担为股东提供更多分红的责任；另一方面，承担为员工创造最佳工作环境的责任，承担制造更好的产品与服务的责任，承担降低价格满足需求的责任，承担企业积极影响经济环境和自然环境的责任……优秀的企业领导者总是在考虑：既然我在做一项伟大的工作，我就应该考虑企业组织的发展，并且经营目前和未来的资源。

价值观是企业领导者对组织设定和确立的重要信条，它代表着企业发展和管理的指导原则，它也是创始人内心深处崇尚的理念与原则，是企业持续发展的源泉。比如，宝洁公司是美国蜡烛制造商威廉·波特（William Procter）与肥皂制造商詹姆斯·甘博（James Gamble）于 1837 年合资成立的，这是两个具有强烈宗教信仰和道德观念的人，他们创建宝洁的三大价值观至今仍然是"宝洁之道"的基本内容：雇用具有优秀品质的人，重视内部选拔；支持公司员工拥有明确的生活目标和个人专长；提供支持和奖

⊖ 《经济观察报》，2002 年 5 月 30 日，《约翰·科特：动荡时代的商业领袖》，作者：许知远。

励员工个人成长的工作环境。创立IBM的沃森是一个清教徒，他提倡的“大家庭文化”为每一个IBM员工制定了严格的行为规范和道德规范，他制定的“IBM之道”也清楚地表明IBM是如何构造员工、客户与产品这种金三角关系的：永远保持对员工的尊重、不断追求为客户提供高品质的客户服务，以及力争产品精益求精。㊀

企业领导者设定的组织价值观并不等待和博取外界的评判，他更看中这个价值观对企业价值链上参与企业经营的各成员的内在价值和重要性。强生公司的首席执行官拉尔夫·拉森（Ralph S. Larsen）这样说：“体现在我们经营宗旨中的价值观可能是竞争优势，但这并不是我们拥有它的原因。我们之所以拥有它，是因为它界定了我们的支持和主张，即便当它成为竞争劣势时，我们也会坚守它。”

我们认为一家优秀的企业历经兴衰仍然持续经营的根本原因在于在其创始人那里几乎就有了逻辑上的注定性，并不是所有遵从商业逻辑底线与崇尚人性价值的企业都能持续成功，但持续成功的必定是那些尊重商业规律、弘扬人性、创造力与个人价值的企业。

作为创业者，这些企业领导者必须明白价值观在很大程度上不依赖于当前的环境、竞争的要求或管理的时尚这些因素，因为直到现在还没有一种放之四海而皆准的价值观体系。关键不在于组织应当拥有什么样的价值观，而在于组织是否拥有价值观。

即使是那些有来自不同文化背景的人员构成的全球性组织，也可以确定一系列共同的价值观。负责阐述价值观的人需要回答下面几个问题：

- 你自己把什么样的价值观带到工作当中（这些价值观应当是基本的，无论是否受到奖励，你都会坚守它们）？
- 如果明天早上一觉醒来你有了足够多的钱，可以后半生不必工作，

㊀ 《财富》中文版 http://fortunechina.youdomain.com，《大道真的无术吗》，作者：姜汝祥。

你会继续坚持这些价值观吗？

- 你能想象到100年后这些价值观还会像今天这样有意义吗？
- 如果这些价值观中的一部分内容成为你的竞争劣势，你是否依然打算坚持它们？
- 如果明天你将在另一个行业中开创一家新企业，你会在新企业中构建什么样的价值观（无论这个企业处于什么行业）？

最后三个问题尤为重要，因为它们是区分价值观与应该随时改变的经营活动和经营战略的关键。

联想的价值观是“把个人的追求融入企业的长远发展之中”。[⊖]柳传志这样解释为什么要提出“把个人追求融入企业的长远发展之中”这个价值观：“当时我们出来办企业，就是想成就一番事业，把办企业作为一个理想来实现。随着企业的不断发展，我们也在思考，企业与个人有什么关系？如何协调处理公司与员工的关系？等等。这就是大家非常关心的公司治理的问题，也就是要回答一个基本命题：公司是谁的公司？我们的答案是公司不但是股东的公司，而且是员工的公司。员工应该把自己的追求融入公司的长远发展，通过公司的迅速发展体现员工的个人价值。”由此，柳传志所确立的联想的价值观是要解决企业为谁而存在的问题，或者说是公司存在的价值，把公司看作股东和员工的公司，将公司利益和员工的个人利益联系在一起，将公司的前途和员工的个人发展紧绑在一起，是联想集团能够凝聚员工的根本理由。

提升未来前景

我们在第5章中提出中国先锋企业利益共同体的形成对企业的战略发

⊖ 新浪网 www.book.sina.com.cn，2003年9月8日，《谁的公司》，作者：不详。

展起到尤其重要的作用，这其中包括两种利益的共享关系：一是价值链之外的利益关系，包括与政府利益共享以及来自社会的支持等，也包括与竞争对手结盟或是其他利益的共享；二是以企业自身价值链为研究基础的价值链上的利益共享，这包括企业和内部员工、股东，与价值链上游的供应商、下游的客户等。我们认为企业自身必须先具备“站得高”的能力，而企业的内外利益共同体驱动企业“站得更高，望得更远”。可以想象，如果以每小时 30 英里[㊀]的速度开车，我们可以设计一个持续 20 年的远景使命，因为我们需要 20 年才能到达下一座城市，只需要在极个别的地方调整方向。但如果我们现在以每小时 100 英里的速度行进，只用 10 年或 5 年就到达了，所以我们考虑到的只是 5 年或 10 年的规划，必须更快地调整自己，避免在高速公路上发生事故。既然我们身处不断加速的世界经济环境，我们必须清楚原先的长期规划时间段已经被缩短了，企业领导者要考虑得更多、更细，时刻带动相关人员向目标靠近，必须协同外部力量为公司调整和制定下一个远景，激发内部员工向同一方向努力。

价值链成员：远景使命的对象和执行者

2000 年 11 月，在 4 年内一手将创维电视的销售业绩从 7 亿元做到 43 亿元的创维前中国区域销售部总经理陆强华发表了《致创维销售体系全体员工的公开信》。[㊁]陆强华在信中彻底公开了他与创维集团 4 年来的恩恩怨怨，并携 150 多名精兵强将投奔竞争对手“高路华”。一个原本简单的高层员工流动却演变成一次对原企业的致命打击。我们不得不关注这样一个问题：为什么企业发展了，经理人却选择离开？企业发展得越是顺畅，内部越容易忽略利益分享，不健全的制度成为挫伤员工积极性的重要因素，也削弱了员工对企业的感情。

㊀ 1 英里≈1.61 千米。

㊁ 《政策与管理》，2001 年 05 期，《民营企业如何赢得忠诚的经理人》，作者：张玉波。

我们认为企业的远景使命应当以企业价值链上的利益共同体为基础和对象，这指的是参与企业运营的员工、管理者、供应商和顾客群，即各个要素环环相扣，相互依存，相互补充，相互促进。企业领导者根据自己的理想主张确立了企业初步的远景使命，他必须以价值链上利益共同体认可的方式阐述，包括经济价值的整合和精神价值的塑造。这意味着企业通过重组和提升各单元的价值，将企业领导者的价值观转变为价值链各成员的共同取向与意志，对内取得向心力和凝聚力，对外构成形象力和影响力。

1. 与员工设立共同远景

企业要构建什么样的远景，才能令员工早上一觉醒来发现自己在银行里有了足够多的钱，完全可以不再上班，却依然会留在这里工作？哪些更深层次的目的会激励员工继续把自己的创造力奉献给公司？德鲁克曾指出，最好的和最具奉献精神的员工是彻底的志愿者，因为他们有机会做一些谋生之外的事情。面对社会的流动日益加剧，对公司生活的悲观和怀疑，经济上日益扩大的创业成分，企业比过去更需要明确地了解自己的目的，以使工作更有意义，从而吸引、激励和留住出色的员工。[⊖]

“个人生涯计划与海尔事业规划的统一”是海尔在塑造共同远景时提出的观点。[⊜]张瑞敏认为，海尔要实现企业的总体目标，首先要实现个人生涯计划与海尔事业规划的统一。要调动全体员工的积极性，不断提高产品的质量，首先要解决共同价值与个体价值的关系问题。企业的基础是个人，没有个人能力的发挥，不了解个人能力是怎样发挥作用的，企业就不能成为一个有机体，也就不可能形成企业活力。事实上，企业的所有问题都在于人，而每个人都有自己的意愿。设立企业的共同远景就要关注个

⊖ 《中国经营报》，2003年6月30日，《创建公司的愿景规划》，作者：不详。

⊜ 云南大学2003级MBA春季班www.ynmba2003.com，《经营理念先行（海尔集团）》，作者：不详。

人、个人的意愿、心智和思考方式。如果员工本身没有被充分激励，没有向实现个人价值的目标挑战，就自然不会有企业的成长。所谓共同远景，就是要充分兼顾员工个人的利益、个人的人生目标、个人的爱好和志向，充分调动每个员工的积极性，激励他们为企业的共同事业规划贡献力量。海尔在进行团队文化教育时，还特别强调共同价值是个体价值得以实现的根本保证，因为一个基于个人利益增进而缺乏合作价值观的企业不但在经济上缺乏效率，由此导致的狭隘个人利益的增长也不会给企业和社会带来好处。

2. 与供应商、分销商长期的共同约定

将价值链中的供应商、分销网络的合作与发展与企业的远景使命结合在一起；先锋企业选择供应商与代理商，原则是希望建立长期利益共享的约定。事实上，无论是与供应商还是与分销商的合作都是双方相互选择的过程。他们虽然不是企业的内部成员，但合作本身的价值体现在双方共同的商业合作前景与双方各自秉承的约定上。

华为将企业面向分销渠道的渠道原则定义为“公平、互动、双赢”。[⊖]关于公平，华为阐释说：“公平是要使得合作各方的利益能够有一个契合点，这个契合点不是以牺牲某一方的利益，也不是以打击某一方的行为作为代价。华为希望能够在一个比较公开、平和、稳健的环境中达到公平。”

关于互动，华为认为，厂商与合作伙伴之间的互动关系除了商业利益，还包括很多对市场策略的分析，对长远发展以及未来若干年后面对新的市场环境的演变而进行的交流。通常，华为会把未来3～5年之后的产品研发方向、整体市场目标“交代”给合作伙伴；同时，华为也希望合作

⊖ 《网络世界》周报 www.cnw.com.cn，2002年4月15日，《“三足鼎立”共襄华为》，作者：张敏。

伙伴能够将自己的商业模型、运作体系，以及增值的希望和发展的方向跟华为坦诚交流——这是真正的互动的境界。双赢一般被理解为利益上的共享与分配，而华为认为更高的层次是合作各方应着眼于共同的市场前景和发展前景，在身处严峻的竞争环境中时，可以共同致力于推动品牌在各地区市场的不断进步，从而使合作各方都能获得更大的市场份额。

价值链之外成员：提升企业未来前景

孙子认为，战略的最高准则是以势取胜，而不是苛责部下以苦战取胜，这就把“势”提到了指挥艺术的最高峰。他并未给“势”下定义，而是巧借自然现象做比喻，说：“激水之疾，至于漂石者，势也。”意思是说：激流飞下，能够冲走石头，正是因为迅猛的水势所造成的，所以成语中有“势不可当”一说。我们认为价值链之外的成员对于企业正是“造势”者，他们帮助和驱动企业在自己的经营宗旨基础上，提升企业未来的前景。我们可以从实例中看到企业如何通过与地方政府、竞争对手、技术持有者合作开拓企业在未来市场的前景。

以联想为例，在迈向“高科技的联想”的进程中，联想主动与竞争对手和技术持有者开展各种技术上的合作。2003年7月，联想、康佳、TCL、海信、长城5家企业发起成立“信息设备资源共享协同服务标准化工作组”。[⊖]这个工作组是在信息技术领域内从事行业标准制定的技术工作组组织，旨在通过开发IGRS协议（信息设备资源共享协同服务协议），在有限范围内实现家用电器、IT和通信设备之间自动发现、动态组网、资源共享和协同服务。“闪联”工作组定义为开放式的组织，任何从事IT、家电或通信产业的相关企业，只要能够对标准的制定有所贡献，就可以加入工作组，和其他成员共享标准成果。在“闪联”成员中，TCL、长

⊖ 《电子资讯时报》，2004年1月13日，《联想力推闪联标准，已获固话运营商支持》，作者：不详。

城在手机上是联想的竞争对手，而康佳、海信、TCL又都是彩电及手机上的竞争对手。由于中国企业必须要有自己的专利和标准，这些原本在产品上有竞争的企业意识到设备之间互联互通的趋势，最终选择合作突破知识产权，提高中国企业在产业中的地位。

类似地，华为的远景是成为电子信息领域世界一流的设备供应商。在华为竞标发展中国家、拓展海外市场的项目时，中国政府和银行的援助已是屡见不鲜。华为从1996年开始有步骤地拓展国际市场，一直是屡战屡败、屡败屡战。2001年，俄罗斯最大的电信运营商Rostelecom为圣彼得堡到莫斯科、莫斯科到南部地区的两条光纤网络在国际上开始第一阶段的招标。在第一轮投标过程中，日本电气公司（NEC）胜出。但中国政府在第二轮投标中发挥了关键作用，不但亲自参与了谈判过程，而且还向Rostelecom提供了优惠贷款，使得胜利的天平逐渐向华为倾斜。2001年，时任中国总理的朱镕基出访俄罗斯，中俄双方签署了关于两条光纤网络的合同，这场国际竞标也以华为笑到了最后而告终。华为随后在承建连接至西伯利亚的光纤网络的角逐中再次胜出。与上次不同的是，这次华为并没有依靠政府的帮助，而是完全依靠商业银行提供的贷款获得了这个项目。此后，华为还陆续获得了俄罗斯其他固定及移动线路合同，俄罗斯也因而成为华为最大的海外市场。

选择实现远景的方式

今天的中国更类似于19世纪末与20世纪初的美国，在那个年代，“钢铁大王”安德鲁·卡内基与“汽车之父”亨利·福特这样的企业巨子建立了现代商业帝国，在他们身上，有着令人惊异的雄心与远见。如今在中国的行业先锋企业中，我们同样看到一批富有雄心的企业领袖，尽管这些企业尚未在发展过程中形成可以沉淀的经营之道。当我们打开这些先锋企业的网站，我们尚且无法像世界级的优秀企业那样浏览到经营法则和远景使命，而让我们备受感动的是，我们发现它们各自抱有类似的针对企业未来 10 年发展的目标：世界一流企业和国际化一流企业。它们可能是在国内残酷价格战中幸存下来希望寻找新的利润增长点的，比如 TCL，或者它们拥有一个宏大的愿景目标和全球一体化的市场，比如宝钢，抑或它们希望在国际市场上获得核心技术能力的提高，比如华为，还有的努力争取稀缺战略性资源的积累，比如中海石油等。

回顾它们在海外的拓展经历，这批冒险家的挑战不言而喻：复杂的经营领域、动态的竞争环境、东道国和母国的要求以及各经营领域的内在相互依赖关系都给年轻的中国企业提出了全新的课题。这些企业领袖应对的勇气、智谋、胆略和能力将最终决定中国能否产生本土企业的跨国公司。

我们试图在图 9-2 中表达这些行业先锋企业领袖在领导企业实现“国际化”梦想过程中的经历：他们不断发现企业在发展和参与竞争过程中对关键因素（人力、技术、品牌等）的需求，而这必须与企业现状影响下现实的必需的生产力相平衡。他们不断发现企业在市场前景中的各种发展机会，还必须考虑企业现状影响下的合适的市场定位。我们想说明企业领袖在此的关键能力是他们首先尊重自己的梦想，并且坚持通过平衡企业各种资源促成企业在取得平衡的前提下朝着远景使命取得发展。

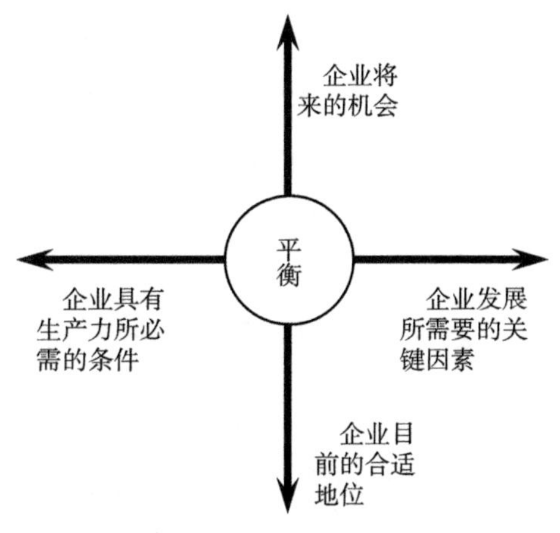

图 9-2　平衡理想与现实

1. 远见与现实

1995 年 10 月，华为首次参加日内瓦世界电信展览，这是任正非实现华为国际化的第一步。对于当时毫无名气的华为来说，这样一个动辄成本几百万美元的展会完全只是为了做广告打出知名度，没有任何销售意义。这样的结果并不能影响任正非的决定，他认为这说明“海外市场拒绝机会主义”。从那以后，华为坚持每年都参加数十个世界各地的电信展览会，成本可想而知。两年后，华为独联体地区部总裁李杰被派到俄罗斯开拓市场。俄罗斯当时的金融危机使当地整个电信业都停滞下来。1998 年和 1999 年，李杰都一无所获，任正非不允许“如果俄罗斯市场复苏，华为却被挡在了门外”，他认为华为在日内瓦必须传递给俄罗斯人这样的信息：我们不仅还在，而且还要继续加大在俄罗斯的投入。最终，华为拿到了建设从莫斯科到新西伯利亚 320G 光缆的项目，其重要性相当于“京广线”，全长有 4000 公里。从我们的分析看来，华为开拓海外市场的首要前提是：任正非必须确保一个足够大的国内市场提供海外拓展的支撑和资源储备，也就是说，必须通过国内市场赢取的利润平衡它在海外市场拓展的风险，这种平衡确保了任正非在国内市场持续发展的前提下，较早经营了华为在海外市场的资源。[1]

2. 选择容易达到成功的方式

在执着追求梦想的同时，中国先锋企业的领导者对自己的企业在国际化进程中的障碍有着非常充分的认识。由于企业发展的历史不过十几年，向海外发展也是近几年的事，与 GE、惠而浦、西门子等百年老店相比，他们显然很难向海外的消费者说服自己的品牌价值。即使与日韩企业相比较，也存在非常大的竞争环境的改变。20 世纪六七十年代全球经济相对而言是区域性经济，跨国企业的国际化发展之势没有今天这么强大，日韩企业把握了那个时期的机遇，以低廉的成本进入发达国家市场。比如日本的汽车企业，当初它进入美国的时候是以非常低的价格但相对来说质量并

[1] 《环球企业家》，2003 年 8 月号，《跨国公司中国造》，作者：王亦丁。

不好的方式来竞争的，后来它逐渐提高价格，进行品牌升级，经历了一个非常漫长的过程，才获得了目前在品牌、渠道或者成本上的某种优势。而现在等待中国企业的已是完全不一样的市场。在跨国企业把生产向低成本地区转移的环境中，中国企业如果通过纯粹的低价格竞争，相对于日韩企业胜算不大。更重要的是，也没有更充分的利润空间支持中国企业经营品牌。

在很多谈论海尔国际化的材料中，我们发现绝大多数的观点都津津乐道于海尔“先难后易”的战略，即海尔闯荡世界，先出口到发达国家，到要求最严格的市场创出牌子，然后再以高屋建瓴之势打开发展中国家家电市场。但从海尔进入国际市场的发展路线来看，海尔事实上是务实地采用了“先易后难”的战略。

海尔在海外建厂同样选择了以发展中国家为起点，以国内市场和发展中国家市场的资源投入到对发达国家市场的经营。1996 年 12 月，印度尼西亚海尔莎保罗有限公司在印度尼西亚雅加达成立，海尔首次实现跨国经营；1997 年 6 月，菲律宾海尔 LKG 电器有限公司成立；1997 年 8 月，成立马来西亚海尔工业（亚细安）有限公司成立；1999 年，伊朗生产厂成立；1999 年 2 月，海尔中东有限公司成立；2000 年，在美国、北非地区设厂。⊖我们再仔细看海尔在美国的发展路线：出口、联合设计、设立贸易公司、当地生产。海尔从 1995 年开始向美国出口冰箱，起初是以 OEM 的方式，然后才开始打自己的品牌。而在美国设立“海尔美国贸易有限责任公司”和投资建立“海尔美国生产中心”则是在大约 5 年之后，这时海尔已积累了较多的有关美国市场的信息。现在海尔在美国洛杉矶建立了“海尔设计中心”，在纽约建立了“海尔美国贸易公司”、在南卡罗来纳州建立了“海尔生产中心”，在美国形成了设计、生产、销售“三位一体”

⊖ 海尔集团公司网站 www.haier.com，集团介绍，作者：不详。

的经营格局。2002年3月4日，海尔在美国纽约中心百老汇购买原格林尼治银行大厦这座标志性建筑作为北美地区的总部，此举标志着海尔的“三位一体”本土化战略又进入新的阶段，说明海尔开始在美国树立本土化的名牌形象。

小　　结

我们在本章讨论的是指引企业前进方向的远景使命。我们认为那些能够持续成功的企业都在其远景使命中保证了稳定不变的“企业存在理由”，尽管它们的经营战略和实践活动总是不断地适应着变化的外部世界。我们把各种因素共同作用下产生的企业在某个时期内的“远景使命”比喻为指引企业行动的灯塔，它是企业发展过程中指引正确方向的重要因素，在企业应该保留什么样的经营内容、应该如何发展未来前景方面，提供了指南。构思良好的远景使命包括两个主要部分：

- 企业领导者推崇的价值观。
- 利益共同体推动的企业未来前景。

其中，价值观是企业领导者对组织设定和确立的重要信条，它代表着企业发展和管理的指导原则，也是创始人内心深处崇尚的理念与原则，是企业持续发展的源泉。企业价值链上的成员（员工、供应商、分销商、顾客等）和价值链之外的成员（政府、银行、竞争对手、技术持有者等）是推动企业实现和提升未来前景的重要因素，他们将企业领导者的价值观转变为共同取向与意志，对内取得向心力和凝聚力，对外构成形象力和影响力。随着竞争和环境因素的变化，这两个因素都是动态可变的，而这两者都应当始终围绕企业所确立的一贯的经营宗旨，即企业存在的理由。

我们的观点

1. 那些能够持续成功的公司都在其远景使命中保证了稳定不变的“企业存在理由”，尽管它们的经营战略和实践活动总是不断地适应着变化的外部世界。我们把各种因素共同作用下制定的企业某个时期内的“远景使命”比喻为指引企业行动和力量的灯塔，它是企业发展过程中指引正确方向的重要因素。

2. 一个构思良好的远景使命包括两个主要部分：围绕企业经营宗旨的价值观和生动的未来前景。

3. 这种能够在“保持”和“改变”之间进行协调的不可多得的能力，与企业构建远景使命的能力密切相关。远景使命在应该保留什么样的经营内容、应该如何发展未来前景方面，给人们提供了指南。

4. 影响企业远景使命形成和发展的因素如图 9-1 所示。

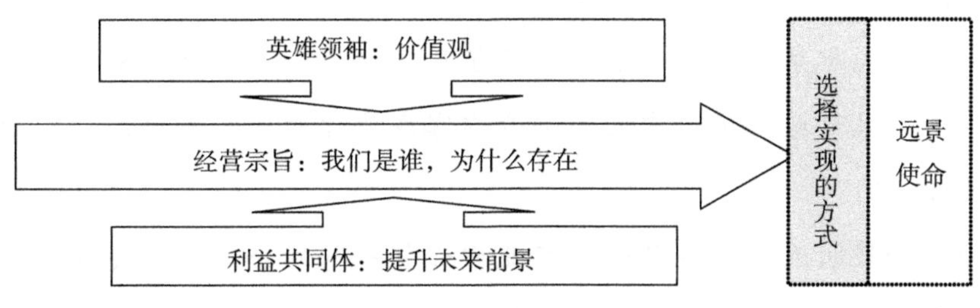

图 9-1 绘制企业的远景使命

5. 我们认为经营宗旨是绘制企业远景使命的基础，它界定了一个组织经久不衰的特征。这种特征是组织的稳定标志，它超越了产品或市场的生命周期、技术突破、管理时尚和某个时期的企业领袖。

6. 更重要的是知道你是谁，而不是你要去何方。因为随着我们周围世界的变化，你将要去的地方（远景使命）也会改变。领袖会去世，产品会过时，市场会变化，新技术会不断涌现，管理时尚也瞬息万变，但是，在优秀的公司中，经营宗旨却会作为企业的生存价值永恒不变，它代表着企业存在的理由。

7. 在第 2 章中我们曾用“行业英雄，企业领袖”来形容先锋企业的“英雄领袖”，他们不但要应对一个需要他们运转的具体系统，时刻将关注点放在企业合理运转的系统上，更重要的一点是，他们需要关注整个经济环境、政治动荡、人们的内心需求。

8. 价值观是企业领导者对组织设定和确立的重要信条，它代表着企业发展和管理的指导原则，它也是创始人内心深处崇尚的理念与原则，是企业持续发展的源泉。

9. 即使是那些有来自不同文化背景的人员构成的全球性组织，也可以确定一系列共同的价值观。负责阐述价值观的人需要回答下面几个问题：

（1）你自己把什么样的价值观带到工作当中（这些价值观应当是基本的，无论是否受到奖励，你都会坚守它们）？

（2）如果明天早上一觉醒来你有了足够多的钱，可以后半生不必工作，你会继续坚持这些价值观吗?

（3）你能想象到 100 年后这些价值观还会像今天这样有意义吗?

（4）如果这些价值观中的一部分内容成为你的竞争劣势，你是否依然打算坚持它们?

（5）如果明天你将在另一个行业中开创一家新企业，你会在新企业中构建什么样的价值观（无论这个企业处于什么行业）？

最后三个问题尤为重要，因为它们是区分价值观与应该随时改变的经营活动和经营战略的关键。

10. 价值链成员：远景使命的对象和执行者。

企业通过重组和提升各单元的价值，将企业领导者的价值观转变为价值链各成员的共同取向与意志，对内取得向心力和凝聚力，对外构成形象力和影响力。

（1）与员工设立共同远景。

（2）与供应商、分销商长期的共同约定。

11. 价值链之外成员：提升企业未来前景。

我们认为价值链之外的成员对于企业正是“造势”者，他们帮助和驱动企业在自己的经营宗旨基础上，提升企业未来前景。

12. 平衡理想与现实如图 9-2 所示。

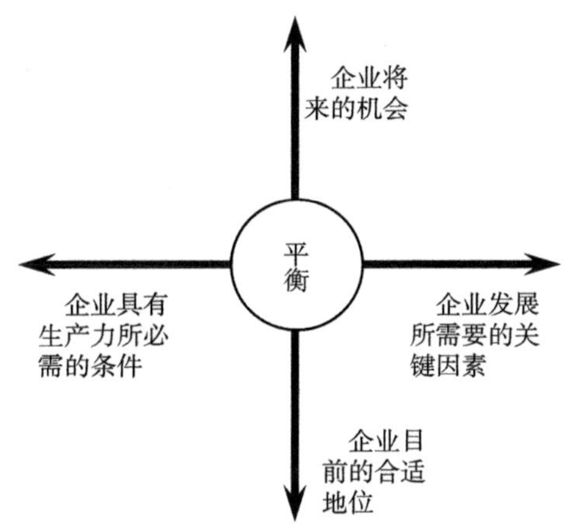

图 9-2 平衡理想与现实

13. 选择实现远景的方式。

（1）远见与现实。必须确保一个足够大的国内市场提供海外拓展的支撑和资源储备，也就是说，必须通过国内市场赢取的利润平衡它在海外市场拓展的风险。

（2）选择容易达到成功的方式。

在发展中国家市场推广自己的品牌，从而最先在东南亚市场上取代日韩企业的成功地位。而在欧美包括日本等成熟市场，推出一个全新的中国品牌显然不经济，需要通过收购当地一些形象和渠道比较好的品牌来展开。

以成果富裕桑梓

在未来 15 年中，这些行业先锋企业面临的前景是怎样的？它们应当向什么方向成长？它们应当如何继续成长？

在这部分，我们首先讨论“属于 21 世纪的企业”特征，通过这些特征，我们可以了解到行业先锋企业应当成长为具备哪些特征的企业。

另外，由于产出和导入因素相互作用，这个周而复始的循环形成和确保了行业先锋企业持续成长。

如果再过五年、十年，在国际大舞台上仍没有我们的位置，那就是中国企业家的失职。

——李东生

10

第10章

本质之光

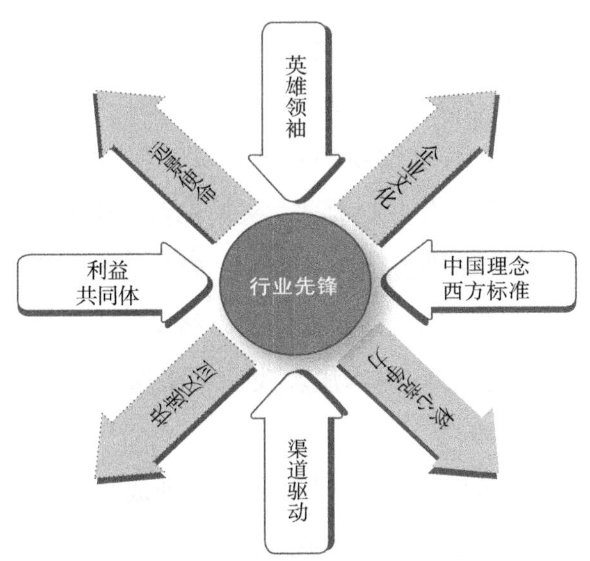

当我们的研究小组写下中国先锋企业成长过程的时候，中国已经经历了加入 WTO 后的三年时间。这些年来，中国亮出了真正的起飞姿态：这里同时拥有的巨大市场和廉价而上进的人力，成为世界商业经济领域的首要关注点。开放而活跃的市场以及迈向现代化的牵引力，使人们不再满足于谈论中国的 GDP 增长率，而是将重点放在一个问题上：中国能否以 8% 的速度再增长 20 年？中国已成为全球经济中最大的变量：跨国流动的资本、人才，以及国际市场相信 WTO 规则将帮助其最终克服中国的特殊性，中国将成为决定他们成就的重要条件。

从某种角度讲，这个一体化市场里集中了全世界最丰富的资源、最灵活的头脑、最出色的企业、最著名的品牌和最具野心的战略。而作为我们研究重点的这些中国先锋企业以及绝大多数的中国企业事实上都还只是起步和发展的成长企业，它们面临各种挑战和困境，并且努力尝试“再造”。我们身处的这个商业世界是比过去更坚固了，还是更脆弱了？不知道。唯一肯定的一点是，它的量级骤然提升了。喧嚣与骚动，光明与黑暗，希望与失落，危险与机会，都同比地放大了。它充满可能性，也充满不确定性。

这样的时候，作为研究者，我们反复问自己：中国成长企业会不会“成长”为一个已经逝去时代里的大企业？中国成长企业究竟向何处成长？怎样把握不确定性，怎样创造新的管理模式，怎样参与新商业规则的建立？我们相信答案一定来自企业本身，来自那些紧跟商业变化脉搏、不断进行自我批判和辨认新消费者的企业领袖、管理思想家和业界新生代。我们因此摸索和探讨这些中国先锋企业千头万绪又富有个性的各种尝试，试图辨认出决定企业成长方向的本质。我们希望这个研究结果是具备未来性的。

图 10-1 诠释了我们对于“成长企业向何处成长”的研究结论。我们认为这个结论是鼓舞人心的：无论中国企业面临怎样的挑战和困境，事实上，中国成长企业与那些世界级的大企业站在同一条起跑线上——它们都努力成为真正属于 21 世纪的企业。创造或是改造成为属于 21 世纪的企业是企业成长的方向，也是世界级企业在这个时代碰到的问题。在这个“大转折”的过程中，如果管理和发展得当，中国成长企业有可能省去那些跨国大企业正在付出的昂贵的“转折”成本。

在得出令企业向“21 世纪企业”方向成长所需具备的经营本质之前，我们首先需要了解 21 世纪企业的特征。杜拉克曾经这样总结过去 100 年生产力的迅速提高，他认为技术专家把功劳归于机器，经济学家却把功

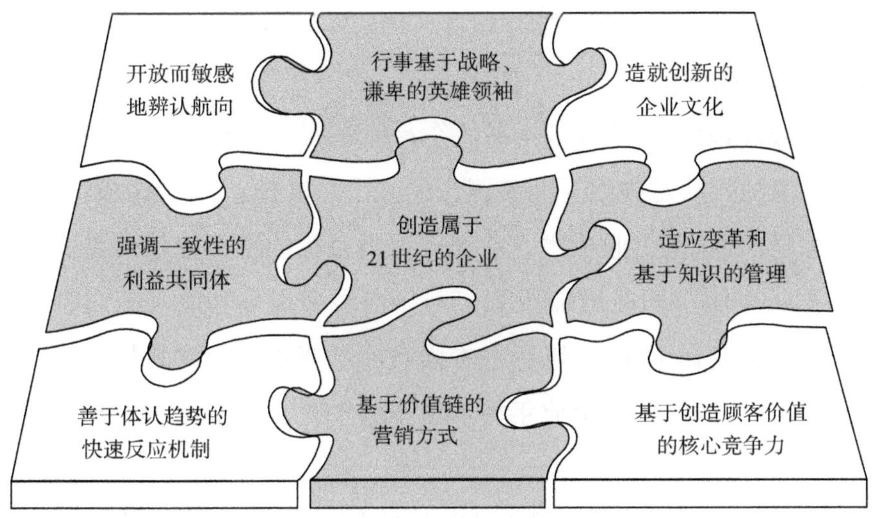

图 10-1 21 世纪企业的本质之光

劳归于资本投资，事实上，功劳应该归于把知识应用于工作实践，发达经济国家正是由此被创造出来的。展望 21 世纪，我们之所以认为 21 世纪企业，无论对中国成长企业还是对跨国企业，都富有企业管理和商业运作的特殊性，是因为 21 世纪是一个完全意义上的信息时代，在商业领域不断创新的信息技术与信息应用将商业环境推向更加完全的智能化、知识化的信息环境。这个属于 21 世纪企业显著的特征令企业管理和商业运作都面临极其深刻的变革。

首先，由于产品的用户已不再是单纯的产品使用者，他们从被动地接受转向主动地创造，他们更重视那些不断创造出满足用户需求的产品。在这样的前提下，企业发展的目标已不只是利润、产值、市场占有率，还有为社会、为用户、为股东创造价值。企业因此必须重视知识资源的投资：用知识创造需求意味着企业的重点是“开源”，而不是“节流”，通过市场增长带来高于知识投资的利润。事实上，无论是降低成本还是提高生产率都不能无止境进行，而通过投资实现的增长所创造的股市价值比通过成本降低的改组来得快。在满足适当质量的前提下，节约无疑有利于企业和消费者，但是节约毕竟是有限的，过度节约成本还可能引起用户对产品及服务品质与功能的质疑。

《世界最佳业绩创造者》一书的作者丹尼尔·施特尔特分析说："欧洲人创造价值的方法是改组，而美国人的方法是增长。"[1]美国最佳50家企业与欧洲最佳50家企业相比，欧洲人达到目标的主要方法是将他们的成本降低5%～10%，同时增加投资，一年内最多提高50%。美国企业恰恰相反，许多企业在1993年以后根本没有降低成本，同时将投资最高扩大到200%。结果是，美国企业年均增值率为55%，而欧洲企业年均则不高于40%。

其次，无论是庞大的组织还是相对弱小而精良的团队，在知识不断更新的时代里，技术每年的淘汰率为20%，寿命只有5年，通过知识领导创新将成为人类生活的主流。比尔·盖茨说，20世纪80年代世界经济要解决"产品质量"，90年代世界经济要解决"企业再造"，21世纪世界经济要解决"创新速度"。实际上，我们认为这对企业组织和企业经营者的知识、见识、胆识提出了要求，企业应当有能力适应经营环境的快速变化，以高速和弹性处理市场变化。他们必须明白对原有优势的忠诚和眷恋将成为企业前进的障碍和负担：竞争环境的复杂多变会使竞争表现出越来越明显的动态化趋势，可长期保持的竞争优势越来越少。获得长期的高利润率将主要依靠包括风险决策在内的大胆和不断创新。持续创新和发展的关键是能够及时把握用户需要的创新机会，拥有知识、技能和信息的人员将成为企业利润的主要创造者。

在原有研究模型的基础上，图10-1要说明的是为了使企业向"成为21世纪企业"的方向成长，企业所需具备的商业本质特征：

- 行事基于战略、谦卑的英雄领袖；

---

[1] 《经贸导刊》，2001年第3期，《21世纪企业管理新理念》，作者：甘德健。

- 适应变革和基于知识的管理；
- 基于价值链的营销方式；
- 强调一致性的利益共同体；
- 造就创新的企业文化；
- 基于创造顾客价值的核心竞争力；
- 善于体认趋势的快速反应机制；
- 开放而敏感的辨认航向。

我们认为成为21世纪企业建立在这八项商业本质之上。

行事基于战略而谦卑的英雄领袖

英雄领袖的本质是谦卑的经营品格。《财富》杂志列举失败企业的CEO“十宗罪”时[⊖]，像传统的基督教教义那样，把“狂妄”列为首罪，并引用古希腊悲剧作家欧底庇德斯的名言说：“上帝欲使之灭亡，必先使之疯狂。”在对这些失败企业的反省下，商界的风向的确变了。那些充斥着畅想式的商业概念和商业模式，“想到哪就说到哪，说到了就是做到了”的年月，谦卑被认为是缺乏商业想象力和商业韬略的证据。怀着商业浪漫主义情怀的企业领袖们不仅语不惊人死不休，而且在实际的商业运营中刻意超越“大胆经营”。然而在这个浮躁的年代充斥着太多的危机：日益成熟因而越来越挑剔的客户，随时可能出现势头猛烈的竞争者，技术创新周期进入平稳期。所有这一切意味着，浮财、“风吹下来的果实”越来越鲜见了。

四五年间，一大批人们看着长大的企业和企业家经历了从卑微到荣

⊖ 《环球企业家》，2003年1月总第82期，《2003商业新思维》，作者：鲁娜，宁檬，吴伯凡，申音，贾可。

耀，再从荣耀到羞辱的“极限体验”。[⊖]《福布斯》中国富豪榜中，“光荣与梦想”的色彩已淡了许多，刚刚榜上有名即骤然落马的数位富豪的故事，让富豪和想成为富豪的人们不再狂热于它。事实上，这些真实而残酷的事件并不只发生在成长中的中国，世界商业上演了一出场面更加浩大、颇具喜剧和闹剧意味的悲剧。美国的商业媒体把当前时期称为“后安然时代”，而MIT的一位教授认为，安然事件甚至比“9·11”事件更能影响美国人的生活和世界观，原因在于，安然的覆灭标志着一个靠非理性扩张实现的繁荣已经结束，如果没有安然事件及随后发生的一系列商界的“地震”，美国人也不会如此阴郁，如此清楚地意识到自己从前是那么失态。人们于是越来越体会到格鲁夫的那本流传甚广的书《只有偏执狂才能生存》（*Only The Paranoid Survive*）所要表述的意思：只有那些总以为自己的经营环境危机四伏并时刻关注各种“坏消息”的企业，才有可能免于灭亡。

商业世界以惨重的代价回归到基本面，也使商人们的心境回归到基本面，而回归到基本面的心境就是谦卑。我们需要更谦卑的领导。我们希望中国成长企业的领导者更加真诚和务实，勇于承认错误，重视企业在社会中体现的商业品质和责任感。我们也看到中国的成长企业，例如，杨元庆“新政”的纲领之一，就是要将联想做成一家更谦卑的企业，已经开始关注谦卑以及与之相关的谨慎、诚信等经营品格。

基于战略而不是战术的行事准则：英雄领袖的另一本质是强调战略的管理方式。越来越多的中国成长企业正通过“多元化”“国际化”迅速扩张。我们需要强调的是，随着企业的迅速成长，企业领导者有义务确立整个组织执行各种战略的行事准则，即如何执行。

杰克·韦尔奇对大企业病有生动的描述。他说，染上大企业病的企业，就像一个穿上了很多层毛衣的人，不但体态臃肿、行为鲁钝，而且感

⊖ 新浪网 www.sina.com.cn，2003年2月10日，《“只有偏执狂才能生存”在中国是怎样变成病毒的》，作者：吴伯凡。

受不到市场的温度变化。⊖大企业常常被形容为恐龙，其强大和凶猛自不待言，但对外界的反应迟钝，行动笨拙。关于恐龙的灭绝有多种解释，其中一种解释是：恐龙之所以灭绝，是因为其神经系统相当简陋，大脑发出一个行走的指令，这个指令需要两分半钟才能传达到它的足部，而足部的一个感觉反射到大脑也需要同样的时间。对环境反应迟钝，是大企业表现为常态的病态。

中国先锋企业在企业成长过程中大多选择了“多元化”和“国际化”的方式，在企业不断成长为“大企业”的过程中，英雄领袖们必须适应21世纪商业背景，令企业从战略的角度制定战术。例如，利用充分的授权和严格的监管评估体系，让组织变得更加敏捷灵活。不要因为钢铁、纺织、石油这样一些传统行业就轻易放弃。学会通过你的服务而不是产品获得利润，同VIP客户建立长期的经济联系，和企业的上下游结盟，学会妥协和宽容，确保这种联盟能够带来新的竞争优势。及时充电，每个月向员工推荐一本好书，让培训成为公司的例课，使整个组织里不再仅有领导者一个大脑。告别同质化的价格竞争，当技术发展显现平缓曲线时，尝试用体验经济代替产品经济，设计出真正不一样的产品，等等。

适应变革和基于知识的管理

领导、团队与沟通管理的本质是变革和知识，这就使组织是基于未来而不完全是现在。在讨论企业变革的各种研究材料中，我们发现30年前跻身于《财富》100强的企业有1/3被淘汰出局。同样是巨型企业，为什么有的企业能够长久不衰，有的企业却困难重重，我们认为这其中的一个重要原因是长久经营的企业创造适应变革的管理机制。德勤国际集团首席

⊖ 新浪网 www.sina.com.cn，2003年2月10日，《怎样把企业“从大做小”》，作者：吴伯凡。

执行官吉姆·科佩兰（Jim Copeland）说："面对未来，我们唯一能确定的是：未来是不确定的。"即企业面对的一切都将是变化的，加上21世纪在网络科技和知识管理为特征的新经济下，变革管理成为企业管理中最重要的方面。

变革管理带来新技术、新技能的同时也引发管理制度的变化。制度实际上是政策的产物（不同的政策会产生不同的制度），政策是政治的产物，政治又是利益的产物，所以说变革管理事实上也是如何管理利益的再分配。马基雅维利在《君主论》中提出：世界上没有比推动变革更难的事件。因为多数当权者一般会担心自己的利益受损，对于变革一开始就持否定态度；另一方面员工由于不清楚变革后自己是否获得利益，也不会对变革给予十分的支持，这就导致变革管理很难被推动。变革管理的难点和目标在于平衡好变革与发展和稳定的关系，对于企业首先要确保变革逻辑正确。

变革最大的逻辑性就是变革要以发展为目的：改进把输入转化为输出的效率。[⊖]变革毫无疑问会导致企业内部不同员工群体的权力利益的再分配。即使变革从总量上会增加整个企业的价值，如果在此过程中某一部分人反而会丧失一些权力利益，或者只是相对少地增加了权力利益，那么变革也会受到顽强的阻挠。从社会文化这第三角度来看待变革是确保可持续性发展的重要因素。重大变革不是以企业业绩在短期内达到预期水平为终结的。只有当企业内员工及与外部相关的人员（如股东、投资者、社区）都充分地从思想上理解了此变革并在行为上给予支持时，变革的成果才可以长期维系。创造变革的需求（即危机意识）非常重要。

基于未来的企业管理的另一重要因素是知识管理。我们发现科技在企业的应用领域逐步盛行的今天，知识比以往任何时候都更廉价、更迅速地传播和繁衍，这就意味着一旦竞争对手获得了相同的知识，企业自身的

⊖ 《中华工商时报》，2003年8月16日，《企业变革管理能力》，作者：房晟陶，王拓轩。

优势很快就会丧失殆尽。为了使竞争优势持久，管理者还必须管理知识资源。企业的知识管理应当形成获取知识，和把知识应用融合于组织中的能力，知识管理不仅仅是纯技术方面的知识，而且还包括技术与整个组织（如生产、财务、市场营销等）的兼容能力。

从有效知识管理的角度来看，获取知识和运用知识是相辅相成的。⊖一旦公司获得了知识和产品制造的技能，下一步便是要把它化为有形资产，对其进行开发，从而获得基本产品。基本产品的开发是公司管理中最重要的活动之一。事实上，如果能在基本产品市场上占据领先地位，就可以长期地对最终产品市场中的制造标准及其演变加以控制。“知识运用”阶段则是由战略性经营单位通过生产和提供最终产品与服务而得到实施的。

“所谓战略性方法要求具有丰富技术知识的高级经理人和企业首席技术官共同参与制定战略。”汉斯·丹尼尔迈尔在《未来公司》里这样总结，知识决策要由最高管理层这一级别做出，知识本身应视作战略性变量而非生产性变量。对知识管理实施“战略性方法”在吸收传统的对知识拥有人员的控制式方法的同时，更多地强调把知识列为公司战略的一个重要组成部分。知识管理的作用在此凸显：它构成了一种综合协调各方力量、捕捉重大机遇的新型战略性方法，整个组织依靠这一方法得以创造知识一体化的格局，其有力之处在于，可以正确地应对技术开发过程中的不确定性，并能够在有关机构、企业和个人之间合理地分配所有权和生产责任。

基于价值链的营销方式

渠道、品牌与战略营销的本质是价值链，它使竞争是基于为客户创造

⊖ 新浪网 www.sina.com.cn，2003 年 4 月 14 日，《技术管理为公司的知识分子提供机会》，作者：胡泳。

价值而不是一味地打击对手。麦肯锡公司的研究表明，中国每年由批发业经手的消费品、包装食品和家居用品总值达 420 亿美元。㊀迄今为止，在渠道的占有和控制上做得最成功的是国内家电厂商和保健品饮料厂商。它们采取的有效战术同时也是最原始的人海战术。TCL 直属的销售队伍在高峰时近万人；康佳的销售队伍超过 5000 人；而保健品厂商红桃 K 把它的广告刷到了每一个乡村的墙上。类似情况还会持续多久呢？企业的渠道优势会不会变成渠道劣势？

根据中国加入 WTO 的有关协议条款，外国企业将首次被允许涉足批发业务。即以往那些被规定只能分销自己产品的零售商和物流公司，将可以分销其他公司的产品，进口商也将有更大的灵活性来决定进口产品通过怎样的批发渠道在中国市场分销。在中国经营多家工厂的跨国公司的收获可能最大。过去，在中国各地设厂的跨国公司不可以在同一分销网络下进行整合，因为这意味着这家公司将成为一个实际意义上的批发商；而现在可以了，这会使他们节约成本，可以更有力地同零售商谈判，还能更好地控制库存。按照麦肯锡的估计，这些公司最终将发现它们在物流和分销方面的开支由现在占全部成本的 40% 降至 10% 左右，不仅可以节省开支还可以提高服务质量。

事实上，渠道价值的评价存在一个边际效益的问题。因为不论分销多少种产品，运营和管理渠道的必要费用基本上是一定的，产品品种单一会造成规模的不经济和资源的闲置浪费，平台分销能力得不到有效释放。对企业自身来说，21 世纪竞争将在一个企业群和另一个企业群之间展开，企业通过与经销商以及最终用户建立价值链从而形成一种战略网络，比拼的将不仅仅是营销手段和品牌投入，渠道整合能力和成本压缩将是尤其重要的因素。

㊀ 《环球企业家》，2003 年 1 月 18 日，《面对市场企业：重新定义你的渠道》，作者：鲁娜。

强调一致性的利益共同体

利益共同体的本质是一致性，使业务管理基于公司战略和客户价值，而不是各自为政。激烈竞争和科技快速发展的21世纪，令任何一个企业都不可能在所有方面都处于优势。于是具有优势互补关系的企业纷纷联合起来，实施协同营销战略，合作开发新产品、共享人才和资源，共同提供服务。在以供应商和顾客群共为联盟的企业价值链上，企业还集聚政府、联盟等协同力量；以企业自身与合作伙伴共同的市场发展战略和所追求的客户价值为战略起点，利益共同体之间的合作必须基于一致的合作目标和共赢方式；在这张网络的每个节点，都必须以全球化竞争的标准来衡量。

我们以协同营销为例研究基于"一致性"的利益共同体。"水平协同营销将是后经济时代新的大趋势。"这是营销专家艾略特的预言。[⊖]协同营销是说产品持有企业应该全方位寻求与自身品牌定位相一致的企业进行合作，分为水平协同营销和垂直协同营销。水平协同营销是指不同行业之间的企业之间通过共同分担营销费用，协同进行营销传播、品牌建设、产品促销等方面的营销活动，以达到共享营销资源、巩固营销网络目标的一种营销理念和方式。而垂直协同营销则是指在一个产业的上下游企业之间通过各自资源的互补达到推动整个产业发展的目的。其表现形式通常是捆绑双方各让出一部分利益给消费者。与捆绑销售不同，协同营销强调产品或品牌之间某种内在的关联性或一致性，通常需要经营目标、品牌主张或消费群的高度相关，不仅仅由于销售的原因走到一起，协同营销更多出于顾客价值清晰化的考虑。

水平协同营销可以将两个不同行业的企业各自的资源进行互补和交叉，形成两种资源之间利益的最大化，但水平合作营销的前提是双方具有某种资源的共通性，例如客户群体的互补性或重合性，市场目标和品牌主

⊖ 《中国经营报》，2003年12月10日，《协同营销同道兄弟的游戏》，作者：吴晓燕，赵正。

张的一致性等。在这个基础上合作双方可以置换各自的优势资源给对方，最大化地保证各自的资源在这个系统之内发挥价值，一方面更好地满足各自市场的需要，另一方面可以节省各自的营销成本。

企业还可与上下游厂商进行纵向整合式的合作，使企业品牌在更大范围得到延展。通过选择与自身形象和品牌定位一致的上下游厂商，进行业务合作、合作广告、联合传播等协同运作活动。在消费者的认知领域内建立一个强大的“品牌集合”，从而实现业务的共赢和品牌的延展。垂直协同营销的典范就是英特尔公司的“IntelInside”的推广，那些采用其微处理器芯片的PC厂商根据知名的营销计划“IntelInside”获得广告补贴，但PC厂商必须在其广告中突出“IntelInside”的标识和标准字体。英特尔与微软之间构建的“wintel”联盟则给竞争者设置了一道难以逾越的屏障，从而保证了各种优势。“垂直协同营销”模式的成功在于它有效地整合了纵向价值链，从原料供应者到产品生产者再到产品销售者，层层相关。每个环节都是纵向合作的关系，从而使每部分都能相互依靠，更大规模地发展；一个合理、明晰的利润分配模式可以调动各方的积极性，各方得益，战略一致的模式使得面对最终市场的各方形成利益共同体。

造就基于创新的企业文化

企业文化的本质是创新，这就使企业不断引导创新，适应变革和鼓励改进，而不是对个人的神化。彼得·德鲁克说：“行之有效的创新在一开始可能并不起眼。”而这不起眼的细节往往就会造就创新的灵感，从而能让一件简单的事物有了一次超常规的突破。德鲁克认为，创新不是那种浮夸的东西，它要做的是某件具体的事，否则所谓的创新只能是一句空话。创新不一定是“以大为美”，却不能掉以轻心于企业活动中的既不相同又相互关联的每一个细节。因此，创新的形成必须通过企业与个人的共同努力，但是企业也可营造适当的环境激励企业内的创新活动。实际上，一个成功的创新活动必须是在企业愿意采取创新活动的前提下进行，无论是人与人之间的情谊还是企业中弥漫的气氛，都会影响创新活动的成败，而企业文化正是塑造这些非正式的人际关系与企业气氛的主要动力。企业文化若能激励与支持创新活动，将能进一步增进创新产品或服务商业化的机会。正如我们在企业文化寻源中提到的，企业高层管理者是企业文化的导入和影响因素，同样，他们对创新的态度是促进企业创新力形成的主要因素。作为企业或组织发展的动力，以创新为本质的企业文化应当激励员工的创新精神。

在21世纪我们用知识的眼光看企业，企业的组织就是一个对知识进行整合的机构。随着知识经济的发展，这时候的企业文化是一种力量，它对企业兴衰将发挥着越来越重要的作用，甚至是关键性的作用。[⊖]世界500强企业出类拔萃的技术创新、体制创新和管理创新事实上是企业创新而独到的文化。为了在知识经济条件下增强企业的创新能力，学习型组织的建立成为创新文化的关键因素。我们在世界排名前100家企业中看到，已有40%的企业以“学习型组织”为样本，强调组织持续创新和改进，他们都选定了自己的一种“持续改进”的意识推广模式，而这一种模式都与企业的战略发展和文化一致。

“今后的500强企业将是采用创新企业文化和创新文化营销策略的公司。”企业文化学的奠基人劳伦斯·米勒预言，“最终的竞争优势在于一个企业的学习能力以及将其迅速转化为行动的能力”。在产品质量达到一定程度时，对产品的市场地位和由地位决定的价位，以及产品的市场销售量，发挥重要决定作用的是产品自身的文化含量。哈佛商学院通过对世界各国企业的长期分析研究得出结论：“一个企业本身特定的管理文化，即

⊖ 《中华工商时报》，2003年2月8日，《从企业文化看世界500强的成功之道》，作者：陈庆修。

企业文化，是当代社会影响企业本身业绩的深层重要原因。”经济活动往往是经济、文化一体化的运作，企业的发展与企业文化的支持休戚相关。这个观点对传统的经济学产生了极大的冲击和深刻的影响。文化是经济发展的深层推动力，用文化手段促进国际贸易，已经成为西方发达国家的“国际营销艺术”。

基于创造顾客价值的核心竞争力

核心竞争力的本质是为产品或服务的消费群体创造价值，这就使竞争优势是基于企业自身创造价值的能力而不仅是联合外在资源。在同质化的年代里，产品有性格才不至于被淹没。除外形美观之外，工业设计最大的问题就是研究如何令企业产品最适合人的使用习惯和使用需要，由此获得消费者的长期关注和信任。[⊖]在欧洲，人们普遍认为奔驰和宝马的汽车拥有不同的性格，奔驰汽车就像稳健的农夫，崇尚坚固耐用和稳定；宝马就是年轻人，注重驾驶的乐趣。企业可以思考一下自己的产品是不是和对手一样？企业的产品够漂亮吗？ 21 世纪的产品设计潮流不再是冷冰冰的金属感，而是更加靓丽精致和为顾客创造需求和价值的人性化；企业要掌握创造需求的能力，不要制造产品。我们在中国行业领先企业中看到了赢得国际设计大奖的产品，在价格战的一片喧嚣中，它们成功拿到了超额利润。

一个名为“易用设计”的英国工业设计展让制造企业的经营者们意识到了这样的问题，“世界工厂”会不会变成“世界劳工”呢？与会的设计师格斯·达斯巴茨指出，从全球的经济竞争中看，价格和质量已经不能成为核心竞争力，只有创造顾客价值的产品才是企业获利之道，优良的工业

⊖ 《环球企业家》，2003 年 1 月总第 82 期，《2003 商业新思维》，作者：鲁娜，宁檬，吴伯凡，申音，贾可。

设计又是其中的重要因素。

如果不注重提升工业设计能力，“制造中心”也将难以成就世界一流企业。尽管日本、韩国都是靠制造业起家，但其实近十年来，日本和韩国的产品成功很大程度上依靠欧洲的工业设计，两国不少成功的产品交给欧洲设计公司设计。本田在英国伦敦和美国加州都有工业设计工作室，LG愿意用4倍的价格聘请外国的工业设计师，东芝、松下、丰田、三星等一批企业都大量使用欧洲工业设计师的服务。据1990年美国工业设计协会对企业调查统计，美国企业平均工业设计每投入1美元，其销售收入为2500美元；日本日立公司统计数字表明每增加1000亿日元的销售额，工业设计的作用占51%，而技术改造的作用仅占12%。

善于体认趋势的快速反应机制

快速反应机制的本质是对趋势的认知能力，对经济环境和市场趋势的认知能力变得比任何时候都宝贵。我们知道新的行当总是比旧的行当带来更多的利润，能够发明一项新技术，然后使之成功产业化，这是大家梦寐以求的快速致富方法。事实也确实是这样，从农业社会到工业社会再到信息社会，在世界范围内审视，后一个社会的首富总是比前一个社会的首富要显得更具财富，而且也更加受到人们的推崇。然而，并非人人都必须经营新产业，一个社会即使再过渡到后信息社会，从粮食到汽车再到IT，还都是一样也不可少的，不可能因为有了计算机，人类就不再需要衣食住行；我们还要在众多的传统产业里谋生，这些产业并不会因为传统而消亡。产业本身并没有朝阳与夕阳之分，对成熟的商人来说，重要的不是做什么，而是怎样做，只需要你的反应速度超越同行。

快速反应一方面是对经济环境中的商业机会的预测，另一方面表现在企业在供应链上的反应速度。我们认为供应链的反应事实上以该供应链上的核心企业或者说强势企业为中心，通过上下游资源的有效整合，实现以最低的成本给客户带来最优的高附加值服务。也就是说，企业不仅需要提供优质的产品，更需要拥有对产品整个供应流程的驾驭能力。

缩短产品生命周期的方式是企业可以首先考虑的方式。客户需求的多样化要求企业供应链在最短的时间内捕捉到消费者需求并在恰当的时间、恰当的地点满足这种需求。在瞬息万变的市场中，长期的战略预测已显得力不从心，各种预测工具在全球化市场中、在即时变化的消费趋势中频频失灵。预测需求后生产的方式正在向由需求拉动而生产的快速反应市场模式转变，供应链中的敏捷制造和整体供应链的柔性决定了企业反应市场的速度。

从供应商的管理、原材料的采购、制造工艺的采用、分销渠道的选择、客户关系的管理，以及这一流程中物品流和信息流整合，上下游企业间战略伙伴关系的建立和利益的分配，每一环节的绩效都将影响整体供应链的绩效。只有在产品和过程两方面同时占优势的企业才有可能实现快速反应机制。

开放而敏感地辨认航向

谁能保持对未来的敏感，谁能以开放的心灵面对新思维，谁就更有可能成为下一轮的赢家。彼得·德鲁克提出以下三个问题来说明远景使命的关联与区别。我们的事业是什么？使命。我们的事业将是什么？我们所能确定的环境变化。我们的事业应该是什么？远景。远景描绘的是组织的长期目标，也就是未来一二十年后的状况。它应该能够向员工发起挑战，发动和激励员工努力工作，确定个人的发展方向。因为 21 世纪企业组织的成功依赖于了解和满足未来，所以远景必须指明未来的前景，敏感和开放地适应未来的变化。

凭借对未来的敏感与开放的思维，企业领导者制定的远景必定包含展望未来的价值主张。如果企业设定的远景本质上只展现了企业短期内可预见和试图追求的目标，远景所起的指引方向和制定战略的作用就几乎不可能实现。我们确信正确的战略必定基于正确的远景，只有具有预防性和远瞻性的远景才能引领企业设计有效的预防战略。正如我们强调了领导者和利益共同体是企业远景使命产生和提升的重要因素。我们看到21世纪的商业领袖处在一个全新的运营环境之中：他们作为经济力量代表者所掌握的显著增长的权力，需要在投资者所代表的社会责任，以及新一代被称为知识劳动者的劳动人口所代表的需求之间取得平衡。

既然经营环境已经有了如此剧烈的变化，全球化对工作环境的影响又体现在何处？实际上，所有的公司从根本上来说都是社会性企业。企业领导者需要对人们处理全球化经济的方式有深入的理解，包括全球化的账户管理、营销、电子商务、采购、理财和运营等方面，而立足于21世纪全球化知识经济的环境中，企业领导者还必须通过社会科学贡献的成果理解人们的感受，敏感于员工、股东、消费者的感受，以开放的思维有效提升远景使命的“高瞻远瞩”能力。

从这个角度讲，领导者首先必须具备对于风险的敏感和判断能力。企业内部管理因素受到未来大环境的影响，全球化的一项直接后果就是使全球化环境中的职业劳动者感受到更大的风险、焦虑和无序，也许这听上去过于戏剧化，但是领导者在制定激励员工和组织成员的远景过程中，有必要考虑一下如何让远景稳定军心和激励人心。另一方面，外部风险来自于自然和传统之中那些相对不变的因素，比如农业中的自然灾害。在前现代、“前全球化”时期的社会中，这类风险很大程度上是周期性的，并且可以通过历史经验获得预期。然而随着世界向现代和全球化方向演进，与此同时，人为风险开始出现。人为风险是没有历史先例的，因而难于预测。回顾历史来看，这方面的例子包括全球温室效应、1998年长期资本

管理公司的倒台引发东亚经济体的崩溃、千年虫，以及航空旅行的风险，它是“9·11”事件的直接后果之一。㊀

《环球企业家》10周年特刊的主题提示我们，全球化带给这个世界的商业机会和它潜在的威胁同样多。由于21世纪充斥着全球化企业结构的网络特征，从表面上看，似乎掩盖了众多不同地理区域和文化类型的网络结构，为沟通造成了可怕的困难，然而这其中隐藏着许多威胁：一个全球企业的领导者在会议和电子媒介之外还能找到什么样的渠道和自己的员工进行沟通呢？最高组织所确立的“经久不衰”的远景如何能在世界各地保持洞悉消费者消费意愿的能力，又如何能带动世界各地员工的工作动机呢？

井深大在索尼创立初期阐述了索尼公司远景使命的两个关键成分：“我们将迎接技术难题的挑战，并关注那些对社会有重大价值的高精尖技术产品，不管投入多少。我们应该重视能力、工作绩效和个人品质，使每个个体都能发挥出最大的能力和技术水平。”㊁40年后，同样的思想出现在被称为“索尼先锋精神”的阐述中：“索尼是时代的先锋，永远不追随别人。通过不断发展，索尼要为整个世界服务。索尼应该一直是未知世界的探索者……索尼的原则是尊重和鼓励个体的能力……不断发挥人的最大潜能。这是索尼的关键力量。”回顾井深大40年前的远景使命，我们感叹于他对未来企业贡献于社会价值的敏感和对个体价值的关注与开放的思维，他带给索尼的是企业对未来的强有力洞察能力：指引未来之路；确立战略背后的逻辑关系，以及直接指出对技术和个人价值的高度尊重；创造索尼时代先锋的地位。

㊀《环球企业家》，2003年7月号，《全球化公司中的领导力》，作者：Stephen Nelson，译/叶南。

㊁《中国经营报》，2003年6月30日，《创建公司的愿景规划》，作者：不详。

小 结

我们在本章所讨论的是中国成长中的先锋企业的在21世纪的发展方向。我们认为中国成长企业与那些世界级的大企业站在同一条起跑线上——它们都努力成为一个真正属于21世纪的企业。

属于21世纪的企业有以下八项商业本质特征：

- 行事基于战略、谦卑的英雄领袖；
- 适应变革和基于知识的管理；
- 基于价值链的营销方式；
- 强调一致性的利益共同体；
- 造就创新的企业文化；
- 基于创造顾客价值的核心竞争力；
- 善于体认趋势的快速反应机制；
- 开放而敏感的辨认航向。

21世纪所面临的是一个完全意义上的信息时代，对原有优势的忠诚和眷恋将成为企业前进的障碍和负担。竞争环境的复杂多变会使竞争表现出越来越明显的动态化趋势，可长期保持的竞争优势越来越少。因此，创造或是改造成为“属于21世纪的企业”是企业成长的方向，也同样是世界级企业在这个时代碰到的问题。

我们的观点

1. 中国成长企业与那些世界级的大企业站在同一条起跑线上——它们都努力成为真正属于21世纪的企业。创造或是改造成为属于21世纪的企业是企业成长的方向，也是世界级企业在这个时代碰到的问题。

2. 21世纪所面临的是一个完全意义上的信息时代。在商业领域不断创新的信息技术与信息应用将商业环境推向更加完全的智能化、知识化的信息环境。这个属于21世纪企业显著的特征令企业管理和商业运作都面临极其深刻的变革。

3. 企业因此必须重视知识资源的投资，用知识创造需求意味着企业的重点是“开源”，而不是“节流”，通过市场增长带来高于知识投资的利润。

4. 对原有优势的忠诚和眷恋将成为企业前进的障碍和负担。竞争环境的复杂多变会使竞争表现出越来越明显的动态化趋势，可长期保持的竞争优势越来越少。

5. 成为21世纪企业建立在以下这八项商业本质之上：

（1）**行事基于战略、谦卑的英雄领袖；**

（2）**适应变革和基于知识的管理；**

（3）**基于价值链的营销方式；**

（4）**强调一致性的利益共同体；**

（5）**造就创新的企业文化；**

（6）**基于创造顾客价值的核心竞争力；**

（7）**善于体认趋势的快速反应机制；**

（8）**开放而敏感的辨认航向。**

6. 英雄领袖的本质是谦卑的经营品格。

7. 基于战略而不是战术的行事准则：英雄领袖的另一本质是强调战略的管理方式。我们需要强调的是，随着企业的迅速成长，企业领导者有义务确立整个组织执行各种战略的行事准则，即如何执行。

8. 领导、团队与沟通管理的本质是变革和知识，这就使组织是基于未来而不完全是现在。

9. 企业面对的一切都将是变化的，加上21世纪在网络科技和知识管理为特征的新经济下，变革管理成为企业管理中最重要的方面。

10. 渠道、品牌与战略营销的本质是价值链，它使竞争是基于为客户创造价值而不是一味地打击对手。

11. 对企业自身来说，21世纪竞争将在一个企业群和另一个企业群之间展开，企业通过与经销商以及最终用户建立价值链从而形成一种战略网络。比拼的将不仅仅是营销手段和品牌投入，渠道整合能力和成本压缩将是尤其重要的因素。

12. 利益共同体的本质是一致性，使业务管理是基于公司战略和客户价值，而不是各自为政。

13. 一个合理、明晰的利润分配模式可以调动各方的积极性，各方得益，战略一致的模式使得面对最终市场的各方形成利益共同体。

14. 企业文化的本质是创新，这就使企业不断引导创新，适应变革和鼓励改进，而不是对个人的神化。

15. “今后的500强企业将是采用创新企业文化和创新文化营销策略的公司。”企业文化学的奠基人劳伦斯·米勒预言，“最终的竞争优势在于一个企业的学习能力以及将其迅速转化为行动的能力。”

16. 核心竞争力的本质是为产品或服务的消费群体创造价值，这就使竞争优势是基于企业自身创造价值的能力而不仅是联合外在资源。

17. 从全球的经济竞争中看，价格和质量已经不能成为核心竞争力，只有创造顾客价值的产品才是企业获利之道。

18. 快速反应机制的本质是对趋势的认知能力，对经济环境和市场趋势的认知能力变得比任何时候都宝贵。

19. 供应链的反应事实上由该供应链上的核心企业或者说强势企业为中心，通过上下游资源的有效整合，实现以最低的成本给客户带来最优的高附加值服务。也就是说，企业不仅需要提供优质的产品，更需要拥有对产品整个供应流程的驾驭能力。

20. 客户需求的多样化要求企业供应链在最短的时间内捕捉到消费者

需求并在恰当的时间，恰当的地点满足这种需求。

21. 谁能保持对未来的敏感，谁能以开放的心灵面对新思维，谁就更有可能成为下一轮的赢家。㊀

22. 立足于21世纪全球化知识经济的环境中，企业领导者还必须通过社会科学贡献的成果理解人们的感受，敏感于员工、股东、消费者的感受，以开放的思维有效提升远景使命的“高瞻远瞩”能力。

㊀《环球企业家》，2003年1月总第82期，《2003商业新思维》，作者：鲁娜，宁檬，吴伯凡，申音，贾可。

风平浪静的商业环境已经是过往历史，而今的商业环境常常风云突变、潮起云涌，就像一个『激流世界』。

——史蒂芬·柯维

11
第11章

永无止境

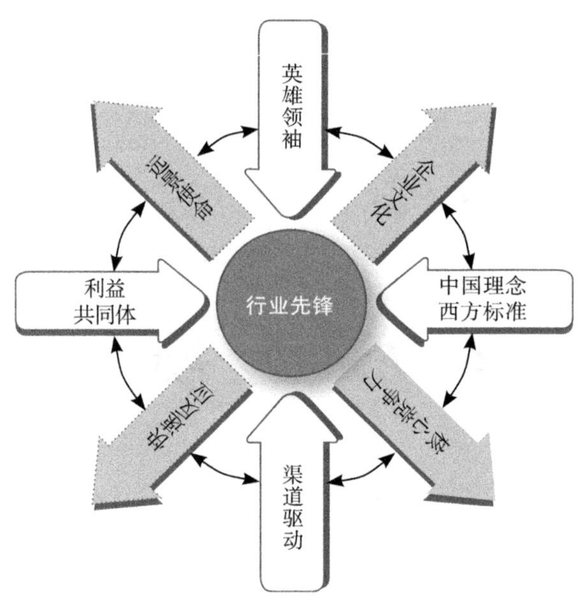

我们在第 10 章中研究和讨论了属于 21 世纪企业的基本商业特征，回答了“我们要创造成为怎样的企业”这个问题。在本章中，我们希望寻找到一个结论，它能揭示先锋企业长期（指完成另一个 15 年）持续成长的缘由，回答“我们何以发展成为那样（属于 21 世纪）的企业”。

正如吉姆·柯林斯在《从优秀到卓越》一书中所说的：“事实上，新经济中也没有什么新东西！”我们认为“如何成为”这个问题的答案仍然在八个相互关联的因素之中。事物都是发展变化的，导入和产出在经历了一个轮回之后，各个因素之间就开始相互作用：作为产出因素的“企业文化”开始反作用于企业高层管理者（最初导入为“英雄领袖”）和企业的管理方式（最初导入为“中国理念，西方标准”）；“核心竞争力”反作用于企业的管理方式和市场所需价值（最初导入为“渠道驱动”）；“快速反应”反作用于市场所需价值和战略联盟（最初导入为“利益共同体”）；“远景使命”反作用于战略联盟和企业高层管理者，如图 11-1 所示。我们将在下文一起讨论和经历一次循环的过程。随之，更新后的四个导入因素又再次带动四个产出因素的更新，如此周而复始（见图 11-2）。

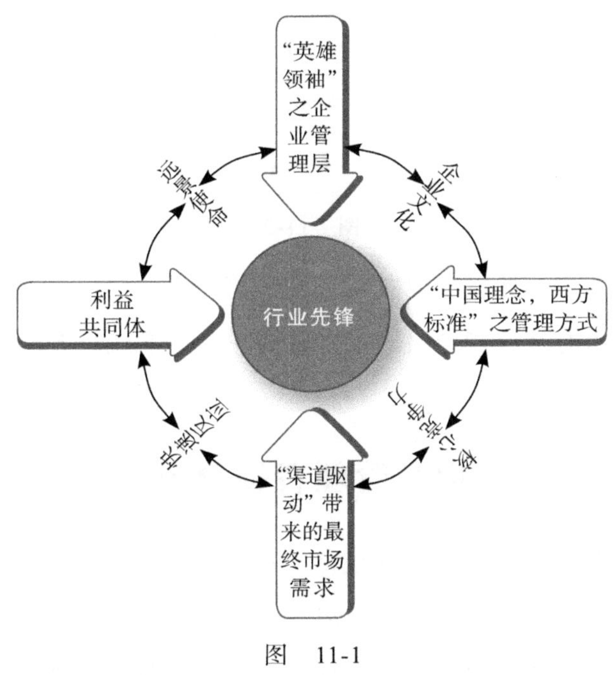

图 11-1

我们首先注意到产出的这四个因素：企业文化、核心竞争力、快速反应和远景使命。这些因素确定了企业某一阶段的表现，它们都是企业发展过程中的阶段性产物，它们的意义在于在一个经济阶段的成长过程指导企业。而企业在相对于这个指定经济阶段中，其成长过程完全有可能经历高层管理人员的换届、企业管理方式的更新、市场及客户需求的变化以及利益共同体的重新组合。在这样的情况下，保留在企业组织机能中的企业文

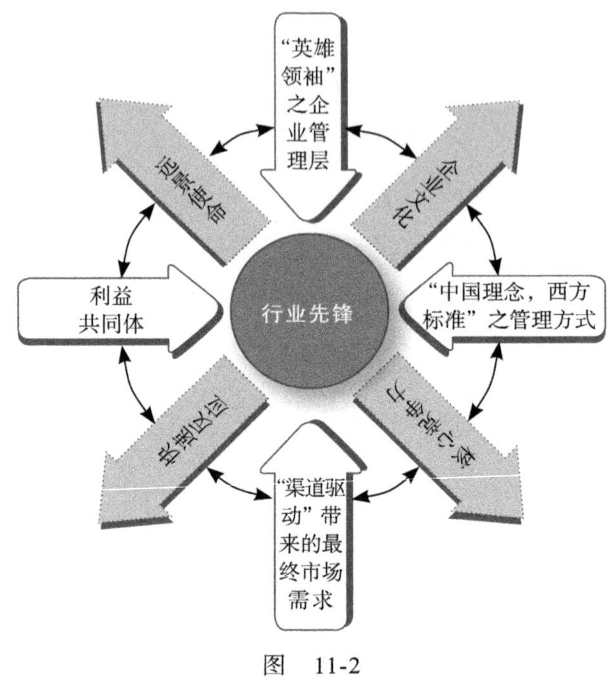

图 11-2

化、核心竞争力、快速反应以及远景使命将作用于这些发生变化的导入因素。同时确保和提升这些导入因素直接指向既定的成长方向。

提升管理者领导力

我们在很多研究材料中看到这样的观点：海尔如果没有了张瑞敏，会怎样发展；TCL 如果没有李东生还能否保持良好的市场表现。这些忧虑都来自于对先锋企业目前领导者的种种推测。事实上，我们认为这些推测本身并没有意义——最优秀的领导者有能力建立企业文化和远景使命而使他可以被取代。如松下幸之助说：“我为松下制定了 250 年的奋斗目标。要 10 代松下人不断奋斗，使这个世界成为物质的乐土。”这代表企业文化和远景使命对几代企业高层管理者的持久作用力，即使不再是松下幸之助本人，松下的企业文化和远景使命也必将提升他的下几代领导者的领导力

（见图 11-3）。

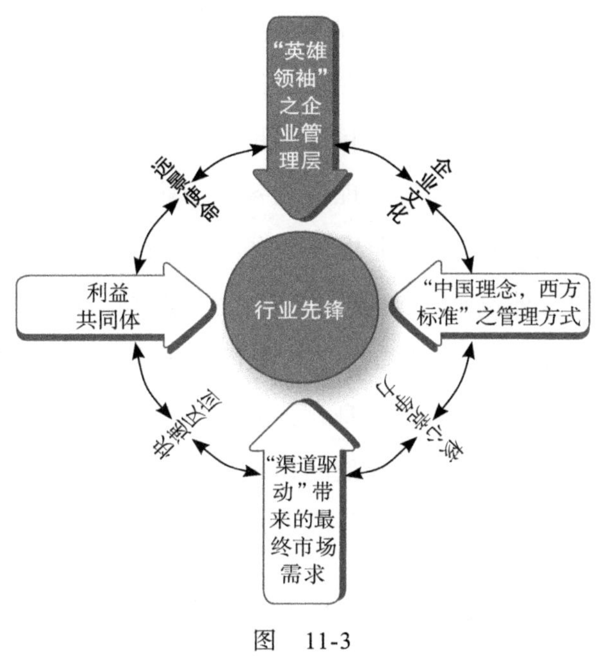

图 11-3

当一位能干的领导者离开时，企业不会四分五裂，而有能力迎接更多的挑战，原因在哪里呢？因为这位领导者已经将他的文化和远景根植于企业自身——企业文化和远景使命是这个问题的答案。这两者承担了提升下一任高层管理者领导力的重要培育任务。[⊖]就本质而言，企业文化和远景使命可以让企业高层管理者提升领导力，成功地使其自身目标与企业目标相融合，令他们学会如何做正确的事情。这样，当他们取得成功时，企业也就获得了持续成功。

一句与格言"80% 的努力创造出 20% 的收益"相反的话是"20% 的努力创造出 80% 的收益"。但是，领导者怎样才能发现那关键的 20% 呢？我们认为企业文化和远景使命就是这关键的 20%。它们令企业高层管理者提升的领导力主要表现在两个方面：协调一致和付诸行动。通过文化与远

⊖ 科尔尼 www.atkearney.com.cn，《a 领导：并非你在商学院所学到的》，作者：Anne Deering。

景的结合，为历任高层领导者清晰展现了企业需要前景的方向和了解了应该如何改变，通过使命和管理流程使之及时付诸行动。事实上，这些原则的核心即是目标的明确与一致：企业文化和远景使命所起到的作用就是令历任管理者向着具体的、一致的目标同步行进。由于每家企业的文化与远景各不相同，因此它们的高层管理者在各自企业所培育出的领导力，是他们在任何商学院或是在其他企业里没有办法学到的。

企业文化让企业高层管理者真正明白是通过管理赢得员工的“人心和思想”，使他们相信自己的信念，从而投身于未来远景及使命。因为远景使命带给企业员工的信念，本身就会激发他们更迅速有效地行动。文化和远景帮助提升高层管理者，有效的领导力表现在员工脚踏实地投入的过程，更重要的是，他们是否正朝着这个方向前进。

提升力量之一：让“远景使命”指正方向

对企业高层管理者来说，如何分清“正确地做事情”和“做正确的事情”是很难的，尤其对那些注重细节的人来说。领导者必须抽出时间仔细权衡事情的轻重缓急。如果他们不能从今天的行动摆脱出来，那么明天的行动也许就不会是恰当而又及时的。领导者可以通过“远景使命”指引的方向勾画出企业在外部市场的定位，这样他们既可从中发现商机、制定战略，又可将战略运用到企业中，使之得以实施。

对于单个的任务和措施，领导者应该考虑以下几个基本问题，从而决定哪些方面应该算在这 20% 里：

- 这一措施对团队或组织的使命有多重要？
- 这一措施是否同该团队或企业的关键价值一致？
- 这一措施同该团队或企业的核心能力是否协调？
- 这一措施同关键成功因素有多符合（比如足够的支持、利益相关者的认同或清楚的反馈）？

- 这一措施的回报有多大？
- 这一措施的成本与风险有多大？

我们知道技术的飞速发展使得处于计划阶段的新产品和即将推出的服务项目有可能在未完成之前就已经过时了，领导者需要及早发现，以便能尽快采取行动。远景使命带给高层管理者的诀窍就是先要朝着大致的方向迅速行动，然后再依靠过程中的调整来锁定目标。在这个瞬息万变的世界，很多商业计划在其成熟之前，市场行情可能已经变了，所以高层管理者要及早采取行动、及时调整计划。领导者们及组织内部必须要有能力和反应速度确保先确立占领市场的大方向，然后再问自己哪里是最准确的战略目标。强有力的领导者懂得什么是值得坚持的，并且严格评估项目和变革计划，若是对企业的目标和愿景价值不大，就毫不犹豫地放弃。

提升力量之二：协同一致的企业文化

领导者不仅要不懈地坚持他们的重要任务，而且要保持随机应变的能力。而我们知道坚持与固执事实上仅有一条微妙的界线。一家企业在同一时间内能够集聚的能量是有限的，所以领导者在确定了重点任务，便要开始指挥这些能量。如果员工的动力不能持久，那么企业的能量就浪费了。这时候有效的企业文化起到了组织的协同作用，可以帮助那些在内外部拥有权力并可以施加影响的人（比如高级管理层和股东）在获得资源与自主权的同时，和员工一起向同一目标进发。

另一方面，由于领导者无法对每个人进行指导，所以他们建立鲜明的企业文化，创造出对员工意见的反馈体系、直接汇报机制，以及一系列事先授权机制，并将这些机制贯穿于整个企业。在有效的企业文化协调下的企业必然是学习型企业，企业的各成员能够在适当的时间里掌握并运用适当的能力，以帮助高层领导者不断地执行并坚持既定的目标，直到目标实现。

提升企业运营管理的策略

企业运营与管理是指包括产品开发、采购和供应管理、生产制造、订单完成、供应链管理、后台办公及现场服务等一系列活动。它是企业为用户提供服务创造价值，并为自己创造真正收入和利润的发动机。[⊖]而我们知道任何引擎在经历一段时间后都需要进行大修维护，尤其是当我们身处一个巨大的变革时代：企业现有的运营策略总是面临着过快的危险，这迫使管理者必须及时制定新的运营管理策略（见图 11-4）。

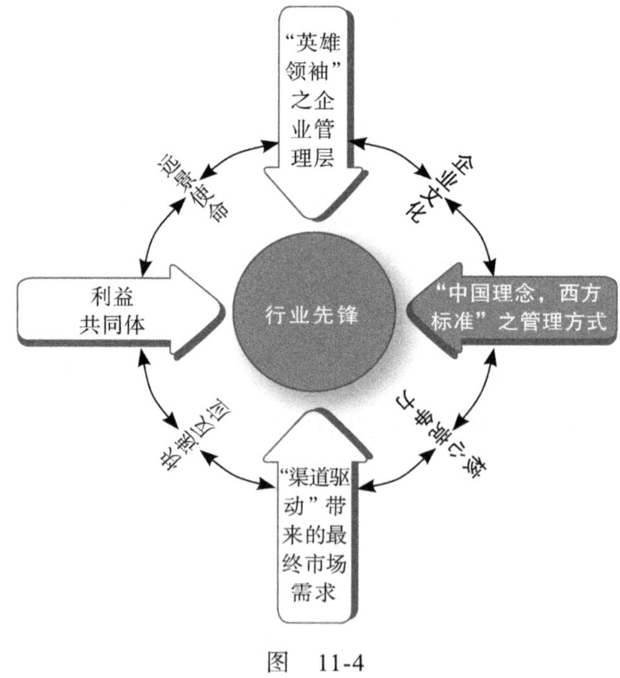

图　11-4

⊖ 科尔尼 www.atkearney.com.cn，《你的运营策略过时了吗》，作者：John Blascovich，Bill Markham。

我们认为，未来十年的企业管理与运营将不仅仅局限于以标准化运营来管理企业。未来的企业运营管理将或多或少地参与到与供应商、分销商及顾客群相关的供应链系统中。未来的管理也将渗透在与产品（服务）相关的供应链上，组织、管理并运营一个高透明度的供应链将成为一个积极的趋势。系统化下单、库存和运输的透明性，将使得贸易伙伴可随时优化供应链运营。此外，以规则为依据的“事件处理模式”也在兴起。例如，当一批船运货物在运输途中被耽误了，或者一台生产设备出现故障而停运了，实际的执行状况与计划的差别将受到监控，并根据规则自动给出变更计划或补救行动。这将昭示什么呢？企业应当如何调整运营体系与管理方式呢？还是仅仅依靠企业现有或正在执行的流程导向和法治导向（详见第3章）的运营管理方式吗？企业需要如何提升自己现有的管理方式呢？

为了保持市场领先地位，有些企业依靠使人眼睛为之一亮的新式设计创造竞争力优势，但那只能实现短期内的市场份额增长，先期的技术投入与短期的市场份额并不能给他们带来预计的利润和持久的竞争力。具有较高利润率的公司往往是那些在产品与流程上不断创新的公司：它们在企业内部的业务流程上不断努力创新，并将这些流程创新系统地应用到跨企业的相关组织内，从而使其在市场上取得了领先的地位。

领先的公司已经率先采用了新的商业模式，它以新的方式包容多个公司的运营管理。他们正在建立提供全面的服务套餐，通过增强企业核心竞争力（顾客价值实现的能力）关注高价值的客户群，为他们提供定制的产品，这样就可以深入客户的价值链中。通过企业文化，他们会预见到变化，并且结合洞察力、战略和创新，在此之上指导运营管理的策略。

提升力量之一：关注实现顾客价值的核心竞争力

一般来说，企业通常会描绘和分析其目前的经营方式，并进行逐步的改进，但由顾客价值而引导的企业流程创新就远远不止这些了。核心竞争力要求企业建立并保持着对顾客所需价值的竞争力优势。这个时候，仅仅依赖基于企业内部的管理方式（流程管理、法治管理）将无法跟上顾客的价值所需。核心竞争力在这个时刻便带给企业流程创新的突破动力：由于核心竞争力要求企业必须基于市场及顾客价值，而以市场及顾客价值为基础的企业管理往往要求企业打破原先职能式的管理制度，建立一套全新的流程与政策。其原因在于，企业要实现其基于市场及顾客价值的核心竞争力，就必须充分提高新产品研发和上市的运作周期、库存周转率、产品质量、灵活性或生产效率。只有这样才能满足顾客不断变化的价值所需。流程创新可以在价值链（基于价值的供应链）的每个环节得以体现，包括产品的研究、设计、开发、采购、物流、生产、市场以及对销售商的管理和客户服务。

公司通过改变营运管理的方式，实现显著的优化：

- 整体的可见性：不论对于公司内部各部门还是与外部商业合作伙伴，要有对其信息资料的收集、保存、更新和共享的能力。
- 信息的一致性：对各部门之间分散数据的整合。
- 实时决策支持：针对客户的偏好和市场环境的变化，能够做出及时的业务决策。

流程创新将从根本上建立了新的流程与政策，极大地提高了效率、质量、适应性和生产率。

我们知道，核心竞争力要求企业不断改进业务流程，以便于更多地与最终用户进行互动，找出他们确切的需求和他们关注的价值，并且准确迅速的实现顾客所需。在核心竞争力对流程管理和法治管理的突破动力下，企业运营管理的方式将得到这样的改进：必须建立通过协调其上下游的流程和执行方式，既要实现供求一致，又要减少供应链中的浪费。

例如丰田公司就把它的核心竞争力发挥到了极致。丰田明白实现客户价值、满足客户需求就是它的最终目标，因此丰田时刻关注市场上不断变化的客户需求，以优秀的流程创新技术将有用的市场信息迅速地转化成能满足客户需求的产品。丰田在汽车设计与开发上的流程创新的例子充分体现了丰田对自己的核心竞争力的驾驭能力。⊖丰田在设计、管理和运营虚拟合作方面处于行业领先地位。供应商可以对零部件进行设计，工艺部门可以整合各个汽车的子系统，市场部门可以提供客户偏好的反馈，这些过程都可在同一时间进行。这样，整车制造商将产品推向市场的时间也就大大缩短了。与之对照，传统的产品开发流程是一个线性的流程：研究、设计开发和其他工序都是以线性的方式进行的，各部门都必须在指定的时间依次参与。丰田通过虚拟合作，已将总的汽车研发时间缩短了近一半，丰田创造了在 12 个月内完成新款卡罗拉设计开发的纪录。

提升力量之二：智慧的企业文化

从提升未来企业运营管理方式的角度看，企业将面临的最重要的挑战来自于企业外部的、参与企业运营流程的供应链成员的协作。由于越来越多的企业都趋向于关注核心能力，即他们的商业中最好的部分，而不是其他方面。随之出现的将是许多企业组成价值链网络，这些企业利用互补的能力为客户提供价值。

显然，未来企业的管理将不仅局限于企业自身，还将与企业供应链成员有关，这意味着各企业间必须协同管理，合作代替了控制。企业文化将有助于企业创建一个新的角色——“价值网络整合者”，他们推动各合作成员的业务联系，集合并策划以价值实现为导向的企业间的合作文化。但并不是所有公司都可以成为“价值网络整合者”这个角色，可以承担这个角色的企业必须具备充满智慧的企业文化。

⊖ 科尔尼 www.atkearney.com.cn，《超越产品创新：未来汽车行业展望》，作者：C. V. Ramachandran，Anil Nileshwar，Gang Xu。

我们知道强健的企业管理方式将广泛地涉及企业供应链成员间的架构关系、流程改进与创新、技术和人员结构。而在到达这一目标之前，企业必定会经历磨炼或受到打击。柔性的文化令经营战略与商业战略和行业变化的步伐三者结合，以确保企业变革后的运营管理方式的最终执行效果。智慧的企业文化将起到扩展企业间完美合作的作用，涵盖客户需求、科技、行业转型、全球化和商业持续性风险所带来的挑战。企业文化带给企业的关键力量在于为企业内部成员和企业的协作或合作伙伴共同创造类似的文化环境，为企业间的合作发展做好准备，以确保企业自身持续地确定、监测和完善运营管理策略。

创 造 市 场

绝大多数的产业目前仍是买方市场。通过战略采购，客户能最大限度地运用他们拥有的购买力。而供货商们面对的是全球性产品过剩和残酷的竞争对手，除了接受买方的条件别无选择。而这些供货商反过来向自己的供应商施压，索取“更多、更快、更便宜”的服务。这就像倒下的多米诺骨牌一样，需求一层层地沿着价值链反向递推。与此同时，消费者也不甘寂寞，在速度、个性化和信息方面提出了新的要求。

结果呢？如今的游戏规则完全地转向了客户需求，客户期望供货商积极响应他们提出的所有要求，不管这些要求有多不合理。客户们要求得到超值优惠的价格、高度个性化的产品和服务以及无可挑剔的终身服务。总之，客户对企业的运营、产品和服务提出的要求大幅提高。渠道驱动营销方式下的具有竞争力的价格、时间和质量仅仅是产品得到市场承认的开始，而这些已经无法满足市场和客户的需要。面对如此严峻的市场形势，企业在获取渠道的驱动力之后，应当如何进一步创造市场呢？

提升力量之一：以核心竞争力创造市场价值

让我们先来看 Ben & Jerry 牌冰激凌的案例。[⊖]在佛蒙特州这个“绿色山峦之州”生产冰激凌，就生产流程而言并没有什么特别的效益，而且可能比不上在地理位置更便捷的地方生产效率高。但是在佛蒙特生产冰激凌可以强化 Ben & Jerry 公司一直以来成功树立的家庭自制、真材实料的形象，从而增加 Ben & Jerry 的品牌资产——这就是该公司最核心的能力所在。

消费者由此相信，在充满田园风情的佛蒙特乡间制造的美味冰激凌，一定会是令人信赖的优质产品。它秉承了当年公司创立者在一家老加油站里开始制作和出售冰激凌时的理念。生产成本可能要高一些，但是高端产品的形象一旦树立，其价格在抵消高出的成本之后还绰绰有余。换而言之，选择继续在特定地点保持内部生产，这是 Ben & Jerry 的核心竞争能力之一——品牌形象再次优化（见图 11-5）。

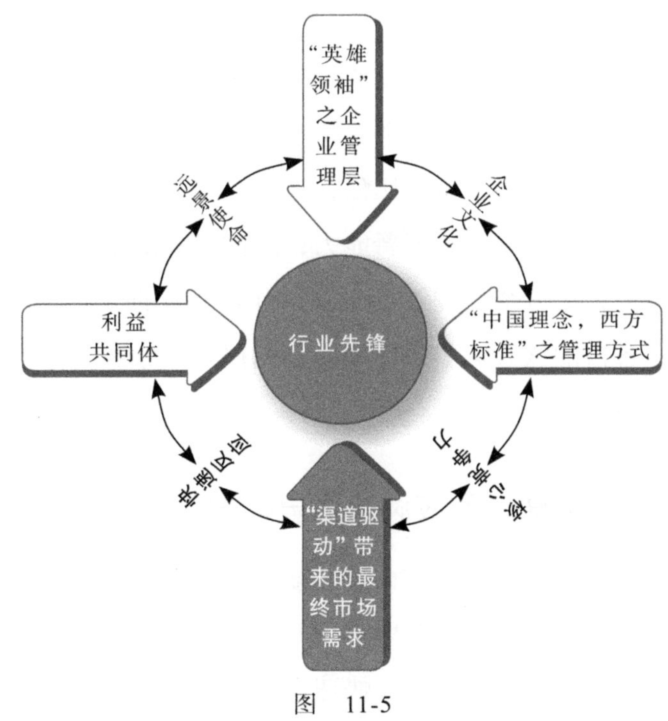

图 11-5

⊖ 科尔尼 www.atkearney.com.cn，《自制还是外包：新问题，新答案》，作者：Gillis Jonk。

Ben & Jerry 公司的例子成功地演示了公司核心竞争能力是如何产生并创造顾客价值的。正如我们在第 7 章讨论的，核心竞争力可以包括技术能力、产品化能力、分销能力、制造能力、人力资源能力、品牌价值……其关键是实现顾客价值的能力。在 Ben & Jerry 公司的案例中，制造能力显然无法满足顾客所需价值：工厂在冬天销售淡季处于半停产状态，闲置的生产能力无疑不能带来实现顾客价值的能力，加上产品在偏远地区也导致了分销成本的提高，这些都无法提升产品价格的竞争力。然而 Ben & Jerry 公司成功地运用了品牌价值的竞争优势，由于生产地本身代表了田园风情，“充满田园风情”的品牌形象对顾客产生了深远的影响。一旦这种关键能力形成，Ben & Jerry 公司只要能够在气候最炎热的时候源源不断地供应冷饮，就可以确保企业的业务能力。这时候，过剩的生产能力将不再是负担，相反还有利于进行新产品试验，以及在新产品投放市场后增加产量。

我们希望强调的是，企业的核心竞争力一旦形成，只要将核心竞争力深植于市场 / 顾客 / 最终用户，企业就可以获得市场的认可。市场会自然地通过品牌识别体现这种认可。比如，人们会将沃尔玛与零售分销能力结合在一起，索尼代表的是技术创新能力，宝洁代表的是品牌营销能力，丰田代表制造能力，这些企业无须再通过具有竞争力的价格、时间和营销方式获取市场，各自的核心竞争力已经为它们提升了顾客 / 用户的认知并给它们带来了市场价值。

提升力量之二：以快速反应满足客户的需要

如果企业一时间无法获取核心竞争能力，或者即使是拥有了某种核心竞争能力，而当企业要进一步获取市场时，企业的运营必须要通过快速反应机制带来的动力满足客户需要。快速反应机制带给企业的首先是灵活的运营，它确保以最快的速度找到成本与服务水平的最佳平衡点。其次，快速反应机制简化了企业的运营，减少资源和活动的浪费。

随着客户期望值的增长，他们将提出的要求包括：

- 更新、更好、更高价值的产品和服务。
- 针对个体市场的需求做出量体裁衣的回应。
- 新的订单和分销模式交易次数加几倍，而每一笔交易量却减少为几分之一。
- 产品的价格不增加，而价值增加。
- 无可挑剔的终身服务支持。

让我们看看以下案例[⊖]：一家西班牙服装零售商在整合设计、生产和供应业务流程以后，能够把新品从开始设计到进入商场的时间缩短到不到两个星期，为公司增加了300多万美元的现金流量和近千万美元的销售增长。在欧洲，一家汽车制造商把一款新车的设计和装配业务转包给第一层供应商，结果既提高了生产速度和灵活性又将成本降低了6%；由于产品成本降低，该车比预计增加了11%的市场份额。在新墨西哥州，一家芯片供应商的工厂被雷电击中，当地一家手机制造商立刻做出反应，重新设计了芯片，找到了其他货源，最后实现了生产目标，在出现突发事件的情况下，仍然保持100%的客户服务水平。

快速反应正扮演越来越重要的提升企业市场价值的角色。它将成为企业获取市场价值的制胜利器。因为快速反应带给企业的是速度与影响力：当企业切实关注客户需求，使跨公司的业务运作步调一致，以信息代替资产，消除重复性工作和多余层次，它获得的回报将是企业期盼的收入增长、利润和竞争优势。

⊖ 科尔尼 www.atkearney.com.cn，《管理21世纪的供应链》，作者：Sue Oaks，Bill Markham，Steve Mehltretter。

向前进目标加速

面对强劲的经济逆风，企业正努力寻找着显著提高业绩的方式。交给利益共同体的一个更明显的问题是：企业间如何决定自制还是外包的决策，而外包无疑是提高业绩的通途之一——很多成功案例表明外包决策得当的企业就能财源滚滚。[⊖]像制造业重提“自制还是外包”问题显然是有理由的：无情的竞争驱使企业大幅提高业绩，信息技术的进步使产业价值链更加模块化，因而提供了更多的获利机会。加上当前消费者对产品和服务水平提出个性化要求，从而导致了专业化分包商更深层面的参与。最后，一些领先企业越来越意识到潜在收益的重要性。例如，在电子产品行业，全新的制造服务行业模式已经形成，对于“自制还是外包”决策，行内的企业早已建立了完整的决策基准模型。

然而只有很少的外包决策是“黑白分明”的，尤其在制造业，几乎所有的此类决策都处在深浅不同的灰色区域里。外包决策以前纯属企业的日常经营性决策，而今关于这一决策的某些讨论已上升到了公司战略层面。利益共同体之间应当如何更深层次的合作呢？如图 11-6 所示。

提升力量之一：帮助决策的远景使命

乍看之下，把生产部门的任务外包给拥有一流技术设备和灵活生产能力的第三方，这似乎是一项双赢的选择。分销商得以集中各个不同企业的产量，通过规模经济和生产技术经验的积累创造经济效益，企业也得以集中精力增强核心业务能力并拥有更为灵活的产能。尽管有这些显而易见的优点，但企业并没有大量地将生产任务外包。很多其他方面的顾虑会令执行者对这一决策心存保留，例如要协调交易双方的利益并非易事，又如分包商市场尚未成熟。

⊖ 科尔尼 www.atkearney.com.cn，《自制还是外包：新问题，新答案》，作者：Gillis Jonk。

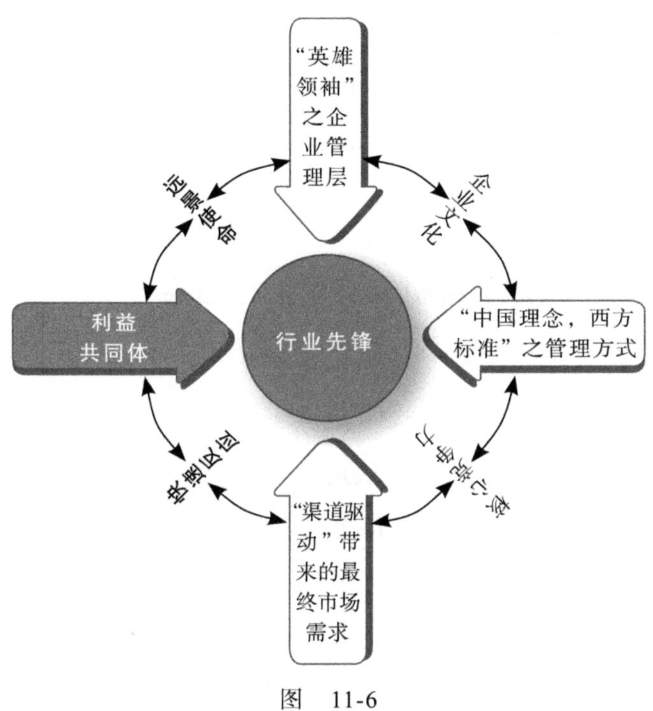

图 11-6

远景使命带给企业决策的考虑方法，通用做法是将企业的内部生产能力根据其对公司的远景使命和经济绩效进行评估：与远景一致，并具有重要战略意义和高效率的能力留在内部，而不重要的和效率低下的能力就包给第三方。

事实上，远景使命的提升力量在于：对最终决策结果，远景使命所代表的并非是完全以价值驱动而形成的决策结果。我们以快速消费品类公司为例，众所周知，对这类公司而言，品牌价值、创新能力（保持品牌价值的能力）和分销能力是其市场价值更重要的驱动因素，而非生产制造能力。如果单以影响企业业务价值作为考虑因素，由于生产能力的高下并不是这些快速消费品类公司价值的驱动力量，生产部门完全可以外包给第三方去执行。

然而，尽管外包决策能带来巨大的利润，如果企业的远景使命是“成为引领时尚的先锋”，那么它的创新和供应能力就成为企业成功的重要因素。其生产外包带来的风险也不容忽视：假如生产合同谈判耽误新产品上市三个月以上，那么这家企业付出的代价将是惨重的，所有创新能力带来的企业价值可能最终由于生产外包而前功尽弃。因此说，远景使命带给企业有关其发展方向决策的考虑方法和依据。

提升力量之二：快速反应机制确保执行结果

企业如果打算通过某种形式的联合或集中利益共同体共同实现市场运作，那么它需要选择最佳合作伙伴。一旦企业妥当地解决了“自制还是外包”问题，最佳合作伙伴之间的快速反应机制能够为企业赢得成本优势，并且能够提高生产性资产效率。每个利益共同体伙伴都将在协作统一的快速反应机制下充分发挥自己的优势。

以仓储运输的物流外包为例，这是比较常见的一项外包业务。许多公司发现，把仓储运输外包以后，不但仓储管理及运输服务水平得到提高，与其相关的管理和营运信息量也相应更全面和细致了。原因何在？事实上，这个物流执行企业自身的竞争优势就是提供专业的物流服务。作为利益共同体成员，他必须与伙伴成员共同完成市场/顾客的需求，所以他们投资装配了世界一流的仓储管理系统和运输监控系统，他们需要更多管理和运营信息来达到利益共同体成员的需求和市场需求的快速反应。作为“最佳”合作伙伴，他们还可能需要强化质量控制措施和其他措施，以便有效地整合流程及增强管理的快速反应程度。

快速反应机制令利益共同体成员相互之间必须确立“最佳”合作伙伴。因为最佳合作伙伴一旦选定，剩下的合作企业就会沦为二类企业——这些行动不够快的企业的最后还可能会被曾经代表竞争实力的生产性资产套住而无法脱身。与此同时，参与重塑供应市场的领导者将成为最佳供应商。而其他企业如果想获得低价的产品，就不得不把生产业务外包给这些新领导者。

小 结

我们在本章讨论了导入因素和产出因素在经历了一个轮回之后，各个因素之间的相互作用。作为产出因素的企业文化、远景使命、核心竞争力以及快速反应机制确定了企业某一阶段的表现，当企业经历高层管理人员的换届、企业管理方式的更新、市场及客户需求的变化以及利益共同体新组合的情况时，保留在企业组织机能中的企业文化、远景使命、核心竞争力以及快速反应机制将作用于这些起变化的导入因素。同时确保和提升这些导入因素直接指向既定的成长方向：

- 企业文化与远景使命：帮助提升管理者领导力。
- 核心竞争力与企业文化：及时调整企业运营管理的策略。
- 快速反应与核心竞争力：进一步创造市场。
- 远景使命与快速反应：令企业前进的目标加速。

事实上，这是企业持续成长必经的循环：企业经历的第一次循环，即导入因素创造产出因素的循环，需要企业在很长一段时间内积累迈向行业先锋的动力；第二次循环，即产出因素对导入因素的提升与调整，是企业积累动力迈向另一个长期持续成长的过程。这将带动先锋企业的下一个成长目标，即成为属于21世纪的企业。我们认为无论这些因素有着怎样的变化与更新，企业得以持续成长的动力正是源于各因素之间的相互作用与促进。

我们的观点

1. 企业文化、远景使命、核心竞争力和快速反应机制确定了企业某一阶段的表现，它们都是企业发展过程中的阶段性产物，它们的意义在于在一个经济阶段的成长过程指导企业。

2. 企业的成长过程中经历高层管理人员的换届，企业管理方式的更新，市场及客户需求的变化以及利益共同体的重新组合。在这样的情况下，保留在企业组织机能中的企业文化、远景使命、核心竞争力以及快速反应机制将作用于这些发生变化的导入因素，同时确保和提升这些导入因素直接指向既定的成长方向：

（1）企业文化与远景使命：帮助提升管理者领导力。

（2）核心竞争力与企业文化：及时调整企业运营管理的策略。

（3）快速反应与核心竞争力：进一步创造市场。

（4）远景使命与快速反应：令企业前进的目标加速。

3. 最优秀的领导者有能力建立企业文化和远景使命而使他可以被取代。

4. 通过文化与远景的结合，为历任高层领导者清晰展现了企业需要前景的方向和了解了应该如何改变，通过使命和管理流程使之及时付诸行动。

5. 远景使命带给高层管理者的诀窍就是先要朝着大致的方向迅速行动，然后再依靠过程中的调整来锁定目标。

6. 未来的管理将渗透在与产品（服务）相关的供应链上；组织、管理并运营一个高透明度的供应链将成为一个积极的趋势。

7. 领先的公司已经率先采用了新的商业模式，它以新的方式包容多个公司的运营管理。通过增强企业核心竞争力（顾客价值实现的能力）关注高价值的客户群，为他们提供定制的产品，这样就可以深入客户的价值链中。通过企业文化，他们会预见到变化，并且结合洞察力、战略和创新，在此之上指导运营管理的策略。

8. 由于客户对企业的运营、产品和服务提出的要求大幅提高，渠道驱动营销方式下的具有竞争力的价格、时间和质量仅仅是产品得到市场承认的开始，而这些已经无法继续满足市场和客户的需要。

9. 从提升未来企业运营管理方式的角度看，企业将面临的最重要的挑战来自于与企业外部的、参与企业运营流程的供应链成员的协作。因此，未来企业的管理将不仅局限于企业自身，还将与企业供应链成员有关，这意味着各企业间必须协同管理，合作代替了控制。

10. 每个利益共同体伙伴都将在协作统一的快速反应机制下充分发挥自己的优势。

11. 只要将核心竞争力深植于市场 / 顾客 / 最终用户，企业就可以获得市场的认可。

12. 对最终决策结果，远景使命所代表的并非是完全以价值驱动而形成的决策结果。

13. 企业经历的第一次循环即导入因素创造产出因素的循环，需要企业在很长一段时间内积累迈向行业先锋的动力。第二次循环，即产出因素对导入因素的提升与调整，是企业积累动力迈向另一个长期持续成长的过程。这将带动先锋企业的下一个成长目标，即成为属于21世纪的企业。

领先，再领先

2002～2012 年，又一个 10 年过去了，我们更加关心已经领先的企业是否能一直保持行业先锋的竞争力。

在我们关注的企业对象中，一部分企业保持持续的领先，另一部分企业则陷入停滞，更可怕的是一些企业甚至已经消失，保持领先真的是一件不容易的事情。

在本部分中，我们将详细通过中国行业先锋企业的案例阐述继续创造领先的影响因素。

巨人也会倒下，但有的公司从不放弃。

——吉姆·柯林斯

12
第 12 章
又一个 10 年的创造

10年过去了，在我们还是专注于领先企业的研究中，诺基亚已经从全球领先企业的榜样沦为被收购的地步，戴尔也退出了行业先锋的第一阵营，而当时我们研究的波导、柯林格尔等这样的明星企业已丧失了竞争力，甚至不复存在。全球经济格局的改变也使得宝钢从昔日位于超越的位置进入自我转型的位置。互联网和技术创新让海尔展开了彻底的变革，这种努力充满艰辛。但同样是互联网和技术创新，让阿里巴巴、腾讯、百度这样新兴公司成为一线新星，海尔实现350亿元销售额需要用几个月的时间，而阿里巴巴只需要1天。与此同时，华为、美的高歌猛进，联想与TCL在经历了国际化业务的反思之后，启动新一轮的发展。

为什么在前一个10年都处于领先地位的两家公司，在下一个10年却出现了截然不同的结局，一家企业曲线转向急剧下降，另一家企业曲线则持续上行？吉姆·柯林斯曾在《再造卓越》（*How The Mighty Fall: And Why Some Companies Never Give in*）一书中回答了基本的问题：一流公司为什么在成功之后走向失败？柯林斯的答案是，狂妄自大是任何公司进入衰退的必然征兆。我非常认同。不过我更关注的是那些可以保持领先的企业到底做出了哪些努力。这些努力正是我们要学习的根本。在我们持续关注的这五家企业中，这新的10年也是它们调整转型、稳健成长的10

年，在这10年里，这些企业都经历了2008年的全球金融危机，也都经历了由计算机技术向网络技术的转变对商业模式、消费习惯的冲击，更经历了全球经济停滞、中国转变增长方式的挑战，环境危机、新兴市场的兴起，这一切都对企业提出了全新的课题，但是这些优秀的领先企业还是保持着领先，它们到底做了什么？

更扎实的海尔

在2004～2012年，海尔似乎比较低调，2004年海尔实现千亿元销售额的目标，自有品牌开始销往全球市场，而在白电产业中海尔成为全球的巨人。当这一切都成为事实的时候，海尔却发现自己遭遇了成长的瓶颈，一方面规模的扩张并没有带来实质上的收获，另一方面互联网技术带来的消费改变、商业模式的改变使得这家公司感受到了前所未有的挑战。海尔该如何转型，这个问题摆在张瑞敏和海尔团队的面前，他们决定全面转型，把海尔打造成一家基于互联网的家电制造企业。为了这次转型，海尔决定拿出10年的时间，放慢发展的节奏，不再只是追求规模增长，不再简单地寻求制造的价值，而是采用更贴近消费的方式、更贴近互联网的方式。看似低调的海尔开始了全面拥抱互联网的转型，也因为这样的转型，海尔获得了又一个10年的稳健增长，如图12-1所示。

对于一个已经领先的公司或者品牌，一旦表现出“自以为是”，就会有更快速、更松散的决策，缺乏认真客观的观察分析；也会过于相信管理层自己的才智，相信凭借自己的智商应该就会有更多的机会；相信自己的智力会更好地把握机会，所以会更容易获得成功。这些往往就会产生出各种由于滥用聪明而产生的浮躁，忽视细节，导致管理力度的缺失。

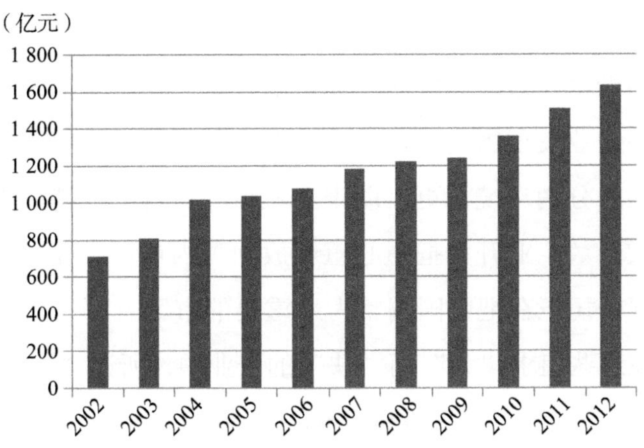

图 12-1　海尔 2002～2012 年销售额的增长情况

我们认为，对领先的企业而言，领导者更扎实地做事相对来说更重要。领导者如果不扎实，自以为是或者滥用聪明，很有可能漠视他人的智力，或者忽略他人的利益。这时或许有人会问，当“快”成为一个问题的时候，是否就一定是以“慢下来”为代价？我们认为，“慢下来”不是唯一解决问题的办法。如果从一开始，在快的同时，领导者能够把结构布局得更扎实，会直接决定日后组织管理的扎实程度。

有哪家企业最能代表“更扎实”的形象？回顾我们研究企业持续之道的过去 10 年，基于中国式制造大国的现实，很多国内企业不断地向外寻找新市场、新资源、新技术，带着企业追求发展的目标，纷纷试图追赶整个商业世界在过去 100 年里成熟起来的节奏与步伐。这其中，越来越多的公司得到了将自己扔进大世界里的机会。比如海航集团争夺全球航空资源，中海油将获得海外油气储备视为重要战略，工商银行、中信证券为摆脱单一市场的依赖努力构建自己的全球网络，中国本土汽车制造商奇瑞、吉利为了扭转与外资、合资汽车公司竞争时缺乏品牌议价能力的局面，渴望得到全球技术与品牌。

在全球商业世界里，几乎所有的中国企业都是所谓的“后来者”。这不仅仅是中国公司参与全球竞争时的一种身份，更是它们要面对的严酷现实。机遇之后是更广阔的市场，也带来了更复杂的考验，大多数企业几乎表现类同，均无法在短时间内成为成熟的跨国公司。踏上国家化长途跋涉之路后，很多企业发现国内市场上那些要求较高、价格敏感的客户以及国内挑战性较强的分销环境，更有助于企业培养自身的独特能力。于是，以联想为首的大多数企业开始把重心重新放回国内市场，要知道，越来越多的卓越的跨国公司正在把中国调整为最重要的市场。

因此，在这些追求“大”而“快”的企业中，所谓“更扎实”的形象，我们觉得非海尔莫属。海尔 1984 年创立于青岛，2013 年，海尔集团全球营业额 1751 亿元，在全球 17 个国家拥有 8.5 万多名员工，用户遍布全球 100 多个国家和地区。海尔和我们研究数据里的其他领先企业一样，拥有一个非常清晰的成长轨迹：以中国市场为优势的成长，成为举足轻重的大公司；扩展、并购领先于自己的公司以获得专利、研发、生产管理能力以及管理全球市场的能力；遭遇大公司困境并力图自我改变；解决问题并成为所在领域内最重要的公司；从而逐步实现从高利润、高增长转向低利润、低增长的成功过渡。显然，这个过程已经是一个全球供应链和全球需求组织起来的全球市场。海尔作为中国最早进入全球市场的公司之一，即使经历着这样的发展过程，为什么消费者总是会更强烈地觉得海尔就在身边，较其他品牌显得更加稳定而坚实，同时消费者对海尔的依赖会日益增强呢？

这其实体现了海尔领导层更扎实发展的一面，张瑞敏这样和他的员工解释扎实做事：“什么叫作不简单？能够把简单的事天天做好，就是不简单；什么叫作不容易？大家公认的非常容易的事，能够非常认真地做好它，就是不容易。”2010 年，张瑞敏围绕更扎实的发展，给出了从战略和执行两个层面的严谨思考。从战略层面考虑，张瑞敏认为，海尔要做的是品牌，而不是代工。他认为“中国是一个制造大国，还不是一个创新大国，中国的白色家电产品产量占全球总产量的 40.5%，即中国生产的白色家电的产量约占全球总产量的一半，但是中国品牌在海外占比只有 2.9%。换句话说，海外 100 台有品牌的白色家电产品里只有不到 3 台是中国品牌的产品，海尔占了 2.6%，这也就是占了中国品牌当中的约 86.6%。海外 10 台中国的品牌产品中 8 台以上是海尔的，但是现在这个总数还非常小。如果说把全球企业分类，一类是世界级品牌企业，另一类就是给世界级品牌打工的企业。海尔作为中国最早走出去的国内品牌之一，我们不是给外国品牌做代工，而是真正要做品牌”。

既然是要做“海尔”品牌，国内市场就首先是优势，尤其针对互联网时代里的两个问题：“海尔怎样在第一时间以最快的速度满足用户需求？怎样实现一个虚实网融合？”张瑞敏认为虚网是互联网，互联网用户有需求，海尔必须扎实地用实网来满足物品交付。我们在前面的章节中描述过海尔重视渠道，在全国各地架构了丰富的专卖店，这几年又进一步从县一直渗透到乡、村，在城市里有社区店，这些就是海尔现在的实体网络。张瑞敏分析海尔时强调：“海尔拥有营销网、售后服务网、物流配送网，这是很多国外品牌在中国最难完成取得的部分，海尔要把它们做得更扎实，这样它们就会把自己的产品交给海尔来销售。”果真如此，三年前，GE 的白电完全委托海尔来销售，GE 在中国产品销售服务均由海尔负责；同年，宏碁电脑将农村市场交付海尔来实现。张瑞敏继而构想：“实网还是非常重要的，我们也要和一些品牌互相交换资源，我们在中国销售它们的产品，它们在国外用它们的网络销售海尔的产品。”

目前，海尔在一、二级市场建有 2952 家专卖店，三、四级市场有 2.8 万家专卖店，有 19 万个村级联络站，通过客户信息化系统将实体店连成黏用户的网络，实现对用户的精准营销。海尔在全国的 90 余个过站式物流中心，2800 多个二级配送站构成了一张物流网，在全国 400 个城市及 1500 多个区县实现 24 小时限时达，在 460 个区县实现 48 小时内送达。凭借“24 小时按约送达，超时免单”，为用户提供“最后一公里”解决方案的最佳体验。我们说，海尔的网络布局设计，是20年营销团队扎实迈进的成果，它成为中国家电企业迈入农村“最后一公里”的执行者，对海尔的品牌持续深得人心产生了深远的影响。

而从执行层面考虑，为了更加敏捷快速地获取并更扎实地满足碎片化、个性化的用户需求，张瑞敏这样设计和要求他的组织成员：“我们现在需要把多层级从上至下的正三角改成倒三角，所谓倒三角指现在员工变成最上层，员工第一时间了解满足用户需求，各级领导变成员工支持者，员工要什么，他们负责来满足需求，每个一线员工就是第一信息中心。战略变化和组织结构变化，这个有点儿像美国企业学者钱德勒所说的企业的两个变量，一个是企业战略，一个是企业组织结构，但是这两者之间，企业战略决定企业组织结构，企业组织结构一定服从企业战略。正三角改变成倒三角一定要符合这个战略。”

2010年，海尔从传统的“正三角”转变为“倒三角”组织，形成以自主经营体为基本创新单元的扁平化节点闭环网状组织结构，让每个员工直面市场，以实现更加敏捷快速地获取并满足碎片化、个性化的用户需求。人单合一双赢模式的实施进一步提升了海尔对互联网时代用户需求的响应速度和盈利能力。2007～2011年，海尔利润复合增长率为38%，是收入增幅的2倍多，现金周转天数（CCC）为负的10天。人单合一双赢模式的互联网特征使其具备了跨文化融合的能力，海尔在并购三洋白电业务后成立了海尔亚洲国际，这一模式得到了日本本土员工和管理团队的认可，并吸引当地一流人才纷纷加盟。我们看到，海尔这种组织发展方式的魅力就是整个组织共同扎实做事：它可以把力量集中在一起做很大的事，也可以去完成一件很小的事，把一件事做得更精致、更有效率。而最终在消费者和用户层面表现出来的就是更优质、更符合需求的产品，最终推动的是整个社会的效率和价值的提升。

企业更扎实地做事在消费者和用户层面表现出来的就是更优质、更符合需求的产品。

- 更加敏捷快速地获取并满足碎片化、个性化的用户需求。
- 把多层级从上至下的正三角改成倒三角。倒三角指员工变成最上层，员工第一时间了解满足用户需求，各级领导变成员工支持者，员工要什么，他们负责来满足需求，每个一线员工就是第一信息中心。

自我批判的华为

在研究华为的过程中，我们看到了这 20 年华为不断创造着自己的信仰体系。华为信仰体系的基石是企业文化所产生的观念性力量，即传播知识与思想的力量——这是一种容易得到一致拥护的路径。华为在企业文化方面是强势的，任正非也非常重视，并强调：资源是会枯竭的，唯有文化生生不息。华为的企业文化体系是推动华为打造全球竞争优势的重要因素。

于是我们进一步思考，华为企业文化的源头在哪里呢？从目前看是华为基本法，以及一系列的文件、规范等。而这些又来自任正非的“思想云”和“思想雨”，其本人对自己的角色定位也是：20 多年来主要七成务虚、三成务实，主要在学习、思考、交流、传播。在与部分华为员工的交流中，我们了解到这个组织在传播知识和思想上的用心。比如，每周一次的部门思想交流会，要求大家各抒己见。这个会议不分工作级别，不分新员工还是老员工，大家都尝试从这个部门管理者的角度提建议和做法。另外，几乎每周周末都有各种培训，员工可以挑选，可以参加任何感兴趣的培训，并不一定与自己的业务相关，但是培训时间累积是有硬性要求的，也就是说，员工自我能力的培养是组织赋予他的权利和义务。

以上两种极其普通而简单的做法意味着员工随时可以接受从上至下的统一思想传播，同时，员工也有非常宽敞的渠道可以从下至上地反映问题并提出解决方法。有时候我们不得不佩服任正非将军队组织里的“书记式”思想交流沿用到企业管理中所产生的巨大力量，这种方法可以非常稳固持续地关心关怀到每位员工的感受，同时又可以及时将不同观点在未形成负面思想之前得到矫正。正因如此，在当下所谓“信用大幅缩水、忠诚加速折旧”的时代里，15 万华为人对华为这个商业组织可以持续形成华为特有的凝聚力和向心力，从北非的利比亚到冰岛、格陵兰，从印度班加罗尔到英国伦敦、美国硅谷等全球发展的进程中，员工的追求已不仅仅为了工资奖金，因为他们付出的不只是时间，同时还有自己的信任、价值乃至生命。

“华为没有成功，只是在成长。”这是任正非对华为发展的自我评估。随意地翻看任正非文笔间记录的华为成长过程，即使没有听过他在华为的各类讲话，都会深深地觉得，他和比尔·盖茨一样，常常居安思危。比尔·盖茨的“微软距离破产永远只有 18 个月”，成就着大公司“大而不倒”。安全感是一种意识，更是大公司领导者积聚能量的内心动力：危机感常在，最终会让公司这个机体保持体外刺激的敏感性，保持一种警惕和临界状态，然后才有可能保持我们常常寄望于大公司所应该具有的“活力”。

关于华为，很难从任何一个角度看到任正非充满信心的一面，他始终不敢掉以轻心，始终在提防任何可能的风险和潜在的对手。任正非认为，无论发展怎样，至少有三个问题是始终不能回避的：第一，不能相信自己无所不能，即使华为在集聚人才、资本、技术积累，但能否持续掌控行业发展的脉络，能否维持强大的盈利能力，都不可预见；第二，市场只靠纵向产品不够。整体通信领域一直遵循着纵向产业模式向横向转换的趋势，也就是说，只提供纵向产业模式中的产品已经不能获取更多的市场，只有扩大该产品的横向市场能力才能继续创造新的利润体系，所以我们会看到华为手机、华为体验店都是华为转型和创新阶段的举措；第三，高利润和模块化产品可能带来困境，在原有的通信制造业领域里，一个足够长的产品线中往往潜伏着无数的敌人和对手，创新规则、行业变迁、竞争重点随时都可能让利润点转移，华为是否做了足够的准备。

任正非说："10 年来我天天思考的都是失败，对成功视而不见，也没有什么荣誉感、自豪感，而是危机感。也许是这样才存活了 10 年。我们大家要一起来想，怎样才能活下去，也许才能存活得久一些。失败这一天一定会到来，大家要准备迎接，这是我从不动摇的看法，这是历史规律。"

任正非是一个敢于自我否定并把自我否定作为一种领导者关键气质的人。2001 年是华为飞速发展的一年，外界称那段时期是华为的春天。但在春天里，他在内部会议上提出华为要为过冬做准备，这曾被 IT 企业称为行业的盛世危言。也正是在他的倡导下，华为人始终没有放松学习。而当华为已经成为全球通信行业的领先者的 2010 年，他又提醒华为管理者"让听到炮火的人做出决策"，全力打造企业的管理转型。2012 年的新年，他再一次创造性地设计了"轮值 CEO 制"，带领这个已经站在行业高峰的企业进行全面的组织转型。每一次任正非的报告和发言，每一次华为的转型和成长，都会引发人们内心的巨大触动。从这些文章里我们感受到的是，他始终如一地善于发展自己和他人并引导组织不断学习的态度。华为面对跨国公司，任正非并没有将它们看成简单而可怕的竞争对手，他认为它们是老师也是榜样，正如在前面选录过他的讲话中所说："它们让我们在自己的家门口遇到了国际竞争对手，知道了什么才是世界先进。它们的营销方法、职业修养、商业道德都给了我们启发。我们是在竞争中学会了竞争的规则，在竞争中学会了如何赢得竞争。科学的入口真正是地狱的入口处，进去了的人才真正体会得到。基础研究的痛苦是成功了却没人理解，甚至被曲解、被误解。当我看到贝尔实验室的科学家的实验室密如蛛网、混乱不堪，不由得对这些勇士肃然起敬。华为不知是否会产生这样的勇士？”

《下一个倒下的会不会是华为》的作者田涛讲过一个第一排水果的故事，将军到部队视察，第一排的战士个个气宇轩昂，一表人才，将军就问陪同他的团长，从哪里选了这么帅的一批小伙子。团长说这个营的营长原来是摆水果摊的。什么意思呢？卖水果的人都把最好的水果摆在前面，把差的坏的水果都放在后面。一个企业，一个组织，如果总是背负成功与辉煌的包袱，这个企业其实也离死亡不远了。所以，任正非讲华为是没有历史的公司。㊀

在华为的任何角落看不到华为过去的历史，没有一张图片有任正非的形象，全球各地的办公场所看不到哪个中央领导视察华为的照片……华为也是一个没有功臣的公司，华为一位高管对我说，华为是一个不承认功臣的公司，老板也是，也就是说当任正非退休以后，任正非也不会被供在华为的殿堂里。

任正非说过，我从来不在乎媒体今天、明天怎么看我。我也不在乎接班人是否忠诚，接班人都是从底层打出来的，打出来的英雄同时又能够进行自我否定、自我批判，同时又有开放的胸怀，又有善于妥协的精神，同时在看人的问题上能够多元视角，而不是黑白分明，他就是自然而然成长的领袖。领袖不是选拔出来的，是打出来的。这也是华为跟很多企业、组织很不同的特点。

“我是在被生活所迫、人生路窄的时候创立华为的。那时我已领悟到个人才是历史长河中最渺小的，这个人生真谛。我深刻地体会到，组织的力量、众人的力量，才是力大无穷的。人感知自己的渺小，行为才开始伟大。”在任正非看来，组织的力量、众人的力量是力大无穷的。“也许是我

㊀ 田涛，吴春波．下一个倒下的会不会是华为 [M]. 北京：中信出版社，2013.

无能、傻，才如此放权，使各路诸侯的聪明才智大发挥，成就了华为。”任正非认为华为有今日的成绩是“15 万员工以及客户的宽容与牵引”，而他不过是“用利益分享的方式，将他们的才智粘合起来”。任正非重视组织的成就远远超过对自己成就的描述，他对于组织的认同已经不仅仅是使命感或是责任感，他没有将自己放在组织的顶部，他做得更多的是托起这个组织，并用组织的整体力量成就华为。

任正非对组织力量的深刻理解，与其军队经历相关，在一支队伍中，个人能力突显各异的团队往往会负于个人能力平平但整体能力突显的团队。这一点，令任正非在处理利益的问题上有着宽广的心胸。一个是董事，一个是员工，在一致对外开拓时，大多数员工都是积极的，但在事关利益时，大多数员工会选择利益。那么，对董事来说，如何产生组织的最大力量，让大多数员工选择华为利益就是最重要的核心。华为的核心竞争力来源于组织和个人的核心竞争力，任正非将华为人个人的核心能力与组织的核心能力聚合，形成强大的冲击力。值得注意的是，狼的组织只适合于狼，一匹狼率领一群羊不可能形成狼的团队，一只羊也无法统领狼群。

关于对组织力量的理解，任正非对华为人所赋予的公平原则、利益共享，甚至对华为下游供应商们，任正非都会在危难时期承诺“绝不让利益共同体吃亏”，“我不知道我们的路能走多好，这需要全体员工的拥护，以及客户和合作伙伴的理解与支持。我相信由于我的不聪明，引出来的集体奋斗与集体智慧，若能为公司的强大、为祖国、为世界做出一点贡献，20 多年的辛苦就值得了”⊖。由此可见，华为的力量来源于组织整体，而绝非仅仅个人，这也是华为持续发展的动力所在，是任正非创造的组织整体的可持续力量。组织的力量在华为完全被释放出来，使得华为增长似乎并

⊖ 《每日经典：任正非语录》，2012-01-15，10:25:54，来源：中国企业家 .

受到外部的冲击，哪怕是2008年的金融危机，并没有影响华为强劲的增长。华为依靠对行业的理解、对技术的理解，更重要的是对组织的理解，成就了华为辉煌的10年，如图12-2所示。

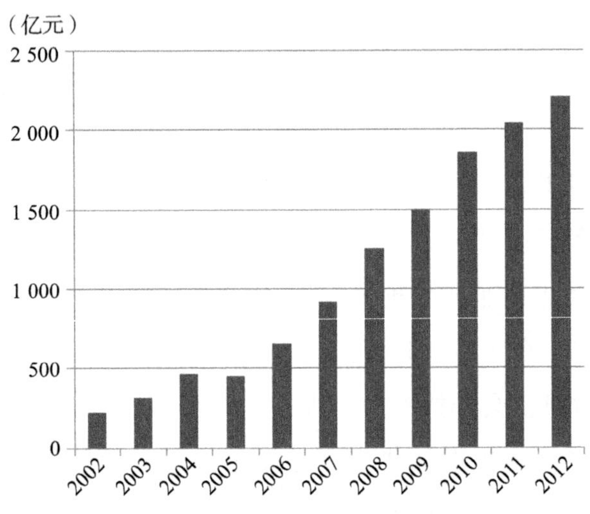

图12-2　华为2002～2012年销售额的增长情况

任正非这样感慨："一个人不管如何努力，永远也赶不上时代的步伐，更何况在知识爆炸的时代。只有组织起数十人、数百人、数千人一同奋斗，你站在这上面，才摸得到时代的脚。"[⊖]这段话曾经给我巨大的震撼，因为在这之前我一直推崇另外一个观点"站在巨人的肩膀上，你可以成为巨人"，而现在任正非的观点更让我理解一个人的渺小，更清晰地明白在一个巨大变化的环境中，只有认识到个人的局限，并借助于组织的力量才会与环境互动，而这也是任正非与华为能够驾驭变化的本质驱动力。

如果希望公司保持活力，就需要领导者和管理团队处于自我批判中以保持组织与文化的驱动力。

无论发展怎样，至少有三个问题是始终不能回避的：

- 不能相信自己无所不能。

⊖ 任正非，《一江春水向东流》，华为内部讲话.

- 市场只靠纵向产品不够。
- 高利润和模块化产品可能带来困境。

重生的 TCL

2003 年 7 月，曾经身为法国电子工业标志的汤姆逊向 TCL 抛来了橄榄枝，发出了并购邀约，面对难以拒绝的诱惑，TCL 看中了汤姆逊的电视机生产能力和汤姆逊在彩电、彩管和数字技术及影像显示技术等方面的众多专利，准备吃了这一块“有毒”的甜美蛋糕。2003 年 11 月 3 日，在香港会谈三个多月后，李东生和哈达利在广州签订了并购的谅解备忘录，最终商定了并购的具体方案。在当时的中国国家主席胡锦涛和法国拉法兰总理的见证下，TCL 与汤姆逊签署了并购协议。但是在接下来的一年里，汤姆逊彩电业务全年亏损 13.06 亿元，经营状况的恶化对 TCL 国内外业务的经营及发展造成了持续的影响。

就当 TCL 准备并购汤姆逊彩电业务的同时，又一个“法国猎物”送到了门口，同样对于 TCL 来说也是非常诱人。创建于 1898 年的阿尔卡特是一家与汤姆逊有着同样悠久历史的法国电子巨头，是电信系统和设备以及相关的电缆和部件领域的世界领导者，业务遍及全球 130 个国家。5 年前，阿尔卡特拓展了手机业务，但由于业务表现不尽如人意，董事会决定将其出售，此时 TCL 的手机业务正达巅峰，通信集团雄心勃勃，早有海外并购的需求，因此，TCL 高管团队很快决定了并购阿尔卡特手机业务事宜，双方最终成立了一家新的公司——TCL- 阿尔卡特移动通信公司（T&A），2004 年 9 月，合资公司如约正式投入运营。2004 年 11 月，阿尔卡特总部会议上，阿尔卡特手机业务传来了一连串令人沮丧的销售和财务数据，阿尔卡特销售远低于预期目标，遭遇了巨大的损失。事后，TCL 管理团队不得不承认，并购阿尔卡特的准备工作不够充分，并购汤姆逊和阿尔卡特行事过于鲁莽和冲动，TCL 手机业务在欧洲市场遇冷后，国内手机业务在面临跨国巨头诺基亚、摩托罗拉以及国内的山寨机的夹攻下，手机业务首次出现负增长，国内市场销量从辉煌的顶峰陡然滑下。

后来李东生在国内外业务交困的情形下反思了 TCL 受困的原因，他认为 TCL 的这两次重大并购受到了非商业思维的影响，同时做两个项目，存在决策冲突，在商讨具体的并购措施时操之过急，以及一开始 TCL 就埋下的盲目乐观和急功近利情绪。[㊀]同时，TCL 在欧洲进行两大并购时，也未充分考虑中国与法国在民族性格特征、企业文化、市场经营销售方式的巨大差异，忽视了文化和管理整合中的难度。[㊁]但是，李东生和 TCL 并没有后悔这两次国际化并购项目，在他们看来，TCL 走向国际化是必然的趋势，虽然在国际化过程中受挫，遭受了巨大的打击，但是重新给他们一次机会，他们还会做，只不过会做得更好。[㊂]这些在国际化过程中所受的伤痛也成为日后 TCL 在经营管理过程中难得的经验，同时这些宝贵经验也为中国国内的其他企业提供了借鉴。

2004～2007 年，TCL 在国际化征程中的经历让李东生及其管理团队遭遇了重大的挫折。这几年中，李东生的个人声誉从顶峰跌到了谷底，也就是在这几年，李东生对自己产生了怀疑，在身体上和精神上承受了巨大的压力。在过去的十多年里，TCL 团队在中国市场上几乎没有打过规模稍大一点儿的败仗，可以称得上是一支“常胜之师”，然而在国际市场上特别是在欧洲，他们遇到了前所未有的困难，同时，在国内他们从“手机之王”的宝座摔下来，不得不出售盈利不错的国际电工以套现自救。

2006 年 6 月 14 日，当 T&A 在二次重组后努力前行，汤姆逊欧洲业务还在巨亏的泥潭中艰难跋涉的时候，李东生写下了《鹰的重生》。他提

㊀ 李东生 . 反省 TCL 受困原因 [J]. IT Time Weekly. 2006(05):14.

㊁ 许亚青 . TCL 在欧洲是怎么摔倒的 [J]. IT 经理世界 . 2006(12): 32-35.

㊂ 蓝狮子 . 鹰的重生：TCL 追梦三十年（1981～2011）[M]. 北京：中信出版社，2012.

到，鹰是世界上寿命最长的鸟类，年龄可以达到 70 岁，但是要想活那么长时间，鹰在 40 岁的时候就需要做一个重要的决定，要么因为老化的喙和爪子、沉重的翅膀、浓厚的羽毛死去，要么经历一个十分痛苦的蜕变过程，从而获得新生。首先鹰要用喙击打岩石，直至完全脱落，然后等待新的喙长出来，接着用新喙把爪子上老化的趾甲一根根拔掉，鲜血一滴滴洒落，最后用新的趾甲将身上的羽毛一根根拔掉。5 个月之后，等鹰的羽毛长出来之后，鹰重新开始飞翔，度过接下来的 30 年。

就是这样一个故事，给了李东生和 TCL 很大的启发。TCL 经过 20 多年的发展，从一家小企业发展成为一个初具规模的国际化企业，但是一些过往支持 TCL 成功的因素却成为如今阻碍其发展的问题，特别是文化和管理观念如何适应企业国际化的经营成为他们最大的问题。李东生及 TCL 开始反思以前的成功和在国际化中遭遇的失败，试图去发现问题的所在，找出自己的软肋，开始了文化变革，重新明确了公司的价值观和使命，开启了“鹰系工程”，打起了系统战，同时，李东生及其团队也开始转变管理风格，力图让 TCL 走出困境，重获新生。

2006 年，在李东生带队组织 150 位公司高管进行“鹰之重生”户外活动后，约有 600 多名高层管理者参加了变革创新动员大会及企业文化变革创新系列培训，并参加了千人誓师大会。通过多位高管共同分享企业文化变革的理念，沟通愿景，凝聚共识。TCL 文化变革的行动纲领是“三改造，两植入，一转化”。“三改造”是改造流程、改造学习、改造组织，从头开始，改造 TCL 的学习，要形成学习型组织。“两植入”是指将 TCL 的核心理念植入人才评价体系当中，植入考评体系当中，总之，要将理念植入操作的土壤。“一转化”是将企业的愿景和个人的发展结合起来，转化为组织和员工个人的愿景，员工才拥有动力。通过企业文化课程培训、具体的经营项目操作和用人导向，使得企业文化进一步落地深入 TCL 的管理层和员工。这次文化变革使得公司上下员工的士气得到了提升。

然而，在直面国际化的过程中比以往任何时候都需要精英的出现，而精英的培养需要从中层开始，因此，TCL以“赢在中层”为切入点，启动了面向骨干中层的“精鹰工程”培训项目，此后又将学生培训、中高层培训一并纳入培训体系，并分别用“雏鹰工程”“飞鹰工程”“精鹰工程”和“雄鹰工程”命名，形成了让人叹服的TCL鹰系人才培养体系。其中“精鹰工程”率先运作，经过考察选拔、审核批准，选出了100名中层管理者，进行了非常系统严格的培训，“精鹰工程”是“TCL历史上最系统、最完整、最具有影响力甚至最有价值的一次培训”。“飞鹰工程”面向刚刚升任的基层经理人员，培养其管理能力、沟通技巧和团队合作能力。“雏鹰工程”面向新入职的大学生，进行职业化培训，着重进行企业文化和工作技能培养，培养他们融入企业和社会的能力。这个计划形成了不同梯次的培养系统和机制，为了薪火相传，打破各个梯次的界限，后来还设置了雄鹰辅导精鹰、精鹰辅导雏鹰的导师辅导制。随着重塑企业文化使命的“鹰系培训工程”的引入，使得TCL的人才培养和文化传递形成不断滚动的完整链条。就这样，通过企业的文化变革和完整充分的人才培训，TCL开始了蜕变，并造就了一群精英。

无论TCL从一家小企业成为国内的领先企业，还是在经历两次重大并购失利后步入国际化的正轨，TCL作为一家先锋企业，立足现实，从过去的经历和经验中摸索出经营管理的规律，一步步针对企业面对的当前市场与竞争状况动态地采取措施去应对，聚焦核心业务，努力提升核心竞争力，并注重创新。所以有了这10年所取得的增长，如图12-3所示。

失败并不可怕，正是因为有了曾经的失败，才有了日后更好的成功。无论是并购汤姆逊彩电业务导致的巨大亏损，还是在并购阿尔卡特手机业务时遭受的内外交困，都逐渐成为TCL在经营过程中积累起来的经验财富。通过反思过去的经营管理失误，总结TCL企业管理体制和企业文化的弊端，李东生率领TCL人开始了鹰的重生，变革企业文化，建立精英

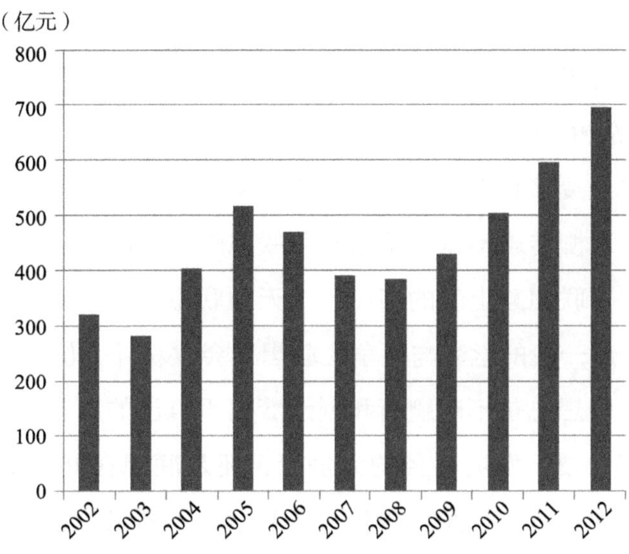

图 12-3　TCL 2002～2012 年销售额的增长情况

团队，转变管理风格，构建核心竞争能力，完善产业链，加强企业基础生产能力。在日后的经营管理过程中，我们可以看出 TCL 更加务实，更加注重 TCL 的核心业务，对本身的短板进行补充，从做中学，一步步摸索自身的发展方向，让失败具有积极的意义，让失败具有无穷的价值。

接受失败并面对现实：

- 放弃非商业思维的决策带来盲目乐观和急功近利的思维。
- 改造流程、改造学习、改造组织，从头开始。
- 精英的培养需要从中层开始，以“赢在中层”为切入点。

与大象共舞的联想

联想一直是一家非常特殊的中国公司，从创业之初开始，联想就一直与“大象”组合在一起，联想可以说是向惠普学习开始了创业发展的进程，在向惠普学习以及与与其竞争中，联想获得了自己的发展基础、战略规划、渠道模式以及产品能力。2004 年，联想购并 IBM 的 PC 部门，使得联想又有一个近距离的机会与 IBM 学习并开始了国际化发展的进程。在整合 IBM 的 PC 业务部门，联想拥有了国际化的团队、品牌、国际市场的渠道，也经受了因整合带来的伤痛和冲击，甚至在 2009 年联想出现了亏损的情形，柳传志不得不重新回归联想管理团队，重新掌舵联想的发展，再一次带领联想登上新的高度。今天的联想又把苹果作为自己学习和竞争的对象，这一轮的学习与竞争，联想又会收获什么价值呢？

有人说，联想总是不断刷新和创造着属于自己的历史。无论是早期创业的“贸、工、技”发展路径的大争论，还是联想在 PC 市场的大转身，国际化新形象视觉识别系统再设计，以及争议不断又忧喜参半的 IBM PC 业务并购等。联想总是不断以新的姿态面貌出现在国人面前。联想不仅有着不断超越自我、快速成长的能力，还有着真正成为全球化企业的梦想追求。无论是在改革开放初期所起的表率作用，还是在国际化进程中的标杆性作用，联想都成为当之无愧的中国先锋企业。

张小平按时间顺序回顾了联想国际化征程的三个历史阶段：孕育梦想的艰难探索期（2000～2004 年），与大象一起跳舞的磨难期（2004～2008 年）以及大展宏图的创新期（2008～2011 年）。⊖在这三个时期，分别应和着 PC 业务、互联网、移动互联网三大市场的不断发展。而在这三个时期，联想经历过喜悦也经历过剧痛，多元化受挫被迫裁员带来了动荡，对联想成员的冲击至今还让很多人心痛。但是随着准确的调整，不断激发激情而带来的变革，又使得联想能够摆脱困难，迎难而上。中国龙与美国大象跳舞，挑战与机遇并存，在这段里程碑式的历程中，联想经历了 5 年国际化的考验，引进空降的国际化团队未达效果、中国市场策略在国际市场上的“水土不服”、美国市场消费者认知的障碍、发展及盈利的压力接踵

⊖ 张小平. 再联想：联想国际化十年 [M]. 北京：机械工业出版社，2011.

而至……但是，联想还是从困境中走了出来，并更深刻地理解了中国企业国际化的路径和模式：首先要走出国际化，要搭建国际化团队，注重本土人才的成长；其次要稳定重于一切，管理团队对于国际文化的快速适应及成长，比如“赢文化”的提炼、鸡尾酒文化的融入；最后是回归中国市场，扩展全球市场的战略布局。

联想曾经在国际化的道路上经历过一些波折，在并购 IBM 之初曾经希望按照 IBM 的老路继续扩张。但事实上，市场和客户都已不比从前，企业的策略需要应时随需而变。令人欣慰的是，联想适时地提出了“保卫＋进攻”的双拳战略，将自己调整到正确的方向上，这次转型虽然联想付出了巨额学费，自己的文化也经历了巨大的震动和波折，甚至一些被寄予厚望的团队成员，也因为文化的不适应、公司战略及对于国际市场理解的距离，离开了联想，其中既包括空降而来的国际化成员，也包括中国本土核心成员。但是，所有的冲击并未影响联想国际化的决心和行动，这份坚持让联想走出困境。这 10 年的业绩结果也很好地说明了这一点（见图 12-4）。

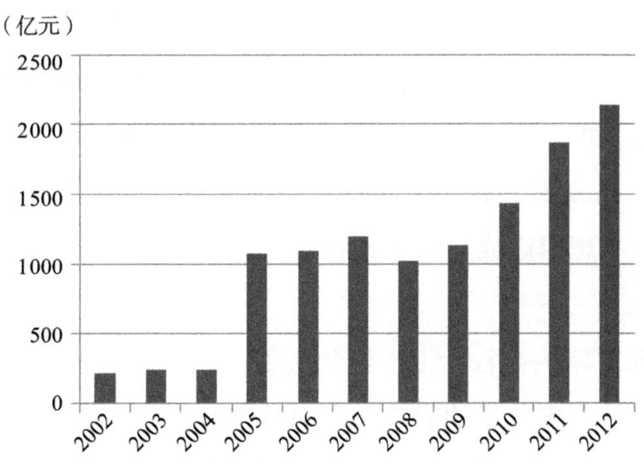

图 12-4　联想 2002～2012 年销售额的增长情况

联想能取得今天这样的成就，经历了一个虚心学习、不断摸索的过程。从对国际业务并不熟悉的收购者，向收购对象学习国际化，到将中国的本地经验，通过变通在国际市场上输出，再到全球整合走出一条国际化新路。联想发展的历程让中国企业感悟到，必须用全球的视野、系统的思维以及国际化的人才整合全球的市场和资源。

联想一方面在中国市场精耕细作，远远超越竞争对手，另一方面在国际市场积累了诸多宝贵经验。联想不但在全球范围内战胜了原来的老牌国际巨头，而且在供应链管理、渠道整合、多元文化融合、国际化管理模式探索等方面进行了深入的尝试，积累了成功的经验。特别重要的一点是，联想无论处在何种业务状态下，始终能够坚定不移地执行既定战略，在公司遇到困难的情况下也没有丝毫动摇。

2012 年 7 月，联想集团董事长杨元庆如是说："是不是做粮食的就永远只做粮食？不一定。他还可以搞粮食深加工。是不是生产电脑的就永远只是卖电脑？当然也不是，可以利用自己的优势生长出新的基因来。"一句话道出了联想的野心勃勃。谈到联想集团的优势和新基因，杨元庆说："未来，我们不仅要在传统个人电脑领域成为领导者，还将在智能手机、平板电脑等新领域更有作为，成为全球个人终端领域的领导级厂商。"㊀而柳传志将联想与苹果公司等高科技企业的竞争比作"跑长跑"，称相比 iPad2，联想乐 Pad 更适合中国本土消费者且有价格优势，不怕与 iPad 竞争。这番表示说明了联想逐步调整战略，将苹果放在了竞争对手的位置。而从我们的视角去看，我们更愿意理解为联想开始向苹果学习并与之竞争。因为这是联想得以成长的方式和方法，也是联想能够持续成长的驱动力量。

联想亚洲首席执行官大卫·沃尔夫说，尽管联想的国际步伐有成绩，但联想依然有待拿出长远的战略。中国香港 JP 摩根分析师查尔斯·郭说："在新品开发上，联想的战略远见和执行依然较弱。"㊁如果这些提醒是早

㊀ 经济日报，2012 年 2 月 1 日.
㊁ IT 商业新闻网，2010 年 12 月 28 日.

在 2010 年 12 月提出来，也许今天的联想已经表现出战略远见及执行能力。无论这些提醒是出于什么样的考虑，让我们感到欣慰的是，联想已经站在与国际领先同行相同的竞争位置上。

坚定的成长意志：

- 无论处在何种业务状态下，始终要坚定不移地执行既定战略，在公司遇到困难的情况下，也丝毫不动摇。
- 必须用全球的视野、系统的思维以及国际化的人才整合全球的市场和资源。
- 回归中国市场，扩展全球市场的战略布局。

自我转型的宝钢

在我们研究的先锋企业中，宝钢是一家具有独特性的企业，前面研究的四家企业领导者依然是企业的领袖或者灵魂。但是宝钢在最近的几年间更换了领导者，原董事长谢企华因为年龄的原因离开领导岗位，新的管理团队开启了新 10 年的征程。

2004 年，美国《财富》杂志公布了世界 500 强的排名，宝钢集团以 2003 年实现营业收入 1204 亿元（折合 145.48 亿美元）的实力入围 500 强第 372 位，成为中国制造业中第一批进入世界 500 强的公司。专家评价，这是中国从钢铁大国向钢铁强国迈进的一个里程碑。

2007 年 1 月，宝钢告别了伴随着公司 29 年成长的“铁娘子”谢企华，进入了“徐乐江时代”。而我们也把对于宝钢的关注转向了新团队带领下的创新与创造。2010 年宝钢产钢 4450 万吨，位列全球钢铁企业第三位。2011 年宝钢连续 8 年进入美国《财富》杂志评选的世界 500 强企业，列第 212 位。保持持续的增长是宝钢思考最多的命题，同时也是宝钢寻求的结果，如图 12-5 所示，宝钢虽然也与其他企业一样，经历了 2009 年的低谷期，但是他们还是能够找寻到回归增长的路径，这也是我们想梳理清楚的部分。

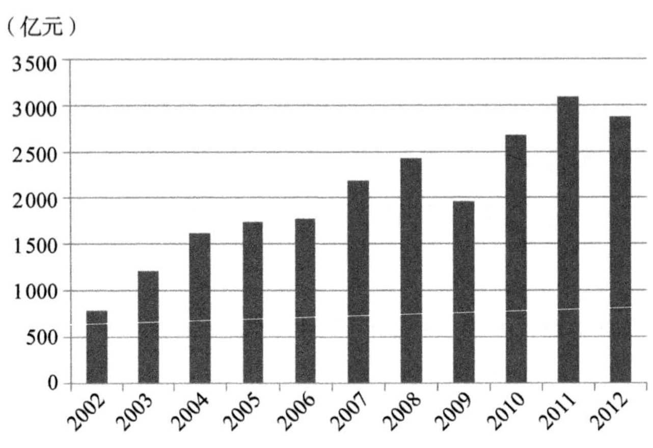

图 12-5　宝钢 2002～2012 年销售额的增长情况

从谢企华时代到徐乐江时代，中国钢铁制造业呈现出完全不同的发展态势。1978 年中国改革开放的时候，中国钢铁业当年产量是 2800 万吨，2011 年中国钢铁生产了 6.88 亿吨，占了全球将近一半（48%）。因此徐乐江认为："中国制造业发展到今天，我个人认为已经陷入低成本的陷阱，制造业的竞争力主要来自两个方面，一个是成本竞争，一个是创新。我国制造业的要素成本近几年来在不断发生变化，原有的竞争优势正在不断缩小，但是这种优势我认为并没有消失，比如以钢铁业为例，中国是钢铁大国，但是人工成本与近邻的日本、韩国、德国、美国钢铁企业员工水平的 1/8～1/10。""这种低成本带来的结果虽然可以帮助中国制造业走向国际市场，但是也使得中国制造企业没有获得真正属于自己的竞争力。初期看这是一种竞争力，所以我们的产品走向全球，但是长期看，低成本恰好弱化企业的竞争力。"㊀

㊀ 徐乐江，《中国"钢铁侠"微利挑战国际化》，2012 年 11 月 14 日，中国企业家网，作者：张丽娟。

正如徐乐江所言，钢铁行业不再能够依靠低成本发展，而更明显的变化是 2008 年的金融危机，美国等发达国家开始反思金融服务业带来的弊端，久被美欧忽视的制造业开始显现作用。于是，美国、欧洲国家和日本等发达国家开始重新思考未来经济结构调整的方向。在这种背景下，“再工业化”的发展政策被提出。有预测认为，未来 10 年，“再工业化”的浪潮将在发达国家兴起，这将对全球制造业体系的分工产生影响，并对中国钢铁业、制造业带来挑战。

2012 年伊始，美国总统奥巴马在国情咨文中强调，为了让美国经济“基业长青”，美国必须重振制造业，并表示将调整税收政策，鼓励企业家把制造业重新带回美国。欧洲和日本也认识到制造业转移造成产业空心化将使经济萎缩，因此要着力扭转制造业流失的局面，这就是所谓的“再工业化”。

1980 年，美国引入“再工业化”的概念，试图恢复美国制造产业的生产能力。美国此次提出“再工业化”，其目的是要继续保持在制造业价值链的高端位置和全球制造业的领先地位，通过“再工业化”推动美国经济结构和产业结构调整，增加美国民众的就业机会和消费能力，降低美国贸易不平衡的水平。

在这样一个全新的产业格局中，中国的钢铁行业需要重新定位，不能再只是依赖于扩规模和价格战，不能再简单按照先前的发展逻辑：基于自然禀赋的劳动力、资源廉价寻求竞争力。

徐乐江也看到了这一变化，他说：“钢铁产业的发展已经到了拐点，必须从数量发展转向内涵发展。但这条道路需要我们去摸索，过程必然充满各种障碍，没有对建设中国特色社会主义的理想，没有艰苦奋斗精神力量的支持，是难以完成的。”⊖ 2010 年，宝钢就把“技术领先”“服务先

⊖ 徐乐江，《中国“钢铁侠”微利挑战国际化》，2012 年 11 月 14 日，中国企业家网，作者：张丽娟。

行”“数字化”“环境经营”“产融结合”纳入宝钢战略发展之中。宝钢2013～2018年发展规划中明确确定，以推进产业结构调整、促进发展方式转变为立足点，以建设世界卓越的钢铁企业为目标，以环境经营为主线，坚持在发展中促转型，在转型中谋发展。

2010年11月，一个被称为“金苹果”的人才战略计划正在宝钢悄然实施，计划用8～10年的时间培养一批能在国际舞台漫步的、具有国际影响力的技术领军人才。这是“而立之年”的宝钢为“四十不惑”提前准备的一份生日礼物。

看似遥远的礼物，却有现实的根基。长期追赶世界钢铁技术发展步伐的宝钢，希望下一个10年能在一些重点技术领域里成功领跑。“现有的技术优势，来自30多年的积累；而我们现在的行动，决定着宝钢的未来。”宝钢领导者这样说。显然，未来之路，是一条创新驱动的路。

创新离不开执着。摒弃浮躁、拒绝短视成为“金苹果”[⊖]重要的生长环境。“金苹果”计划不是以单个项目来考核，而是以3年为周期开展评价与激励。“因为真正前沿的技术项目，可能需要5年甚至10年的持续攻关。”核心小组成员之一的杨健说。目前，他和研发团队开展的“利用强脱氧剂的第三代氧化物冶金工艺开发”课题正是国际竞争中的一项关键性核心技术。

除了“金苹果”计划的核心人才团队培养和建设外，宝钢“蓝领创新”[⊜]的魅力更是彰显无遗。作为中国最大的钢铁企业，宝钢集团平均每天产生专利4件，近一半由一线职工创造；平均每天产生企业技术秘密6件，四成由一线职工完成；在全国累计获国家科技进步奖的10名工人中，宝钢有3位……徐乐江表示，多年来，遵循“要善于学习，更要善于创新”的原则，历任领导班子都把技术创新视为宝钢发展的根本动力，视为依靠

⊖ 宝钢新闻中心，日期：2010-10-27。

⊜ 《人民日报》，2011年12月29日，《宝钢“蓝领创新”提升竞争力》，作者：沈文敏。

员工办企业的重要载体，搭建舞台、创造条件，在激励机制上全力支撑，让创新意识成为每一个宝钢人的 DNA。

宝钢自上而下积极为职工参与创新活动创造条件、提供支撑。通过“员工创新活动基地”的建设，以及举办首席师“三新”论坛、创新论坛、创新活动沙龙、成果发布会，开设员工创新活动网站等，为员工搭建了一个知识共享、经验交流、方法培训的平台。在宝钢，“蓝领创新”已成为一种企业文化。宝钢金属宝翼制罐公司职工自发创新，使每个钢罐的白底涂耗量降低了 0.06 克，相当于节约米粒大小的涂料，降低企业涂料成本 50 万元。“米粒”精神在宝钢广为传承，一线职工提出了大量降本增效的好点子，每年为宝钢节约的成本数以百万元计。

徐乐江说，钢铁业已进入微利时代，国内钢铁行业同质化竞争日趋激烈。宝钢的“蓝领创新”是紧密围绕市场需求，拥有一个以研究院、工程项目和生产现场为核心的三位一体、协同互动的体系架构。

目前，宝钢已有职工经济技术创新小组近 8000 个，完成课题近 2 万项。近 3 年来，职工提出并实施合理化建议近 50 万条，形成技术秘密 7000 项，申报专利 4000 多件、授权专利近 3000 件。宝钢知识产权创造体系不断完善，形成了碳钢、不锈钢、特钢三大产品标准系列，累计主持修订了 91 项国家标准。在一系列创新的推动下，2011 年上半年宝钢以全国钢铁业 6% 的产量，创出了行业近 20% 的利润。

自我转型需要全员创新：

- 现在的行动决定着未来。
- 让创新意识成为每一个人的 DNA。
- “蓝领创新”是紧密围绕市场需求，拥有一个以研究院、工程项目和生产现场为核心的三位一体、协同互动的体系架构。

小　　结

在本章中，我们讨论的是经历又一个10年，行业先锋企业能否再一次领先。具体的实践获得成果证明，并不是所有的企业都能够保持领先，但是那些优秀的企业依然超越了自我，走在领先的行列中。我们还是借助于海尔、华为、联想、TCL和宝钢这五家企业来进行分析，它们虽在这10年中选择了各自不同的发展路径，但是所取得成效是一致的——继续做行业先锋。我们采用个案分析的方法得到如下结论，这些结论可以帮助我们体认到保持领先需要付出的努力。

我们的观点

1. 行业先锋企业需要更扎实地做事。企业在消费者和用户层面表现出来的就是更优质、更符合需求的产品。

（1）更加敏捷快速地获取并满足碎片化、个性化的用户需求。

（2）把多层级从上至下的正三角改成倒三角。倒三角指员工变成最上层，员工第一时间了解满足用户需求，各级领导变成员工支持者，员工要什么，他们负责来满足需求，每个一线员工就是第一信息中心。

2. 如果希望公司保持活力，就需要领导者和管理团队处于自我批判中，以保持组织与文化的驱动力。

无论发展怎样，至少有三个问题是始终不能回避的：

（1）不能相信自己无所不能。

（2）市场只靠纵向产品不够。

（3）高利润和模块化产品可能带来困境。

3. 行业先锋企业的发展并不会是一帆风顺，在遭遇挫折和失败的时候，先锋企业总是能够从困境中脱颖而出，接受失败并面对现实，最根本的原因是他们能够让失败变得有价值。

（1）放弃非商业思维的决策所带来的盲目乐观和急功近利的思维。

（2）改造流程、改造学习、改造组织，从头开始。

（3）精英的培养需要从中层开始，以“赢在中层”为切入点。

4. 行业先锋企业往往需要与国际领先同行处在一个竞争格局之中，坚定的成长意志是其最重要的特征：

（1）无论处在何种业务状态下，始终要坚定不移地执行既定战略，在公司遇到困难的情况下，也丝毫不动摇。

（2）必须用全球的视野、系统的思维以及国际化的人才整合全球的市场和资源。

（3）回归中国市场，扩展全球市场的战略布局。

5. 行业先锋企业无论是在市场变化还是在产业变化中，都可以保持领先的位置，究其成功的原因表现其自我转型的特质中，并寻找到自我转型的根本途径，就是全员创新：

（1）现在的行动决定着未来。

（2）让创新意识成为每一个人的DNA。

（3）“蓝领创新”是紧密围绕市场需求，拥有一个以研究院、工程项目和生产现场为核心的三位一体、协同互动的体系架构。

微软离破产永远只有18个月。

——比尔·盖茨

13
第13章
行业先锋是否依然

在我们归纳总结形成本书的最后部分的阶段里，虽然在本书的研究过程中我们已经关注这个企业，甚至被这个企业包围了很久，我们还是对史蒂夫·乔布斯的去世感到惋惜。他的去世吸引了全世界的目光，人们不吝言辞地向乔布斯和他所代表的创新精神投以赞美和颂扬。而对我们来说，投以赞美并不是主题，如何延续他创造的企业或是产品才是关键。要知道，当一家标杆企业高高在上，给人更多的感觉是即便学习或是研究也往往无从下手；苹果和史蒂夫·乔布斯给人的感觉几乎就是这样。

很多人开始抛出各种问题，比如，为什么乔布斯没有出现在中国？创新精神和创新所蕴含的价值如此诱人，为什么在其他地方表现得不那么显著？更多的则是关注到了他的伟大之处：乔布斯的伟大之处在于他能让一家庞大的企业始终保持创业企业的精神。我们知道，规模与创新能力很难成正比，一家规模庞大的企业总是要为它的创新付出更大的代价，否则庞大的组织体系将会摧毁在创新导致的散漫之中。可是，为什么乔布斯可以挑战这个规律？当他说“每一天都当成最后一天来过”的时候，听者恐怕不会有乔布斯的感受：他曾经丧失过一次对苹果的控制权，回来之后又身患绝症，去日无多。很可能是这一点，让乔布斯不会把成功、把增长、把既有的市场和庞大的对手当成包袱背在自己身上，并且他还要非常刻意地在创新中注入持久，坚持要让某种灵魂般的精神得以驻留持久。

可见，持续持久是一件多么奢侈的事。领先者的持续力将是我们即将在这10年来研究过程中呼之欲出的新话题。2004年我们研究并出版本书的上一版时，非但没有着急地寻找国内企业与国外企业的差距，反而给出中国企业得以领先的方法模型；而如今，这些企业是否还是领先的呢？持续的领先在哪里？在我们研究的以持续领先为主题的课题中，我们将探讨持续模型以及持久力与竞争力对比的模型。也就是说，这10年来，我们更多地关注这些行业先锋企业的变化和成长。它并不一定指向一个正确的结果，但公司作为一个生命体，它一定会有自己的发展轨迹。无论它是否超越了其他同行，目前的状态都是成长的结果。我们要探索的正是这个发展轨迹的规律，如果成长结果都指向了持续成长，那么这个发展轨迹的规律就是值得我们研究的。

曾经领先者和持续领先者之间

这个行业一旦有新生者，无疑就说明了原来占据这个市场的企业表现得并不令人满意；如果这个行业不但出现新生者，还出现了新生的领先者，这说明原来的领先者已经失败。因此，请注意，我们不会以某家企业的规模来论英雄，我们恰恰放下了“规模”这个概念，未来关于持续领先的课题中，我们将以这家企业所在的行业在这些年里是否出现新生者、是否出现领先的新生者等来评判定夺这家企业本身的持续力，这是入选持续领先企业的最基本的结论要素。

行业里为什么跑来了新生者

是市场增大了吗

回忆10年前我们关于行业先锋企业未来持续领先课题的研究的起步

阶段，互联网泡沫刚刚破灭，气球般膨胀的电信业也被人捅破，安然事件开始折磨美国人民，世界经济一片凄风冷雨。但在几年后，世界最大的电信设备公司、最大的综合电信运营商纷纷出世，最大的网络公司的市值直追能源类企业，视频网站可以登上《时代》杂志年度人物特刊的封面，手机终端用户的提供商们的市场占有率发生了翻天覆地的变化……超大规模的公司越来越多，而小公司越来越创新，商业世界被重新创造：世界不仅仅是平的，更变得透明和可视。

全球化的人民散居在世界各地，尽管他们早已以世界公民自居，但原来只是彼此听闻，生活从不交错，即使对于工作在同一家全球化公司里的员工来说，十多个小时的长途飞行也在不断提醒他们世界是有距离的。但是现在，网络硬件公司疯狂地搭建通信设备，软件公司紧张地经营视频泡泡创造商业价值，它们让人们可以互相看见，可以一起工作，并窥探彼此的生活。除了还不能触摸、不能嗅闻外，地域与地域之间的疆界正在进一步消除，世界被打得更加零散，更加以“你”为圆心在运转。

这个世界在变得可视的同时还开始有了复制品。旧世界正在加速碎片化的同时，“你”却在另一个世界里参与创建一个新的人类社会。在网络游戏第二人生里，与我们现实生活平行的另一个世界正在形成，这里拥有一个彻底奉行自由和平等、低税赋、无监管、以最大限度鼓励创新的社会，蓬勃的商业正在兴起，政府尚未成形，整个社会正在自动循着新大陆的历史足迹前行。2006 年，中国湖北籍的钟安舍女士成为这个新大陆的洛克菲勒，她建立地产房屋不过是一个个计算机三维图形，但却吸引大量用户用真金白银来购买。商业世界正在整体将自己移植到另一个虚拟天地。

与此同时，旧世界也在向新的疆域拓展。伴随我们课题研究的这几年，乔布斯一如既往地继续将人类的娱乐生活压缩进小巧的白色机器里，布兰森则将普通大众送入太空。印度人米塔尔正在成为遍布所有大陆更加全球化的钢铁巨头，AT&T 惠特克正在成为横跨北美东西海岸的电信帝国；我们甚至感觉到世界是否会变成只有两张电信网、两家股票交易所、两所钢铁企业、两个操作系统？而这个日趋透明和可视的商业世界里，新创的商业会更加随处可见，创新战术的小企业的挑战者们正在从全方位包抄这个同时进行着寡头化和多极化的商业世界。须臾之间，更多巨像屹立而起。

看看中国最显而易见的白家电市场，如果我们看到白电市场这些年里风起云涌的变化，这 10 年来的市场里，我们看到了原来术业有专攻的家电企业纷纷开始做全白家电产品线，比如原来做电话起家后做电视、开关等不断发展的 TCL，原来做电饭煲起家的美的，原来做微波炉的格兰仕等，已经分别占据了市场里空调、冰箱、洗衣机、饮水机、厨房设备、热水器等全系列产品线，甚至在这个大家电、小家电已经品牌众多、日趋成熟的市场里，还是出现了像九阳、万利达、荣事达这样的新生领先者；我们不禁要问，是市场增大了吗？难道增大的市场不对原来的领先者更有利？

要回答这个问题，硅谷给这 10 年的商业世界提供了太多的素材，从思科、谷歌、高通到惠普，还有硅谷之外的比如摩托罗拉、诺基亚这样的公司，让我们看到某个好产品在消失，也看到了大公司在衰落……这些大公司此消彼长之间的变化，一些大公司看似打法坚决，实则是自身前途未卜；从拼命去“抢”更多的到再把这些抛弃掉，我们看到的都是一种“慌乱”，大公司的慌乱，因茫然而慌乱。买来仅仅一年的、象征着进入未来移动互联领域竞争的 WebOS 宣布停止研发，卖了 49 天的平板电脑打折甩卖，隐藏于其后的则是这个全球最大的 PC 制造商即将退出这个行业。现在惠普更专注于能够带来更多利润的企业级信息服务。这可能是一个好的结果，但战略上的摇摆不定，让我们只能看到“慌乱”的惠普，而想不到做过同样事情的高瞻远瞩的 IBM。

这个时候，我们会更加佩服 7 年前的 IBM，创造了兼容机繁荣并打败了苹果的 IBM 在一个好时机把 PC 业务卖给了联想。而现在这个行业中，营销起家的戴尔只有 1/3 的利润来自 PC，余下的几家亚洲企业，它们与技术企业似乎已经没有太多关联。可见，在缤纷的商业世界里，即使市场扩大了，即使你是原来的领先者，也不意味着你能够持续。

新生者们：创造或者重新激活市场

随着全球化体系逐渐建立，政治、文化、科技、金融、国家安全和生态发展这六个元素正迅速地推动整个世界越来越透明。在这个信息与知识时代出现的透明的商业世界里，由于技术更新速度迅疾，平坦意味着更多的开放，意味着更多的生机、更多的风险、更多的可能。

我们看到，这个时代的出现开始让传统工业企业处于痛苦的境地。许多传统的符合工业时代对于“好产品”要素的要求，比如功能齐全、价格公道和品质优秀，客户却不再买账。在消费者面前的可选择的产品引导了消费者不可思议地对某些需求特别关注，他们会为产品的个性化需求付出巨大代价，由客户个性需求决定的小规模、多品种、柔性化的产品设计已远远胜出。以手机为例，各厂家要生产尽可能多的产品型号，每种型号还要提供不同配置的多种细分产品，还要有几种甚至十几种外壳颜色提供给消费者作为个性化选择。洗发水从原来的洗发、护发、去屑三合一分别围绕发质类别、造型需求等细分为多达几十种的搭配组合产品。就连简单的男式西装，为了吸引更多的消费者，厂家开辟了量身定做、个性化选择纽扣、开衩、饰物配件等免费服务。

我们面前的这个日趋透明的世界更意味着一个不同于企业产品制造的新时代来临。这个时代由于受到来自信息技术、生物技术、新材料技术、新能源技术、空间技术和海洋技术等新兴技术的推动与挑战，一方面扩大了企业创造价值的活动领域，充分开拓了与市场相关的推动物质文明和精神文明发展的产品发展；另一方面也为传统工业企业带来一系列棘手的生存问题，例如，产品需求的迅速变幻、批量生产与个性服务的矛盾，自然资源和能源的过度消耗，这些问题如果得不到解决，将使传统工业企业的处境受到越来越严重的困扰。

Snuggie 和 Crocs 带动了大批已经不愿消费的人群

一张毯子加上两只袖子就可以变成风靡欧美的大衣？在美国，家居毛毯服 Snuggie 从 2008 年 10 月问世以来，已经狂卖出 400 万件。家居毛毯服？是的，说白了就是一条宽大的毛毯在手臂部分做了两个袖子。如此普通的产品，既没有名牌服饰的时尚设计外形，也没有任何的样式变化，看起来甚至没有服装的形状可言，实在是单调地裹在身上的毛毯。但是，这并不妨碍毛毯服成为经济低潮时期“宅人们”的最爱。有些似曾相识？没错，两年前以“丑”著称的鞋子 Crocs 同样席卷全球，成为一种特殊的商业现象。而 Crocs 和 Snuggie 流行的本质原因也惊人的相似：首先，Crocs 也是迎合了消费者渴望摒除繁杂、回归舒服的最原始要求；其次，这两个产品都选择了通过社区宣传的营销方式，刻意地推广其设计、制造的产品信息，并直接而简单地告诉消费者，由于设计简单和用料单一，这是最舒服的鞋子或最温暖的家居服，而且价格极为便宜。

我们认为，好产品不受欢迎至少意味着传统的产品三要素“功能、质量、价格”开始失效，而很多新兴企业战胜传统企业意味着企业规模大小与盈利能力之间开始分离，传统的“规模决定效益”的工业企业管理逻辑正在被颠覆，或者说典型的工业企业时代正在被整体性地终结。越来越多的工业企业时代盛行的规范化、模式化、大工业生产的领域都必然向柔性化、个性化渗透。在美国当时的经济状况下，这样两个看似毫无特色可言的产品，却让消费者为之疯狂——由于技术、人口、商业、经济和世界的深刻变革。要知道，我们正进入一个前所未有的消费大众共同参与商业活动的新时代，面对这些纷繁的新生者，要么选择创造，要么选择一个方式去重新激活市场，比如宝洁公司的产品，产品的名字几十年如一日都叫作玉兰油、潘婷、海飞丝等，但是每年根据细分市场的角度不同，激活市场的方式方法都不同。即使在中国这样消费人群庞大的市场，宝洁、联合利华、花王等都努力维系着原有的市场秩序，这么多年来也未见过太多新生者，更没有机会诞生新生领先者。

新生领先者

这是我们新创的一个词，我们将行业里后来居上进入红海纷争又挤入头角的企业叫作新生领先者，它已经不仅仅是新生者，而是作为新生力量又同时领先的企业。如果一个行业还没有到一家独大或市场饱和的程度时，新生者完全有可能成为新生领先者，它不但可以带来市场容量的增加，还能刺激这个市场向另一个方向扩张。

我们知道，越来越多的终端用户们已经习惯通过互联网技术，获得更多的产品体验信息，他们可以自由地按照这些信息做出最终的购买决策，也就是说，无论是不是这个行业的新生者，只要产品本身有令用户满意的或者打动用户的部分，终端用户就有可能下单去体验产品。我们已经跨越了原来的分销、原来的渠道、原来的零售店等物理形式，在这个互联网的时代，用户们要得到一个产品易如反掌，他们认知一个新生者的速度和能力都远远超过了从前。

所以，这个时候，如果原来的领先者们还一味地在原地提防着对手，就会让自己的视野变得狭窄，新生者会一刻不停地抢走空白领地，也就是说，无论原来市场蛋糕有多大，只要新生者带来了新思路，那么很快，蓝海区域本身就让蛋糕更大了，如果这部分区域无限量地任由新生者扩大，那么原来的领先者就已经失败了，同时这个原来的领先者还会逐步丧失未来竞争的能力，如果它不能及时跟上的话。

甘地说过一句话："一开始他们忽视你，然后嘲笑你，然后与你做斗争，最后你胜利了。"商业社会也是这么回事。作为一个市场新的进入者，可能不用太去想别人是怎么回事。这也是在积蓄力量或者发现更好市场机会的时候。这样的企业不胜枚举，比如比亚迪汽车、HTC 手机、易讯网、京东商城、九阳电器，这些企业在竞争激烈的环境中成为新生领先者，足以说明原来行业里的领先者们纷纷丧失了持续领先的优势。

正如柯林斯在《基业长青》中描述和推崇的卓越非凡、长盛不衰的公司，有过半的企业在 10 年后从辉煌走向了衰落。这些曾经伟大和辉煌一时的企业，常常是如此坚定地确信它们细分顾客的准确性，并且坚定不移地执行长达 3～5 年甚至是 10 年的满足顾客的企业战略计划，但是，当它们遭遇到危机甚至失败后，顾客还是那群顾客，顾客群体本身并没有消失，消失的仅仅是企业，顾客因某种观念或生活方式改变而抛弃了企业。中国改革开放三十多年的时间里，明显萎缩甚至是消亡的行业或产业大概几百个，与此同时，又有无数新的行业、产品、岗位等随着时代的变迁不断涌现。可以断言，假如一个产品逐渐萎缩甚至是消亡，其实并不仅仅是在同行竞争中败北，而是产品的提供者没有能力保持持续地找到产品与社会、个人和经济相对应的融合方式。恰恰值得注意的是，这种新的融合方式被新生领先者找到了。

领先者为何领先不了了

透明的不只是技术信息

商业模式不断被互联网改变的不只是模式本身，更重要的是，用户群可以通过互联网了解的产品信息不但包括现在，更能搜索到过去的细枝末节——只要曾经发生过的事情，如2008年的家乐福及其他法国品牌在中国市场受抵制事件、三鹿及其他品牌的有毒奶制品事件，还有金融危机下各类公司的调整及经营内幕，将会随时被消费者追查、获得或者随时捕捉到。

要知道，作为用户，我们并不会只关心技术信息。随着技术人员被猎头公司辗转反复，技术信息已经越来越透明，这已经不是什么新鲜事。技术信息即使再透明，也无法吸引用户们，只有各类通俗易懂的报道生动地吸引着终端用户群体。信息很多样，消费者往往跟踪各类产品信息最终完成购买决策。

试想，如果我们知道某种进口品牌汽车100%的零部件都是国内生产的，如果我们知道某品牌手机100%都是代工方生产的，如果我们知道某服装的原料来自这个品牌厂商自营的棉花农场，如果我们知道某冷鲜食品的分销渠道是由一家专业的冷冻物流公司完成的……是这些信息直接负面或是正面地影响着消费者的最终决策，而非这些产品的品牌本身。如此说来，提供正面影响力的产品信息成为企业的重要举措。当某个产品的制造或者某种服务的产生本身已经完全同质化，那么向消费者提供有别于竞争对手的产品和服务信息就成为关键。

试想，消费者在知道产品的采购、生产过程信息后，还会关注这个产品的广告代言人所表达的品牌形象吗？良好的品牌形象并不代表良好的品质。更常见的情况是，这些来自产品的制造、分销过程的信息绝不会是营销团队致力表达的品牌形象。具备越来越强的产品判断能力的消费者更关注来自产品制造过程的各类评论和信息，这时，原有模式化的领先者处理各类信息的方式必须要改善了。当我们处在透明的技术、信息、知识的竞争环境，任何创新都可能被模仿；即使理念超前、思考得当、策划优秀，在成长的道路上夭折的数不胜数。

更直白的解释是，如果你已经是领先者，那么你的技术会被人剖析，你的专利会遭到很多实力相当的技术人员综合的或者分拆的重新利用，而这些已经不是威胁你的主题了，更重要的是，由于你的优势太明显，很快关于你的劣势的消息会铺天盖地，如果你不能全方位重新调动能量迎战，那么你的劣势会很快被新生者的优势取代。我们说，要论持久战的话，首先不能只谋一域或谋一时，而要锻炼整体组织应战。持续的力量绝不是来自某个 CEO 的某个决策，CEO 的决策只是一小部分，而让决策发生的原因以及让决策执行下去的行动者则是我们更关注的故事的主体。所以我们的研究中讨论到了组织的能力，而非决策者个人的能力。我们知道，如果是实战，那么体现的是一个组织整体的能力。

竞争力？不，更重要的是影响力

在这个商业环境中以及我们可以预计到的未来的商业环境中，竞争力已不是主题，没有竞争力的产品只会在开放的平台上昙花一现，立即被有竞争力的产品取代。一旦你立足在一个开放的任由用户挑选的平台上，要如何领先的关键问题便是你在用户面前的影响力。未来的用户都是消费专家，因为世界的各类产品，它们的价值、价格和含金量都太透明了，用户们在未来的商业格局里，已经把选择产品看作一种技能、一种消遣、一种体验、一种责任。透明的世界也意味着公平开放的商业环境，未来的用户善于识破伪装，能够看穿营销噱头而辨别出产品真正的价值，他们并不局限于评估产品的功能、价格和质量的性能比，而更关注产品采用的技术、质量、性能等对自己特殊需求的满足。

消费已经成为一种寻宝活动：满怀着得到超值回报的期望在全球浩如烟海而变化无穷的产品和服务市场中永无休止地搜寻琳琅满目的产品、多姿多彩的形状、各种各样的定价。既然这样，显然谁有能力影响消费选择，谁就更能持续占据领先。这时，如果原来的领先者还只关心自己的竞争力，那么它一定会被竞争力挡住视野。这也是为什么在这次课题研究中，我们花费大量的时间和精力研究为什么那些非常循规蹈矩关注竞争力的公司（比如诺基亚）会失去领先的位置。如何将原来更注重体现在企业内部管理的企业文化延展到终端用户上，究竟用什么可以让用户也感受到企业或是产品带来的内涵呢？

我们认为真正的持续领先者，必然有他的商业影响力甚至社会影响力，用户在享用产品时不单单在使用，更注重表达某种特别的气质，我们将这类传递从“影响力”这个词延伸到了“信仰”，这是影响用户的最重要的因素，表达了用户在选择和享用这个产品的过程中体现出的同类人群的“信仰”。苹果是最显著的例子，史蒂夫创造了给所有果粉的某种信仰。

以华为为例，早在 2009 年华为就被美国《商业周刊》评为全球十大最具影响力的公司之一，标志着华为与苹果、谷歌、丰田这些业界巨擘一样，成为各自所属行业的最具影响力的领导者。华为在通信行业具有风向标的意义，它对整个行业的影响可能已经被过度解读，而我们关注这家变化中的公司，更想了解的是它对于中国所有市场化公司的意义：在一个政策强势、市场化不够规范、市场机会更多受制于“看得见的手”的环境中成长起来的公司，它的应变能力能否保证它持续健康地发展，这是我们强调“华为在变”的进一步含义。

华为是中国公司中一个很好的标本，不论是公司治理结构和管理水平，还是它所取得的成就和行业影响力，这都是一家可以被视为中国最成熟、最市场化的公司。华为创立只有短短的 20 多年，而且这是一家非上市的、中国的、民营的、高科技的有限公司（而不是“集团公司”）。但正是这家公司，成为国际知名的电信制造商，成为改变世界通信制造业竞争格局的中国力量，而且改变了世界通信制造业的竞争格局。可以说，今天的华为正以沉默的力量影响着中国的企业和企业家。从《华为基本法》到华为的文化、战略、商业模式、经营模式、营运流程、内在机制和管理体系以及在中国如何管理与运营国际化的大公司的成功探索，在不同的时期，都对中国企业产生了重要和深远的影响。华为的非典范影响力不仅局限于国内，这家销售收入 75% 来自国际市场的中国企业，通过探索出有中国特色又与国际接轨的并创造性地解决了国际先进企业管理模式如何在中国成功落地的课题，实现国外先进管理体系的中国化，今天的华为正以中国的力量不容忽视地影响着全球的通信行业，改变着世界通信制造的市场格局。

谁能抓住用户们

客户化时代的到来让很多企业忙碌于应对终端客户的各种需求，更多的企业为了充分满足客户需求，一味地围绕客户需求调整企业的整个运营模式，甚至不断地进行市场细分和产品细分，重新设定业务流程。试想，每一个市场细分的结果都是导致企业不但多一条不同的产品线，更是多一组不同的采购、计划、制造以及分销的业务流程。这时，企业将不得不放弃高质量和低成本的制造业核心能力，致力于为客户提供最大细分需求的各项举措。

如果要按照客户不断变化的需求设计对应的方案，通常需要跨部门、跨产品线甚至跨越企业边界的合作。这个过程中，不算旧产品受到新产品影响而产生的滞销和贬值，即使是新产品投入本身就要付出巨大的代价。很多企业于是面向企业全员提出，要兼顾客户满意度和企业自身的盈利。而我们知道，在市场竞争如此激烈的时代，兼顾这两方面的最终选择只有一个，即通过采购、外包、替换材料等方式降低产品质量以保持利润空间，这将导致企业最终丧失其品牌价值。从更宽泛的角度看，过度满足客户需求必将导致类似产品在同一个细分市场中的投入过剩，产品随之没有完成它的市场价值就遭遇夭折。

究竟应当如何在满足需求和保持利润之间选择呢？

一味创造需求和满足需求

选择客户需求导向的企业有两个非常明显的特征，一是拥有相对核心的产品技术或是稳定的客户群体，二是所处行业呈现市场整体上升趋势。这两方面将确保企业通过发展核心技术能力（或是复制稳定客户群）使产品线全面覆盖市场，充分吸纳整体上升趋势中的市场能力，提升市场占有率。这时，企业保持着高边际收益，价格不是吸引客户的主要因素。这种情况下，客户需求导向，甚至精确到客户个性化需求导向的策略将使企业全面渗透到市场，谁能快速响应客户需求，谁就能优先取得市场占有率。

以时尚消费电子类产品为例，苹果软件产品应用店成为美国移动通信市场的新时尚，继之而来，微软、谷歌、诺基亚、英特尔等公司纷纷抢开应用商店，它们希望未来会让客户像在沃尔玛购物一样选购应用程序。在 2009 年巴塞罗那移动世界大会上，手机厂商、运营商和各类软件厂商都在谈论应用商店。苹果在 iPhone 上首创了这一商业模式，让用户可从应用商店中购买应用程序，苹果从收入中提成 30%。

苹果的成功刺激了 IT 巨头们，微软迅速在其总部雷德蒙建立起微软零售体验中心，让客户身处一个“仓储式超市”，里面陈列着许多款使用微软操作系统的笔记本、台式机和手机。诺基亚更是给应用商店模式带来了一些新特色：“社区”和“位置”，力求不仅做一个选购应用程序的地方，更是一个智能店铺。它可以根据客户的兴趣推荐应用程序，会让客户知道其他人都买了什么程序，还会根据客户所在的地理位置更换存货……为什么这些品牌会纷纷建立自己的零售触角呢？为了拉近和客户的距离，这些产品创造和满足了客户需求，就必须让客户可以体验到，以此提升品牌和销售。体验店和应用零售店只是客户需求导向战略的一些具体范例，又如，奢侈品制造零售商，各类奢侈品商长久保留着各自的核心经典元素，发布会上总是会看到这些突破客户所想所需的创新设计。

企业一旦投入并选择实施这种发展战略，应当首先考虑让客户更快、更真实地感受到使用厂商最新产品带来的具体感受，让每一款产品的价格和性能都能清晰地呈现给客户。另外，客户需求导向要求企业的技术研发创新必须突破已有的迎合需求的模式，要注重创造需求，也就是要培育客户对产品的新需求。换句话说，技术的前瞻性在客户需求导向战略中更体现在赢得客户的心。

值得注意的是，客户需求导向的发展战略必然带来庞大的支撑体系，运营成本也随之提升；细分市场需求，满足这些个性化需求，甚至创新需求带来的都是繁杂、重复的运作流程和随之产生的巨大成本。因此，所处行业呈现市场整体上升趋势是企业决定采用客户需求导向的另一个必然因素，在市场上升趋势下，满足不同客户需求的产品线可以确保企业充分占有市场，以获取更高的品牌价值和销售业绩。

选择产品利润导向的企业则有完全不同的两个特征，一是各产品线获取市场份额的表现无论好坏都相对稳定，二是所处行业呈现市场整体下降趋势或是产品的供应端呈现明显的材料价格不稳定情况。也就是说，如果企业再依赖增加产品线的方式获取市场利润，可能会面临丧失已有产品线获得的市场回报。这种情况下，如果不迅速缩减、调整产品线，企业极有可能面临资金链断裂，整体情况将一发不可收拾。

金融危机让原本热闹的北美汽车市场陷入寒冬，丰田汽车要想提前恢复往日辉煌，就需要重新审视各产品线战略、投资路线并整合全球生产销售的供应链布局。总体上看，与美国企业相反，日本企业发展模式是非“金融化”、非“股票化”的典范。通用汽车之所以受到金融危机的直接影响是由于过分依赖金融业务的利润，令通用丧失了自己作为汽车生产企业本身的盈利模式，零利率购车计划提前透支了美国人的消费力，在目前的情况下便成了对通用汽车致命性的打击。

日本文化中的一个重要遗产是“生产至上”，即“造物文化”远远优于“挣钱文化”。正因为如此，日本企业的代表丰田和松下都是极度重视产品利润战略的。我们看到，丰田最乐于谈起的是其对高质量、低成本、低油耗的不懈追求，正当福特汽车推崇“规模经济效益”时，丰田却倡导着“以杜绝浪费的思想为基础，追求制造汽车的合理性而生产”的生产方式。

在燃油价格跌宕起伏，低能耗车型市场呈现上升趋势的情况下，丰田看到了低能耗车型的全面市场需求上升的前景，于是单独对这一车型采取客户需求导向型战略，增加低排放、低耗能车型（如混合动力车和微型车）的供应量。同时，加快插电式电动车（PHV）和电动车（EV）的开发。

为应对原材料价格飙升的供应情况，丰田果断增加对业务增长市场的供应量，如中国、俄罗斯等国家，以获得这些市场的最大化市场份额，抵消和削弱其他地区由于原材料价格上升产生的利润下降影响，与此同时，全面进入印度和巴西市场，获取新的市场份额，并且坚持推行产品利润导向战略，通过剔除各市场内微利产品线，扩大稳定利润产品线的供应量，确保充足健康的现金流。

类似的例子还有很多，全球五大手机厂商之一的索尼爱立信的第一季度财报显示，它正面临资金枯竭的危机；一向推崇精致咖啡文化的星巴克，正在通过卖速溶咖啡脱离困境……这也是为什么我们在做关于持续领先课题研究的时候会着眼于移动互联时代背景，因为有了互联网，很多产品已经直接上了虚拟渠道，它就是简单的 WEB2.0 平台，这个时候，用户需求如何能最快获得？难道每个需求都要满足吗？你会发现，如果你不能满足用户需求，总有人能满足，并能立即替代你；如果没有联盟者与你一起应对，你很可能完全无法应对用户各种多样的需求。

小　结

我们在本章中主要阐明中国行业先锋企业在新的10年里能否实现持续领先的能力。先锋企业在此过程中分别面临不同的行业问题，而我们的研究内容恰恰关注这些企业的发展变化。

- 发展轨迹：是否先锋企业持续发展也会有一定的雷同之处？
- 持续成长：怎样在新的10年里继续保持领先，与所在的行业有多大的关联？
- 有竞争伙伴的发展，是市场更大了吗？还是先锋企业本来应当做得更好？

持续领先的规律寻找过程并不一定指向或者疏导出一个正确的结果。公司作为一个生命体，它一定会有自己的发展轨迹：无论它是否超越了其他同行，目前的状态都是成长的结果。我们要探索的正是这个发展轨迹的规律，如果成长结果都指向了持续成长，那么这个发展轨迹的规律就值得我们研究。

我们的观点

1. 硅谷给这10年的商业世界提供了太多的素材，从思科、谷歌、高通到惠普，还有硅谷之外的比如摩托罗拉、诺基亚这样的公司，让我们看到某个好产品在消失，也看到了大公司在衰落……这些大公司此消彼长之间的变化，一些大公司看似打法坚决，实则是自身前途未卜；从拼命去“抢”更多地到再把这些抛弃掉，我们看到的都是一种“慌乱”，大公司的慌乱，因茫然而慌乱。

2. 在缤纷的商业世界里，即使市场扩大了，即使你是原来的领先者，也不意味着你能够持续。

3. 假如一个产品逐渐萎缩甚至是消亡，其实并不仅仅是在同行竞争中败北，而是产品的提供者没有能力保持持续地找到产品与社会、个人和经济相对应的融合方式，恰恰值得注意的是，这种新的融和方式被新生领先者找到了。

4. 领先者为什么不能持续的要因之一在于对：CEO的决策只是一小部分，而让决策发生的原因以及让决策执行下去的行动者则是我们更关注的故事的主体。所以我们的研究中讨论到了组织的能力，而非决策者个人的能力，我们知道，如果是实战，那么体现的是一个组织整体的能力。

5. 真正的持续领先者，必然有他的商业影响力甚至社会影响力，用户在享用产品时不单单在使用，更注重表达某种特别的气质；这是影响用户的最重要的因素，表达了用户在选择和享用这个产品的过程中体现出的同类人群的“信仰”。

6. 我们在做关于持续领先课题研究的时候会非常着眼于移动互联时代背景，因为有了互联网，很多产品已经直接上了虚拟渠道，它就是简单的WEB2.0平台，这个时候，企业应当充分重视这样两个问题：用户需求如何能最快获得？难道每个需求都要满足吗？

附录 A

行业先锋的筛选过程

行业先锋企业是在中国推行制度化管理和现代化管理的典范。它们对同行、对中国经济发展产生了深远的影响。以这两点为基础，我们列出了一系列选择标准：

1. 在同行业中受到推崇和认可的机构；
2. 注重组织完善和管理提升；
3. 在中国经济发展中占有不可或缺的地位；
4. 企业存在非常明显的规模化的发展；
5. 拥有自主经营的产品、品牌（或服务）；
6. 在中国社会经济中，具有活力，受到关注；
7. 企业持续成长 15 年以上，其间是作为独立的公司发展；
8. 年销售额超过 200 亿元；
9. 行业处于非国家垄断地位。

筛选行业先锋企业的过程

第一次筛选：我们从历年公布的中国 500 强企业排行榜与 512 户国家重点企业和 120 户试点企业集团名单中，挑选出 500 家企业备选。这些进入排行榜的企业已经有足够的年度销售收入，他们属于中国大型企业，有一定的代表性对中国的经济发展具有不可忽视的影响，它们初步符合我们的研究要求。

第二次筛选：我们从500家被选企业中选出70家，这70家企业2003年的营业收入都超过200亿元，并且都出现在了2003年中国500强企业排行榜中。这些入选企业可以说更加接近我们的目标——行业先锋。同样这些企业的成长性不容忽视：入选企业都具有比较大的经营规模，是各个行业的领军者；它们中的绝大多数都理解了现代企业制度的精髓，更具创新精神，常常被列为中国企业现代化管理的典范；它们为中国经济的发展做出了巨大贡献，具备行业先锋企业的潜质。

第三次筛选：从70家中挑选出符合我们以上列出的所有标准的企业（见表A-1排名不分先后顺序）。

表 A-1　第三次筛选分析结果

进入第二次筛选的公司	第三次筛选结果
中国石油天然气集团公司	根据标准7、9，被删除
中国石油化工集团公司	根据标准7、9，被删除
中国移动通信集团公司	根据标准7、9，被删除
中国工商银行	根据标准5、7、9，被删除
中国化工进出口总公司	根据标准5、6、7、9，被删除
中国电信集团公司	根据标准7、9，被删除
中国第一汽车集团公司	根据标准5、7、9，被删除
中国人寿保险公司	根据标准7，被删除
中国银行	根据标准5、7，被删除
中国建设银行	根据标准5、7、9，被删除
中国粮油食品进出口（集团）有限公司	根据标准6、7，被删除
中国农业银行	根据标准5、7、9，被删除
上海宝钢集团公司	**符合标准，入选行业先锋企业**
广东省广电集团有限公司	根据标准7、9，被删除
上海汽车工业（集团）总公司	根据标准7，被删除
海尔集团公司	**符合标准，入选行业先锋企业**
中国网络通信集团公司	根据标准7、9，被删除

（续）

进入第二次筛选的公司	第三次筛选结果
中国建筑工程总公司	根据标准6、7、9，被删除
中国平安保险（集团）股份有限公司	根据标准7，被删除
中国普天信息产业集团公司	根据标准7、9，被删除
中国远洋运输集团总公司	根据标准7、9，被删除
飞利浦（中国）投资有限公司	根据标准5、7，被删除
东风汽车公司	根据标准7、9，被删除
国家邮政局	根据标准5、6、7、9，被删除
中国联合通信有限公司	根据标准7、9，被删除
摩托罗拉（中国）电子有限公司	根据标准5、7，被删除
中国铁路工程总公司	根据标准9，被删除
上海电气（集团）总公司	根据标准5、9，被删除
中国五金矿产进出口总公司	根据标准5、6、9，被删除
中国铁道建筑总公司	根据标准5、6、9，被删除
北京铁路局	根据标准5，被删除
中国兵器工业集团公司	根据标准5、6、9，被删除
中国兵器装备集团公司	根据标准5、6、9，被删除
中国华能集团公司	根据标准6、9，被删除
上海大众汽车有限公司	根据标准5、7，被删除
中国航空工业第一集团公司	根据标准9，被删除
联想控股有限公司	**符合标准，入选行业先锋企业**
中国海洋石油总公司	根据标准7、9，被删除
玉溪红塔烟草（集团）有限责任公司	根据标准6、9，被删除
上海广电（集团）有限公司	根据标准5、9，被删除
中国华源集团有限公司	根据标准7，被删除
上海铁路局	根据标准6、7、9，被删除
中环电子集团有限公司	根据标准7，被删除
郑州铁路局	根据标准6、7、9，被删除
中国南方航空集团公司	根据标准7、9，被删除
中国航空工业第二集团公司	根据标准7、9，被删除
神华集团有限责任公司	根据标准7、9，被删除

（续）

进入第二次筛选的公司	第三次筛选结果
辽宁省电力有限公司	根据标准 5、7、9，被删除
首钢总公司	根据标准 7，被删除
华联（集团）有限公司	根据标准 7，被删除
中国冶金建设集团公司	根据标准 7、9，被删除
鞍山钢铁集团公司	根据标准 7，被删除
交通银行	根据标准 5、7、9，被删除
本溪钢铁（集团）有限责任公司	根据标准 7，被删除
中国国际航空公司	根据标准 7、9，被删除
上海建工（集团）总公司	根据标准 6，被删除
中国航天科工集团公司	根据标准 9，被删除
浙江省物产集团公司	根据标准 7、9，被删除
TCL 集团股份有限公司	**符合标准，入选行业先锋企业**
华为技术有限公司	**符合标准，入选行业先锋企业**
中国海运（集团）总公司	根据标准 7、9，被删除
国家开发银行	根据标准 5、7、9，被删除
中国铝业公司	根据标准 6、7、9，被删除
中国煤炭工业进出口集团公司	根据标准 6、7、9，被删除
中国东方航空集团公司	根据标准 6、7、9，被删除
中国铁路物资总公司	根据标准 6、7、9，被删除
广州汽车工业集团有限公司	根据标准 7、9，被删除
成都铁路局	根据标准 6、7、9，被删除
中国港湾建设（集团）总公司	根据标准 6、7、9，被删除
中国船舶重工集团公司	根据标准 6、7、9，被删除

选出先锋企业（排名不分先后顺序）：

上海宝钢集团公司

海尔集团公司

联想控股有限公司

TCL 集团股份有限公司

华为技术有限公司

附录 B
研究和关注的问题

世界经济环境

1. 在世界企业格局变迁、生产地变迁的阶段，具有代表性的公司的策略是什么？

2. 各个具有代表性的公司的策略有何变化？变化的过程是怎样的？是因什么而产生变化的？

3. 在不同阶段，具有竞争优势的公司拥有的优势是什么？这些优势是在什么条件下产生的？

4. 谁是长期的胜利者，它们在这个过程中采取了什么策略、具备什么样的特点？

出口趋势研究

1. 出口是不是中国企业未来的重要出路？

2. 目前中国企业的出口状况如何？

3. 中国企业能保持的增长速度有多快？

4. 国际市场的需求量有多大？

5. 中国的出口总量能够达到什么水平？

6. 中国企业出口的利润率有多高？

7. 中国企业出口的产品在国外市场上处于怎样的位置？

8. 随着经济的发展，未来的市场是否会出现细分？中国的企业又将如何定位？

9. 发展中国家的传统行业是否依然有竞争力？

历史数据分析

1. 中国市场启动的标准是什么？
2. 影响中国市场启动的根本性因素是什么？
3. 中国企业成长的因素是什么？
4. 阻碍中国企业成长的市场要素是什么？
5. 中国解决这些问题需要多长时间？
6. 这种局面能够维持多久？
7. 这些要素对产业的发展是否起决定性的作用？

成长线路特征

1. 中国企业和欧美国家的先进企业相比较有什么共同之处和差别？
2. 中国企业未来的机会在哪里？

全球化能力研究

1. 中国企业的全球化能力有哪些特殊性？
2. 全球化的游戏规则对中国企业有何影响？
3. 全球化进程是否具有可预测性？中国企业应如何应对？

价值链研究

1. 在产业的价值链中，什么环节最有价值？

2. 对比各个环节的盈利能力，上下游厂商之间、制造商与经销商之间的谈判能力的转移最终会到达什么程度？是否会对最终盈利产生决定性影响？

3. 这个对比在不同的战略集团中是怎样的表现？

中国企业的生存空间

1. 中国企业在成本控制不够规范、技术同质化、资金获取的难度增大的情况下，能否找到市场需求而生存下来？

2. 中国究竟有多少家企业能分担国际分工？

3. 创新能力的获得，对中国企业来讲有何重要意义？

技术与产品的比较优势

1. 中国是不是世界制造的最佳产地？这个比较优势可以保持多久？

2. 中国企业放弃这个比较优势在海外扩张的策略是否都是失败的？

3. 在未来这种比较优势最终将向哪些国家或地区转移？

中国企业类型的比较优势

1. 中国企业是否具有原材料的比较优势？

2. 哪些企业是中国区域内制造成本最低的企业？

3. 规模优势真的那么有效吗？

4. 生产的质量保障是什么？

5. 整个行业要达到的标准是哪些？

6. 不按标准执行的企业是哪些？

7. 哪些企业可能会成为未来中国商业经济的主人？

企业领导层研究

1. 第一代中国企业领导者还能坚持多久？

2. 第二代中国企业领导者有哪些特征？

3. 企业领导者的换代是否意味着中国企业将进行大洗牌？

4. 第二代企业领导者会将中国企业带往何处？

现有公司治理机构

1. 制约中国企业发展的因素是什么？

2. 中国企业在现有的公司治理架构形式下所拥有的资源和能力怎样？

3. 这些资源和能力对中国企业的市场行为的影响怎样？

4. 各类型的企业中，哪类企业的治理架构对其未来的发展更有帮助？谁将会是最后的胜利者？

附录C

回顾企业的成长

宝 钢 集 团

宝钢集团介绍

上海宝钢集团公司是中国最大的钢铁公司，建设有普碳钢、不锈钢、特钢三大制造中心。宝钢发展相关多元产业，包括贸易、金融、设备制造、信息、化工、地产等。宝钢控股的宝山钢铁股份有限公司已在上海证券交易所上市，在世界钢铁权威杂志 WSD 2003 年的排名中，其综合竞争能力列第二位。

宝钢以钢铁为主业，生产高技术含量、高附加值钢铁精品，形成普碳钢、不锈钢、特钢三大产品系列。这些钢铁精品通过遍布全球的营销网络，在满足国内市场需求的同时，还出口至亚非欧美的 40 多个国家和地区，广泛应用于汽车、家电、石油化工、机械制造、能源交通、金属制品、航天航空、核电、电子仪表等行业。

围绕钢铁主业的发展需求，宝钢还着力发展相关多元产业，重点围绕钢铁供应链、技术链、资源利用链，加大内外部资源整合力度，提高综合竞争力及行业地位，形成了资源开发及物流、钢材延伸加工、工程技术服务、煤化工、金融投资、生产服务等六大相关产业板块，并与钢铁主业协同发展。

2012年，宝钢完成钢产量4383万吨，利润总额104亿元，居世界钢铁行业第二位。2013年，宝钢连续第十年进入美国《财富》杂志评选的世界500强榜单，位列第222位，并连续当选为“全球最受赞赏的公司”。标普、穆迪、惠誉三大评级机构给予宝钢全球钢铁企业中最高的信用评级。

宝钢集团大事记

1978年 投资建厂，一期投资128亿元，1985年9月建成。

1991年 二期建成投资172亿元。

1996～2000年 三期建成投资623亿元。[㊀]

1998年 成立宝钢集团公司。

2000年 宝钢股份在上海证券交易所上市。

2001年 宝钢与巴西淡水河谷公司（CVRD）合资办矿。

2002年 宝钢实现合并销售收入777亿元，合并利润总额70.08亿元。全年产钢1948万吨，商品钢材1808万吨，分别完成年度计划的100.87%和102.95%。

2002年 公司加快重组整合，发展非钢产业。入股全国性股份制商业保险公司——中国太平洋保险（集团）股份有限公司。

2002年 与澳大利亚哈默斯利公司实施合资办矿，获得了每年1600万吨铁矿石资源的中国代理销售权。

2003年 集团收入超过100亿美元，在世界级钢铁公司竞争力最新排行中仅次于浦项钢铁，名列第二。

2003年 华宝兴业基金管理公司正式开业。[㊁]

㊀ 搜狐财经2003年6月12日《宝钢股份：投资价值分析报告》，作者：吉利华。

㊁ 宝钢集团公司网站www.baosteel.com，新闻中心，作者：不详。

2004年 上海宝钢集团公司与CVRD合资组建的巴西钢厂项目，举行可行性研究和基本设计等前期合同签字仪式，标志着中国最大的海外直接投资建设项目进入正式启动阶段。

2005年 国务院国资委在宝钢大厦召开“宝钢集团有限公司董事会试点工作会议”，宝钢依据《公司法》，改建为规范的国有独资公司——宝钢集团有限公司。

2006年 宝钢与CVRD就2007年度铁矿石基准价格达成一致，新年度基准价格在2006年基础上上涨9.5%。随后，宝钢又分别与澳大利亚力拓集团哈默斯利公司和必和必拓公司就2007年度铁矿石基准价格达成一致，新年度基准价格在2006年基础上上涨9.5%。这是以宝钢为代表的中国钢铁企业首次率先与铁矿石供应企业达成年度铁矿石长期协议基价。

2007年 宝钢和CVRD合资成立的宝钢维多利亚钢铁公司在巴西圣艾斯普里图州维多利亚市揭牌，标志着宝钢首个海外钢厂投资项目正式启动。

宝钢集团和新疆维吾尔自治区人民政府签订增资重组八钢协议，宝钢集团增资30亿元重组八钢，4月28日，宝钢集团新疆八钢公司正式揭牌，八钢成为宝钢集团控股公司。

2008年 由宝钢集团公司和广东省国资委、广州市国资委共同出资组建的广东钢铁集团有限公司正式揭牌。

2009年 为压缩管理层次，提高效率，宝钢股份撤销宝钢分公司建制，由宝钢股份对宝钢分公司各项业务实行直接管理。

2010年 宝钢资源（国际）有限公司在香港揭牌成立。

2011年 由宝钢化工、东方钢铁和武钢联合焦化三方出资的上海化工宝电子商务有限公司宣告成立，国内首个煤化工行业网络资讯交易平台建设拉开序幕。

2011年　宝钢－澳大利亚联合研发中心成立。这是宝钢在海外设立的第一个联合研发中心，是宝钢实现研发资源国际化配置的重大战略举措之一。

2011年　宝钢在香港成功发行36亿元离岸人民币计价债券，这是中国内地非金融类企业首次赴港发行债券。

2012年　成立宝钢特钢有限公司（简称“宝钢特钢”）和上海宝钢不锈钢有限公司（简称“宝钢不锈”）。

2012年　宝钢股份决定以不超过每股5元的价格回购公司股票，总金额不超过50亿元；参股中国石油天然气股份有限公司西气东输三线管道项目，出资不超过100亿元。

2012年　历经十年探索实践，宝钢成功实现第三代高成形性超高强钢——淬火延性钢的工业化生产，向一汽轿车批量供货。至此，宝钢成为全球唯一一家实现新一代经济型高成形性超高强钢（第三代超高强钢）批量稳定供货的企业，也是世界上唯一一家同时可以工业化生产第一代、第二代和第三代全系列超高强钢的钢铁企业。

海 尔 集 团

海尔集团介绍

公司1984年创立于青岛。创立以来，海尔坚持以用户需求为中心的创新体系驱动企业持续健康发展，从一家资不抵债、濒临倒闭的集体小厂发展成为全球最大的家用电器制造商之一。2012年，海尔集团全球营业额1631亿元，在全球17个国家拥有8万多名员工，海尔的用户遍布全球100多个国家和地区。

海尔集团持有多个与消费者生活息息相关的品牌。其中，按品牌统计，海尔已连续四年蝉联全球销量最大的家用电器品牌。[⊖]在互联网时代，海尔打造开放式的自主创新体系支持品牌和市场拓展，截至2011年，累计申报12 318项技术专利，获授权专利8350项；累计提报77项国际标准提案，其中27项已经发布实施，是中国申请专利和提报国际标准最多的家电企业。在全球白色家电领域，海尔正在成长为行业的引领者和规则的制定者。

海尔大事记

1984年 青岛电冰箱总厂成立。

1992年 通过ISO9001质量体系认证，成为中国第一家通过此项认证的家电企业。

1997年 美国Appliance统计，海尔的发展速度在世界家电企业中居第一。

1998年 英国《金融时报》评选"亚太地区声望最佳企业"，海尔名列第七。

2000年 海尔因出色的经营业绩被美国科尔尼管理顾问公司、《财富》杂志集团等评选为"全球最佳营运公司"，海尔是亚太地区企业唯一得主。

2001年 美国*Appliance Manufacturer*杂志评选世界家电十强，海尔综合实力位居第九。

2002年 联合国国际生态安全科学院授予海尔集团"国际生态安全最佳企业"，同时授予张瑞敏首席执行官"国际杰出企业家"荣誉。

2002年 世界权威市场调查机构Euromonitor发布了全球白色家电企业市场占有率最新排序，海尔在白色家电制造商中跃居全球第五。

⊖ 欧睿国际Euromonitor。

Euromonitor 同时发布全球白色家电的产品品牌占有率排序，海尔冰箱以较大优势跃居全球冰箱品牌市场占有率榜首，成为全球冰箱第一品牌。

2002 年　美国《远东经济评论》公布亚太最佳企业排名，海尔位居中国最佳企业第一名。

2003 年　Euromonitor 公布了 2002 年全球白色家电制造商排序，海尔以 3.79% 的市场份额跃升至全球第二大白色家电品牌。

2004 年　由世界知名的财经媒体英国《金融时报》和全球最大的会计事务所普华永道公司举办的“世界最受尊敬的公司”排名揭晓，海尔集团再次位居中国公司首位。[⊖]

2005 年　年度中国最有价值品牌评估结果揭晓，海尔集团以 702 亿元的品牌价值连续四年位居榜首。

2006 年　在《福布斯》杂志 2006 年度“全球最受尊敬企业 200 强”评选中，海尔集团位居第 25 位，居中国品牌之首。

2007 年　重庆海尔工业园洗衣机生产线正式开工投产，此生产基地具有 300 万台的年产能，它与洗衣机产品本部在青岛、顺德及合肥的生产基地形成了一个“金三角”战略布局。

2008 年　海尔作为 2008 北京奥运会全球唯一白色家电赞助商，为奥运村以及国家体育场、水立方、青岛奥帆基地等 37 个奥运竞赛场馆提供了共 6 万件绿色节能的创新产品，包括海尔自然冷媒冰箱、超静音冰箱、08 奥运风空调、不用洗衣粉的洗衣机、中央空调、太阳能空调、“防电墙”热水器等产品。

2009 年　Euromonitor 公布了 2009 年全球白电品牌企业最新市场调研数据：海尔品牌以 5.1% 的全球市场份额成为全球第一白色家电品牌，这也是中国白色家电首次成为全球第一品牌。同时，海尔冰箱、海尔洗衣

⊖ 海尔集团公司网站 www.haier.com，《海尔大记事》，作者：不详。

机分别以 10.4% 与 8.4% 的全球市场占有率，在行业中均排名第一。

2010 年 Euromonitor 发布最新的全球家用电器市场调查结果显示：海尔大型家用电器 2010 年品牌零售量占全球市场的 6.1%，蝉联全球第一；海尔冰箱 2010 年品牌零售量占全球市场 10.8%，蝉联全球第一；海尔冰箱 2010 年制造商零售量占全球市场的 12.6%，蝉联全球第一；海尔洗衣机 2010 年品牌零售量占全球市场的 9.1%，蝉联全球第一；海尔 Electrical Wine Cooler/Chiller 2010 年制造商及品牌零售量占全球市场的 14.8%，首次跃居全球第一。

2011 年 海尔与日本三洋电机株式会社正式签署协议，收购三洋电机多项业务，将在日本以及东南亚形成两个研发中心、四个制造基地和六个区域的本土化市场营销架构。

2012 年 Euromonitor 发布最新的全球家电市场调查结果显示：海尔大型家用电器 2012 年品牌零售量占全球市场的 8.6%，比去年提高了 0.8 个百分点，第四次蝉联全球第一。

2013 年 海尔宣布与欧洲领先的家电制造商之一法格家电成立合资公司。

联 想 集 团

联想集团介绍

联想集团是一家在信息产业内多元化发展的大型企业集团，富有创新性的国际化的科技公司。由联想及原 IBM 个人电脑事业部所组成。公司成立于 1984 年，由中科院计算所投资 20 万元、11 名科技人员创办。从 1996 年开始，联想电脑销量一直位居中国国内市场首位，2013 年，联想电脑销售量升居世界第一，成为全球最大的 PC 生产厂商。

作为全球个人电脑市场的领导企业，联想从事开发、制造并销售可靠的、安全易用的技术产品及优质专业的服务，帮助全球客户和合作伙伴取得成功。联想公司主要生产台式电脑、服务器、笔记本电脑、打印机、掌上电脑、主板、手机等商品。

联想大事记

1984 年　中国科学院计算所新技术发展公司成立（联想集团前身）。

1988 年　香港 Quantum 公司开业。

1989 年　联想 286 微机在西德汉诺威国际博览会上首次参展并获得极大成功。

1992 年　联想集团获 1992 年全国计算机产品交易会“特等高效益奖”。

1993 年　联想集团推出我国第一台联想 586 电脑。

1994 年　联想在香港上市。

1995 年　联想集团在“1995 年度中国 500 家最大工业企业”中排名第 56 位。

1997 年　联想电脑销量进入亚太十强，排名第八。

1998 年　根据 IDC 市场调查报告，联想跻身亚太三强，家用电脑成为亚太第一。集团发布 1998 年度业绩，营业额上升 45%，利润上升 34%。

2000 年　美国《商业周刊》评出全球“信息科技 100 强”，联想排名全球科技百强第八，全面进军 Linux 领域。

2001 年　联想软件顺利地通过了权威 CMM 认证机构路透集团 CMM3 的预评估。

2002 年　中国具有国际领先水平的万亿次计算机在联想集团研制成功。

2003 年　联想集团在北京正式对外宣布启用集团新标识“Lenovo”

以代替原有的英文标识“Legend”，并在全球范围内注册。⊖

2004年 联想集团将其英文名称修改为Lenovo Group Limited，并成为国际奥委会全球合作伙伴。

2004年 联想集团和IBM签署收购IBM个人电脑事业部的协议。

2006年 都灵冬奥会开幕，联想为都灵冬奥会提供了5000台台式电脑、近600台笔记本、近400台服务器、600台桌面打印机以及技术支持，并派出了100多人的联想工程师服务团队，以零故障的优异表现成功支持都灵冬奥会，得到国际奥委会的高度评价。

2006年 联想与NBA（美国职业篮球协会）宣布结成长期的全球性市场合作伙伴关系，并同时启动投资上亿的联想扬天“明日巨星计划”。

2007年 北京奥组委和国际奥委会联合宣布联想集团成为北京2008奥运会火炬接力全球合作伙伴。同时，由联想设计的北京奥运会火炬“祥云”方案，历经北京奥组委三轮遴选，在全球388个竞标方案中脱颖而出。联想成为奥林匹克运动历史上第一家源自中国的奥运会火炬接力合作伙伴。

2008年 1月联想集团宣布首次在全球推出IdeaPad笔记本和IdeaCentre台式电脑系列产品，并宣布进军全球消费PC市场。

2009年 联想向由弘毅投资为首的一些投资者收购联想移动通信技术有限公司（简称“联想移动”）的所有权益。此次收购标志着联想将全面进军高速增长的中国移动互联网市场。

2010年 联想在美国拉斯维加斯正式发布移动互联网战略，并推出其第一代移动互联网终端产品：智能本Skylight、智能手机乐phone和全新创意的双模笔记本电脑ideapad U1。

⊖ 联想集团公司网站www.lenovo.com，《关于联想：发展历史》，作者：不详。

TCL集团

TCL集团介绍

TCL集团股份有限公司是中国最大的、全球性规模经营的消费类电子企业集团之一，旗下拥有四家上市公司：TCL集团（SZ 000100）、TCL多媒体科技（HK 01070）、TCL通讯科技（HK 02618）、通力电子（HK 01249）。目前，TCL已形成多媒体、通信、华星光电和TCL家电四大产业集团，以及系统科技事业本部、泰科立集团、新兴业务群、投资业务群、翰林汇公司、房地产六大业务板块。

TCL创立于1981年，经过30多年的发展，TCL借中国改革开放的东风，秉承敬业奉献、锐意创新的企业精神，从无到有，从小到大，迅速发展成为中国电子信息产业中的佼佼者。1999年，公司开始了国际化经营的探索，在新兴市场开拓推广自主品牌，在欧美市场并购成熟品牌，成为中国企业国际化进程中的领头羊。

2012年TCL全球营业收入696.29亿元，68 000名员工遍布亚洲、美洲、欧洲、大洋洲等多个国家和地区。在全球80多个国家和地区设有销售机构，销售旗下TCL、Thomson等品牌彩电及TCL、Alcatel品牌手机。2012年TCL液晶电视销量1578万台，占全球彩电市场份额第四；手机全球销量4260万台；TCL还拥有液晶面板工厂；生产家用电器等产品。

TCL集团旗下主力产业在中国、美国、法国、新加坡等国家设有研发总部和十几个研发分部。在中国、波兰、墨西哥、泰国、越南等国家拥有近20个制造加工基地。

TCL集团大记事

1980年 惠阳地区机械局电子科的基础上，组建惠阳地区电子工业公司，开始 TCL 集团的早期创业。

1985 年 兴办粤港合资的“TCL 通讯设备有限公司”。

1992 年 研制生产 TCL 王牌大屏幕彩电，投放市场一炮走红。

1993 年 TCL 电子（香港）有限公司成立。同年 TCL 通讯设备股份有限公司股票在深交所上市，是国内通信终端产品企业中第一家上市公司。

1996 年 TCL 集团兼并香港陆氏公司彩电项目，开创国营企业兼并港资企业并使用国有品牌之先河。

1999 年 TCL 国际控股有限公司股票在香港成功上市。同年 TCL 移动通信有限公司成立。

2000 年 TCL 集团销售总额突破 200 亿元，成为广东省最大的工业企业，跻身中国电子百强三强之一。

2001 年 TCL 移动通讯全年销售手机 130 万台，销售收入突破 30 亿元，成长为集团又一重要经济增长点。

2002 年 TCL 全资收购的德国施耐德公司在慕尼黑开业。

2003 年 中国最有价值品牌评比揭晓，TCL 品牌价值为 267.12 亿元，名列第六；TCL 与法国汤姆逊公司强强联合，重组彩电、DVD 业务，缔造年产销量 1800 万台的彩电企业。同年 TCL 集团以 319 亿元销售收入排名中国电子信息百强企业第四位。

2004 年 TCL 集团成功整体上市，为国有企业改革树立典范。[⊖]

2005 年 TCL 彩电销量雄居全球首位。

2007 年 TCL 彩电核心技术获美国国家电视学院艾美奖，这是中国公司历史上首次获得该奖项。

2008 年 TCL 集团首台液晶模组下线，标志着以 TCL 集团为代表

⊖ TCL 集团公司网站 www.tcl.com，《企业大记事》，作者：不详。

的中国彩电业在建立新兴的平板电视核心竞争力和实施产业整体转型升级方面迈出了关键一步。

2009年 总投资达245亿元的深圳市第8.5代薄膜晶体管液晶显示器件（TFT-LCD）生产线项目宣布正式启动。同时，深圳市华星光电技术有限公司也宣布正式成立。

2010年 由深圳市政府和TCL集团共同投资245亿元的华星光电8.5代液晶面板项目开工。

2011年 TCL平板彩电销量首次突破1000万台。

2012年 第45届国际消费电子展（CES）上，TCL荣获技术创新单项大奖"年度智能云计算电视"奖，同时蝉联全球消费电子TOP50和全球电视品牌第六名。

华 为 技 术

华为技术介绍

华为技术有限公司成立于1988年，是由员工持股的高科技民营企业。华为从事通信网络技术与产品的研究、开发、生产与销售，专门为电信运营商提供光网络、固定网、移动网和增值业务领域的网络解决方案，是中国电信市场的主要供应商之一，并已成功进入全球电信市场。

华为是全球领先的信息与通信解决方案供应商。华为围绕客户的需求持续创新，与合作伙伴开放合作，在电信网络、企业网络、消费者和云计算等领域构筑了端到端的解决方案优势。华为致力于为电信运营商、企业和消费者等提供有竞争力的ICT解决方案和服务，持续提升客户体验，为客户创造最大价值。目前，华为的产品和解决方案已经应用于140多个国家，服务全球1/3的人口。

华为技术大记事

1988年 华为成立，注册资本2万元人民币。

1989年 华为作为一家交换机代理商开始涉足通信领域。

1992年 华为开始生产自己的用户交换机，并且销售额达到1亿元。

1993年 自主研制成功的数字程控交换机设备，确定了在中国农村通信市场的主导地位。进入高速发展时期。当年销售额约4亿元。[一]

1997年 华为实施员工持股，并开始与国际著名管理顾问公司合作，改革人力资源管理。

1999年 华为国际销售额0.53亿美元。

2000年 华为国际销售额1.28亿美元。

2001年 华为国际销售额3.28亿美元。

2002年 华为合同销售额221亿元，华为国际销售额5.52亿美元。截至2002年华为各类产品已经进入40多个国家和地区，包括德国、西班牙、巴西、俄罗斯、韩国、泰国、沙特阿拉伯、埃及、新加坡等。

2003年 华为合同销售额317亿元，同比增长42%。华为国际销售额10.5亿美元，同比增长90%，11月华为3Com有限公司正式宣布成立并开始业务运作。[二]

2004年 在英国设立了它的首家海外分公司，是迄今为止中国企业在英国的最大投资。[三]

2005年 成为英国电信（简称BT）首选的21世纪网络供应商，为BT 21世纪网络提供多业务网络接入（MSAN）部件和传输设备。

2006年 以8.8亿美元的价格出售H3C公司49%的股份。

2007年 在2007年年底成为欧洲所有顶级运营商的合作伙伴。

[一] 《IT经理世界》2003年11月18日《华为任正非寻找海外接班人？》，作者：吴建国。

[二] 华为公司网站www.huawei.com.cn，《关于华为：经营业绩》，作者：不详。

[三] 《京新报》2004年3月31日《华为在英国设立了它的首家海外分公司》，作者：邹山。

2008 年　移动宽带产品全球累计发货量超过 2000 万台，根据 ABI 的数据，市场份额位列全球第一。

2009 年　成功交付全球首个 LTE/EPC 商用网络，获得的 LTE 商用合同数居全球首位。

2010 年　全球部署超过 80 个 SingleRAN 商用网络，其中 28 个已商用发布或即将发布 LTE/EPC 业务。

2011 年　在全球范围内斩获 6 大 LTE 顶级奖项。

2012 年　发布业界首个 400G DWDM 光传送系统，在 IP 领域发布业界容量最大的 480G 线路板。

创维集团有限公司

创维集团有限公司介绍

创维成立于 1988 年，总部坐落在具有创新“硅谷”之称的深圳高新技术产业园，拥有 3 万多名员工。创维立足中国，面向全球，是以研发制造消费类电子、显示器件、数字机顶盒、安防监视器、网络通信、半导体、冰洗、3C 数码、LED 照明等产品为主要产业的大型高科技集团公司，2000 年在香港主板上市（HK00751）。经过 25 年发展，创维已跻身世界十大彩电品牌、中国显示行业领导品牌和中国电子百强第 14 位，2012 年创维品牌价值达 352.95 亿元。

创维坚持“核心产业做强，相关产业做大”战略，以香港创维数码控股有限公司为龙头，旗下设深圳创维 RGB 电子公司、海外发展公司、数字技术公司、群欣安防科技公司、液晶器件公司等十多家产业公司。拥有成都、南京、宜春三大物流中心；深圳石岩、深圳龙岗、深圳公明、广州、南京、内蒙古呼和浩特等生产基地；香港、深圳、北京、广州、南京等科研机构。国内彩电、数字机顶盒、安防监视器市场占有率，LCD 市场占有率，彩电行业持续盈利，年发明专利数量等六项行业第一。经过多年的布局和发展，逐步形成国际化经营模式，营销、服务分支机构遍布全球。在国内设有 41 个分公司、209 个办事处，拥有超过 2 万个签约客户，缜密的分销、完善的服务体系渗透到县镇（乡）市场。

创维集团大记事

1989 年 创维实业有限公司在香港成立，并设立全球信息家电中心。

1992 年 成立创维集团，总部设在香港，生产彩电、VCD、DVD，家庭影院和卫星接收机等产品。

1993 年 营业额达到了 2 亿元，之后创维电视开始全面走向世界。

1995 年 大屏幕电视重新设计，投放市场。创维起死回生。

1998 年 创维实现销售 32.5 亿元，产销量跃居同行业第四位。

1999 年 在美国硅谷设立创维实验室。当年实现销售 43.4 亿元。并成功地实现融资国际化：三家著名的国外投资基金 3000 万美元。

2000 年 创维在香港成功上市。

2001 年 创维获中国电子百强第 17 位。DVD 产销量跃居中国同行业前三强。

2002 年 创维实现了 95 亿元的销售额，工业产值达到 105 亿元，其中出口额为 2 亿美元。截至 2002 年年底，创维在俄罗斯的市场占有率为 10%，墨西哥为 10%，以色列为 20%，马来西亚为 15%，澳大利亚为 7%。

2003 年 创维国内电视机销售量比上年同期增长 30%。并且进入日本、韩国和西班牙市场。出口额突破 2 亿美元，成功挺进世界彩电十大品牌之列。[1]

---

[1] 创维集团公司网站 www.skyworth.com.cn，《今日创维：企业大记事》，作者：不详。

2004 年　创维荣获国家级企业技术中心。

2005 年　创维液晶生产线正式开工。

2006 年　全球首台 3G-USB 液晶电视及屏变技术在创维诞生。

2007 年　创维集团成为中国航天事业合作伙伴和中国航天事业赞助商，创维电视、创维手机、创维安防监视器成为中国航天专用产品。

2008 年　创维集团成立 20 周年。

2009 年　创维品牌价值达到 178.36 亿元。

2010 年　创维参股 LGD8.5 代线获发改委审批。

2011 年　创维背光液晶模组技改中标广东省战略产业技改项目。

2012 年　创维推出全球首款具有健康管理系统的云电视。

2013 年　首条自产洗衣机产线正式投产。

2013 年　创维持续增长品牌价值达 352.95 亿元。

广东美的企业集团

广东美的企业集团介绍

美的集团（SZ000333）是一家以家电制造业为主的大型综合性企业集团，于 2013 年 9 月 18 日在深交所上市，旗下拥有小天鹅（SZ000418）、威灵控股（HK00382）两家子上市公司。

1968 年，美的创业，1980 年，美的正式进入家电业，1981 年注册美的品牌。目前，美的集团用工总数 12.6 万人，旗下拥有美的、小天鹅、威灵、华凌、安得、美芝等十余个品牌。集团在国内建有广东顺德、广州、中山；安徽合肥及芜湖；湖北武汉及荆州；江苏无锡、淮安、苏州及常州；重庆、山西临汾、江西贵溪、河北邯郸等 15 个生产基地，辐射华南、华东、华中、西南、华北五大区域；在越南、白俄罗斯、埃及、巴西、阿根廷、印度6个国家建有生产基地。

主要家电产品有家用空调、商用空调、大型中央空调、冰箱、洗衣机、微波炉、风扇、洗碗机、电磁炉、电饭煲、电压力锅、豆浆机、饮水机、热水器、空气能热水机、吸尘器、取暖器、电水壶、烤箱、抽油烟机、净水设备、空气清新机、加湿器、灶具、消毒柜、照明等和空调压缩机、冰箱压缩机、电机、磁控管、变压器等家电配件产品。现拥有中国最完整的空调产业链、冰箱产业链、洗衣机产业链、微波炉产业链和洗碗机产业链；拥有中国最完整的小家电产品群和厨房家电产品群；在全球设有60多个海外分支机构，产品远销200多个国家和地区。

广东美的企业集团大记事

20世纪80年代 增长速度为60%（从1981年的328万元增长到1990年的2.8亿元）。

20世纪90年代 平均增长速度为50%（从1991年的3.2亿元增长到2000年的105亿元）。

1993年 美的在深圳证券交易所上市。

1998年 收购东芝万家乐进入空调压缩机领域。

2002年 冰箱公司成立，全面推行企业经营模式转型。

2003年 实现销售收入175亿元，其中出口创汇5亿美元，收购云南湖南客车企业，正式进军汽车业。

2004年 美的预计将实现总体销售收入300亿元，其中出口8亿美元。[⊖]

2005年 美的收购江苏春花。

2007年 美的第一个海外基地在越南建成投产。

⊖ 美的集团公司网站www.midea.com.cn，《美的概况：发展历程》，作者：不详。

2008 年　控股小天鹅，为做强做大冰洗产业搭建新的平台。

2009 年　美的电器公开增发 1.89 亿新股，募集资金近 30 亿元。

2010 年　销售收入突破 1000 亿元；美的总部大楼落成并投入使用。

2011 年　“美的－工银国际－鼎晖投资”开展战略投资合作。

2011 年　收购开利拉美空调业务，成立美的－开利拉美空调合资公司。

2012 年　整合美的集团总部和二级产业集团部分管理职能，提升运营效率，深化战略转型。

2013 年　美的集团换股吸收合并美的电器，于 2013 年 9 月 18 日在深交所挂牌整体上市。

光明乳业股份有限公司

光明乳业股份有限公司介绍

光明乳业股份有限公司是股份制上市公司，主要从事乳和乳制品的开发、生产和销售，奶牛和公牛的饲养、培育，物流配送，营养保健食品的开发、生产和销售。公司拥有世界一流的乳品研究院、乳品加工设备以及先进的乳品加工工艺，形成了保鲜奶、酸奶、超高温灭菌奶、奶粉、黄油干酪、果汁饮料等系列产品，是目前国内最大规模的乳制品生产、销售企业之一。

公司拥有世界一流的乳业研发中心和乳品加工设备，以及先进的乳品加工工艺。主要从事乳和乳品的开发、生产和销售，奶牛和公牛的饲养、培育、物流配送、营养保健食品的开发、生产和销售。

光明乳业股份有限公司大记事

1992～1995 年　牛奶公司进行内部专业化分工，集约化经营，统一品牌。

1996 年 上海市牛奶公司和香港上实控股公司合资成立光明乳业股份有限公司。

1996～2000 年 光明乳业综合实力在全国乳业同行中排名第一，光明牌液态奶的产销量在全国排名第一。

1997～2000 年 光明乳业保持持续稳定的增长速度，销售收入、利润年平均增长率在 30% 以上。

1999 年 光明乳业在上海工业企业销售收入 500 强中排名 38 位。光明乳业销售额达 14.3 亿元，利润 7403 万元。

2000 年 销售额增长 56%，利润增长 36%。

2001 年 销售额同比增长 54%，利润增长 56%。被《财富》杂志评为“2001 年中国最受赞赏的外资企业”。

2002 年 销售额同比增长 42%，利润增长 38%。被《财富》杂志评为“中国最受赞赏的外商投资企业 28 位”以及“社会责任感最强的公司”。获中国外商投资企业 500 强第 143 位，并于同年成功上市。[⊖]

2004 年 在著名媒体《财富中国》发布的《2004 年中国证券市场领导力报告》中，光明乳业入选“2004 年全国最具领导力的 20 家上市公司”。

2005 年 被商务部国际贸易经济合作研究院评定为全国诚信等级 AAA1 企业。

2006 年 在中国社会科学院和中国经营报组织的竞争力年会上获得“卓越自主创新新产品”称号。

2007 年 被国家商务部评为 2006 年度中国最具市场竞争力品牌。

2009 年 由国家发改委、农业部、国家质检总局、工商总局、食品

⊖ 光明乳业公司网站 www.brightdairy.com，《光明里程》，作者：不详

药品监管局等七部委联合支持举办的《第七届中国食品安全年会》上，光明乳业获得“2009年度食品安全十强企业”及“中国食品安全十强企业”。

2010年 在中国商业联合会主办的“第二届全国顾客满意度测评活动”中光明乳业有限公司荣获全国（行业）顾客满意十大品牌称号。

2011年 光明乳业研发生产的中国首款长效酸奶莫斯利安获得Monde Selection（世界食品品质评鉴大会）大奖。

2012年 在《环球企业家》主办的“2011～2012中国最佳表现公司”评选中从众多品牌中脱颖而出，荣登“2011～2012年中国最佳表现公司”50强。

广东格兰仕集团有限公司

广东格兰仕集团有限公司介绍

格兰仕集团是一家定位于“百年企业、世界品牌”的世界级企业，在广东顺德、中山拥有国际领先的微波炉、空调及小家电研究和制造中心，在中国总部拥有13家子公司，在全国各地共设立了60多家销售分公司和营销中心。企业成立于1978年9月28日，前身为桂洲羽绒制品厂。

作为中国制造和中国民营企业的杰出代表之一，格兰仕过去30年实践中稳健成长、发展和壮大的历史，是中国改革开放成功推进的一个企业标签：在第一个10年里，格兰仕荒滩创业，创出了一个过亿元的轻纺工业区；在第二个10年里，格兰仕从轻纺业转入微波炉业，成为中国首批转制成功、建立现代企业制度的乡镇企业之一，并迅猛赢得微波炉世界冠军；在第三个10年里，格兰仕开始打造一个以微波炉、空调、冰箱、洗衣机、生活电器为核心的跨国白色家电集团。

广东格兰仕集团有限公司大事年表

1994 年 企业产值 3.2 亿元。

1995 年 企业产值 4.8 亿元。

1996 年 企业产值 6.4 亿元。

1997 年 企业产值 11.8 亿元。

1998 年 企业产值 19 亿元。

1999 年 出口创汇突破 1.1 亿美元，成为中国家电出口二强之一；企业产值达 29.6 亿元。

2000 年 出口创汇达到 1.5 亿美元，国际市场占有率达到 30% 以上（其中非洲突破 70%），企业产值 58 亿元。

2001 年 出口突破 2 亿美元，全球市场占有率超过 35%，其中欧洲市场占有率达 40% 以上（法国超过 45%），企业产值达 68 亿元。

2002 年 出口创汇达 3 亿美元，全球市场占有率超过 40%，其中欧洲突破 45%，企业产值 90 亿元。

2003 年 出口创汇攀升到 5 亿美元，全球占有率攀升至 44.4%，企业产值突破 100 亿元。[⊖]

2004 年 格兰仕在全球最大的家电展——德国科隆展上正式发布了首创的光波空调，格兰仕光波炉、光波空调组成的“光波家电”面向全球彰显中国制造的创新实力。同年，格兰仕空调出口名列前茅。

2005 年 全球最大的空调制造基地落户格兰仕。

2006 年 格兰仕从集团的供应、配件生产、整机生产到国内外市场销售的整个价值链中分裂出了 13 个具有独立法人地位的子公司，建立起了以资本为纽带的母子公司治理结构。同年，从销售总值、出口创汇到纳税、利润等各项经营指标，全部创格兰仕历史新高。

⊖ 格兰仕集团公司网站 www.galanz.com.cn，《格兰仕集团介绍》，作者：不详。

2007 年 格兰仕开始由过去的“低成本扩张”向“技术创新领先”战略转型，积极由“世界级制造品牌”向“世界级消费品牌”转变。

2008 年 格兰仕成立 30 周年。

杭州娃哈哈集团有限公司

杭州娃哈哈集团有限公司介绍

杭州娃哈哈集团有限公司是目前中国最大的食品饮料生产企业，创建于 1987 年，在资产规模、产量、销售收入、利润、利税等指标上已连续 11 年位居中国饮料行业首位，成为目前中国最大、效益最好、最具发展潜力的食品饮料企业，在全国 29 省市建有 58 个基地近 150 家分公司，拥有总资产 300 亿元，员工近 3 万人。2010 年，全国民企 500 强排名第 8 位。公司拥有世界一流的自动化生产线，以及先进的食品饮料研发检测仪器和加工工艺，主要从事食品饮料的开发、生产和销售，已形成年产饮料 600 万吨的生产能力及与之相配套的制罐、制瓶、制盖等辅助生产能力，主要生产含乳饮料、瓶装水、碳酸饮料、茶饮料、果汁饮料、罐头食品、医药保健品七大类 50 多个品种的产品，其中瓶装水、含乳饮料、八宝粥罐头多年来产销量一直位居全国第一。

杭州娃哈哈集团有限公司大事年表

1987 年 娃哈哈前身——杭州市上城区校办企业经销部成立。

1988 年 成立杭州娃哈哈营养食品厂，开发生产以中医食疗口服液，一举成名。

1991 年 以 8000 万元的代价有偿兼并了杭州罐头食品厂，组建成立了杭州娃哈哈集团公司。

1996 年　公司以部分固定资产作投入与法国达能等外方合资成立五家公司，引进外资 4500 余万美元。

1997 年　在沈阳、长沙、天津、安徽巢湖等 22 省市建立了 40 余家控股子公司。

2002 年　公司生产饮料 323 万吨，实现销售收入 88 亿元，利税 17 亿元。在全国首批开立了 800 家童装专卖店，一举成为中国最大的童装品牌之一。

2003 年　公司营业收入突破 100 亿元大关，成为全球第五大饮料生产企业，仅次于可口可乐、百事可乐、吉百利、柯特这 4 家跨国公司。[⊖]

2004 年　推出营养快线。

2007 年　推出思慕 C。

格林柯尔集团

格林柯尔集团介绍

格林柯尔集团是专门从事新型制冷剂生产、销售及相关的技术服务，并从事制冷空调工程设计、施工的跨国集团，在英国等欧洲各国、美国、加拿大、新加坡、马来西亚、中国天津、北京、深圳、海南、武汉及香港均设有自己的分公司和控股公司。格林柯尔集团拥有占全球领先地位的无 CFC 新型制冷剂生产技术。格林柯尔集团拥有两家生产厂，一个设在英国，另一个设在中国天津。设在天津的格林柯尔制冷剂（中国）有限公司是格林柯尔集团属下最大的新型混合制冷剂生产基地，也是目前世界上

⊖ 娃哈哈集团公司网站 www.wahaha.com.cn，《娃哈哈创业历程》，作者：不详。

最大的非共沸混合制冷剂生产厂之一。工厂占地 7 万平方米，一期总投资 5000 万美元，年生产各类不含氯氟烃的新型制冷剂 3 万吨，二期工程竣工后年生产能力将达到 10 万吨。

格林柯尔集团大事年表

1993 年　加拿大格林柯尔公司在多伦多成立。

1995 年　美国格林柯尔公司在华盛顿成立。

1996 年　格林柯尔亚洲公司在中国香港成立。

1997 年　格林柯尔制冷剂（中国）有限公司在天津成立，成为亚洲最大的环保混合制冷剂生产厂。

1998 年　北京格林柯尔环保工程有限公司在北京成立；格林柯尔环保工程（深圳）有限公司在深圳成立。

1999 年　海南格林柯尔环保工程有限公司在海口成立。

2000 年　湖北格林柯尔环保工程有限公司在武汉成立；同年香港格林柯尔科技控股有限公司在香港创业板成功上市。

2001 年　格林柯尔（天津）环保工程有限公司在天津成立；格林柯尔（上海）环保工程有限公司在上海成立。

2003 年　格林柯尔通过旗下扬州格林柯尔创业投资有限公司，以股份收购的形式成功购得扬州亚星客车股份有限公司 60.67% 的股份，正式进军国内的汽车制造行业。并于同年出资 2 亿元收购合肥美菱。⊖

2005 年　格林柯尔宣布停牌。

2007 年　格林柯尔宣布退市。

⊖ 格林柯尔集团公司网站 www.greencool.net，《格林柯尔公司形象》，作者：不详。《金羊网－新快报》2003 年 12 月 17 日，《格林柯尔进军汽车业》，作者：贺江华。

希望集团

希望集团介绍

希望集团是由刘氏四兄弟创业成功的国内知名的最大的民营企业集团。1982年，刘永行四兄弟为摆脱贫困，变卖家产筹资1000元，以过人的胆识相继辞去公职到农村创业。创建“育新良种场”，先后从事鸡、鹌鹑的孵化和养殖，刘永行同陈育新在此过程中一起研制开发并生产饲料。1988年，刘永行兄弟成功地开发出“希望牌”高档猪饲料，并很快占领成都市场。1992年，刘永行兄弟开始将希望成功模式向全国复制，在全国各地办厂并取得成功。1995年，刘永行四兄弟明晰产权，进行资产重组，分别成立了大陆希望集团、东方希望集团、新希望集团、华西希望集团，各自在相关领域发展。

到1999年年底，希望集团已发展成为以饲料为主，涉足食品、高科技、金融、房地产、生物化工等行业，拥有140多个工厂的全国性集团公司，是国内最大民营企业之一。在此期间，“希望”品牌成为全国著名品牌，希望饲料先后获“国家星火科技成果二等奖”“中国星火精品展示会金奖”“首届中国农业博览会金奖”等20多个奖项。希望集团先后被国家工商行政管理局等权威机构评为“中国500家最大私营企业第一名”“全国民营科技企业技工贸收入百强第一名”“中国最大私营制造企业百强第一名”“国家级星火示范企业”。

希望集团大事年表

1987年 以刘永行和陈育新研制成功质量与“洋饲料”相当而价格极具竞争优势的希望牌1号奶猪料为标志，希望集团实现了由第一产业向第二产业的战略转移。

1990 年 新津希望饲料厂产销饲料 6 万吨，产值 6000 万元，利税 400 万元，跃居西南第一。

1992 年 开始启用“希望集团”名称。希望集团企业发展到 3 家，产销饲料 15 万吨，产值 3 亿元，实现利税 1200 万元。

1993 年 希望集团拥有企业 13 家，产销饲料 100 万吨，产值 15 亿元，自有资产达 3 亿元。

1995 年 希望集团企业发展到 50 家，产销饲料 170 万吨，实现产值 35 亿元，自有资产超过 10 亿元。同年，希望集团刘氏四兄弟“分家”，明晰产权，一分为四，分为大陆希望集团、东方希望集团、华西希望集团、新希望集团四家。

1996 年 主要由新希望集团等民营企业家投资的中国民生银行在北京开业。

1997 年 新希望集团进军房地产行业。

1998 年 剥离部分资产组建新希望农业股份有限公司在深交所上市。

2000 年 新希望投资 4391 万元在越南胡志明市组建了全资子公司新希望胡志明市有限公司。

2002 年 新希望集团首度涉足乳业，乳业产业的全国性合作道路就此展开。新希望集团被国家九部委评为“农业产业化国家重点龙头企业”；新希望集团入围中国企业 500 强，成为西部首家进入中国 500 强的民营企业。

2003 年 新希望集团以 5.7 亿元注册资金组建了投资公司，并且成为福建联华信托投资公司的大股东和金鹰基金公司的大股东。㊀

2005 年 新希望集团正式提出“打造世界级农牧企业”目标，进行了全产业链的梳理与开发。新希望集团与山东六和集团强强联合，产生

㊀ 华西希望集团公司网站 . www.hxhopegroup.com，《集团发展史》作者：不详。

中国最大的民营农牧企业，开拓中国农牧业新天地；年销售收入突破100亿元。

2006年 新希望加拿大海波尔种猪项目，新希望农村建设项目启动，刘永好荣获CCTV 2006年年度经济人物，CCTV 2006年年度三农人物。新希望集团成为中国第一个推出社会责任报告的民营企业。

2007年 新希望集团实现销售收入275亿元，比上一年净增长113亿元。为此，四川省省政府对集团进行表彰，并对董事长刘永好授予100万元的奖励。同年，新希望集团还以6个“中国名牌产品”、2个“中国驰名商标”荣获四川省政府100万元的奖励。与陕西石羊集团、山西大象集团、北京千喜鹤集团强强联合，共同打造世界级农牧企业。

2008年 “5·12”汶川大地震，新希望集团是第一家将救灾物资和现金捐到红十字会的企业，救灾物资与现金价值达2000万元。创建了获国家认定的企业技术中心和博士后科研工作站。饲料销售超过1000万元吨；拥有700万头猪加工能力及8亿只禽加工能力。

2009年 新希望集团销售收入突破500亿元大关。同年，民生银行正式在香港上市。

2010年 厚生投资基金成立，设立一期人民币投资基金。刘永好董事长提交主题变为“三农变五农”的政协提案，并再度当选为CCTV年度经济人物。

2011年 农牧板块整体上市成为中国最大的农牧业上市公司。新希望销售收入突破800亿元。新希望财务公司成立，宣告四川首家民营企业财务公司正式诞生。新希望新加坡有限公司成立，具备海外总部职能。同年，新希望投资基金二期美元基金成立，与国际伙伴充分合作，如三井、嘉吉、淡马锡、ADM等。

2012年 新希望集团成立30周年。在国家大力推动农产业发展以及鼓励国内企业走出去的政策背景下，通过与六和的结合实现产业大格局的巩固和完善，尝试并深入农村规模化养殖，积极发挥农业龙头企业的带头作用，不断规范上市公司治理结构。

夏 新 电 子

夏新电子介绍

夏新电子是由成立于1981年8月的原厦新电子有限公司发展而来，是厦门市第一家中外合资企业。1997年5月，由厦新电子有限公司为主要发起人发起设立厦门厦新电子股份有限公司（夏新电子股份有限公司前身）。同年6月4日，“厦新电子”股票在上海证券交易所挂牌上市（2003年8月5日起更名为“夏新电子”）。2003年7月28日，夏新电子把品牌标识由“Amoisonic 厦新”更改成“AMOI 夏新”。

2009年12月20日，夏新科技有限责任公司在厦门宣布正式成立。

夏新科技有限责任公司由四川九洲电器集团、中科创业投资有限公司以及管理团队共同出资成立，现持有“夏新”商标、专利、厦门夏新移动通讯有限公司（100%股权）、原夏新电子的软件、管理系统及与手机业务相关的生产和检测设备等。

夏新电子大记事

1997年　注册设立厦门厦新电子股份有限公司。同年，“厦新电子”股票在上海证券交易所挂牌上市。

1999年　厦新率先开发出中国第一台数字无绳电话。

2000年　厦新德国汉堡分公司、厦新美国分公司正式投入运作。

2003年　厦新移动通讯有限公司成立。

2003年　夏新启动“中国最佳品牌工程”，同时发布新品牌标识，改

“厦新”为“夏新”。[一]

2005年 夏新电子与微软（中国）有限公司共同举行战略合作发布会，双方将在现有的合作关系基础上，对合作的领域和深度进行全面升级。

2006年 ORANGE公司与夏新电子股份有限公司在北京宣布，双方将联手推出新一代超低价智能手机及相关配套服务。

2007年 微软和夏新在北京签署了“智能手机风行计划”合作备忘录，双方将协力开发智能手机新技术和新应用，以使这种原本定位于高端市场的移动通信终端能够“飞入寻常百姓家”，实现智能手机在中国的大众化和主流化。

2008年 福建省信息产业厅、福建省统计局授予夏新—2007年度福建省信息产品制造业“十强”企业。

2009年 夏新电子业务重组，夏新科技有限公司正式成立。

2011年 与运营商建立战略合作，多次获得高新技术企业，最具影响力民生企业称号。

2012年 出用户特供机，多渠道发布。[二]

春 兰 集 团

春兰介绍

春兰（集团）公司是集制造、科研、投资、贸易于一体的多元化、高科技、国际化大型现代公司，拥有海内外数十家独立子公司，是中国最大

[一] 夏新电子公司网站 www.amoisonic.com.cn，公司介绍，作者：不详。

[二] 百度百科，http://baike.baidu.com/view/759126.htm?fromtitle=%E5%A4%8F%E6%96%B0%E7%94%B5%E5%AD%90&fromid=530860&type=syn#5。

的企业集团之一。春兰产业涵盖机械、空调、新能源、房地产、酒店业、商贸、金融与投资等，主导产品包括家用空调器、商用空调器、压缩机、高能动力电池及电源管理系统、电站系统、机械加工及动力产品、住宅与商业地产等。

作为“科技先导型”企业，春兰承担着国家众多科技项目的研究，不仅领衔国内节能、环保、智能、健康等家电产品的研发，而且引领并推动着中国新能源产业的进步与发展。连续列入国家重大科技专项的春兰高能动力电池，已广泛应用于新能源汽车、高速机车、智能机器人、大型船舶等领域，其中“混合动力城市客车节能减排关键技术”获得了国家科技进步奖；春兰储能电站和太阳能电站系统成功应用于上海世博会等领域；世界前沿科技产品——春兰燃料电池、人体基因修复和深高比无线通信设备取得重大突破。

春兰大记事

1965 年　春兰的前身“泰州市无线电元件八厂”和“泰州市无线电元件九厂”成立。

1982 年　放弃空调器“雪松”商标，在国家工商局正式注册“春兰”商标。

1989 年　泰州冷气设备厂与香港钟山公司合资成立江苏春兰制冷设备有限公司，企业始称“春兰”。

1993 年　春兰（集团）公司成立。

1996 年　春兰工业总值突破 100 亿元。

1999 年　国家统计局认定春兰 1997～1998 年经济效益名列全国日用电器行业第一。

2000 年　春兰首届董事局宣告诞生。

2001 年　春兰股份公司入选“中国上市公司 50 强”。

2002 年 春兰获“中国家电制造业综合实力第一名”。

2003 年 春兰连续三年荣列“中国最大 100 家企业集团”。⊖

2004 年 国家统计局中国行业企业信息发布中心 2003 年全国空调行业市场销量统计结果表明，春兰柜式空调和窗式空调双双名列全国销量第一。

2005 年 国家统计局中国行业企业信息发布中心公布春兰空调柜机、窗机分别获得 2004 年全国市场同类产品销量第一名；春兰空调 2004 年全国市场保有率第一名。

2006 年 春兰跻身中国最具价值消费品牌家电企业前十强。

2007 年 春兰荣膺商务部“2006 年最具市场竞争力品牌”。

2008 年 春兰车用动力电源新产品获省高新技术产品认定。

2009 年 春兰股份（600854）在上海证券交易所恢复上市。

2010 年 系列空调新品荣获“空调行业最佳产品创新奖”。

2011 年 春兰动力锂离子电池及电源控制系统大规模量产。

2012 年 春兰空调连续第五次进入国家“节能产品惠民工程”中高效节能空调的推广目录。

宁波波导股份有限公司

波导介绍

宁波波导股份有限公司是专业从事移动通信产品开发、制造和销售的高科技上市公司，是通过国家科技部和中国科学院的高新技术企业评审的国家级重点高新技术企业。公司位于浙江省宁波市，创立于 1992 年 10 月，主要产品有移动电话、掌上电脑、系统设备等。

⊖ 春兰集团网站 www.chunlan.com，《春兰发展史》，作者：不详。

公司设有30家分公司、400多个办事处、15 000多家经销商，在国内建立了覆盖全国省、地市、县（发达地区到乡镇）三级服务网络，在全国大中型城市自建了36个省级客户服务中心，在二三级城市自建了近400个地市级客户服务中心，在县、发达乡镇，建立了2000余个特约维修中心。

波导在保持国内领先的同时，积极进军国际市场。从2004年开始出口取得了迅猛发展，截至2005年，波导品牌手机出口已经覆盖五大洲、60多个国家和地区，其中包括法国、意大利等欧洲发达国家，以及俄罗斯、印度、墨西哥、巴西等各个国际品牌巨头重点争夺的市场。2005年，在第六届"CCID中国手机用户满意产品调查"活动中，波导荣获"海外市场开拓成就奖"。

波导大记事

1992年 徐立华、蒲杰、徐锡广、隋波等创业人员与奉化大桥镇合作创立奉化波导公司。

1993年 波导传呼机试制成功。

1998年 全年生产销售传呼机超过百万台，中国市场占有率第二。

1999年 奉化波导有限公司进行股份制改造，更名为"宁波波导股份有限公司"。

2000年 宁波波导股份有限公司的股票"波导股份"在上海证券交易所挂牌上市。

2001年 波导销售移动电话250万台，继续位居国产品牌移动电话销量第一。

2003年 波导荣获"2002年中国手机市场年度成功企业"，2003年波导销量337万，居全国第一。[⊖]

⊖ 波导股份有限公司网站www.chinabird.com，关于波导，作者：不详。

2005 年 宁波波导股份有限公司与法国 SAGEM 公司在宁波签约，共同投资组建宁波萨基姆研发有限公司。

2005 年 “第六届 CCID 中国手机用户满意产品调查”结果揭晓，波导荣获“用户满意品牌”“年度海外市场开拓成就奖”“用户满意质量奖”“用户满意娱乐手机奖”四项大奖。

2006 年 信息产业部统计数据显示，2005 年波导手机累计实现销量 1393 万台，连续六年实现国产手机销量第一。截至 2005 年年底，波导手机全球累计销量达到 5000 万台，成为第一家突破 5000 万台大关的国产品牌手机厂商。

2006 年 中国手机产品市场年会暨第七届 CCID 中国手机用户满意产品调查结果发布波导荣膺“最具用户价值产品奖”“用户满意质量奖”“用户满意特色手机奖”“年度海外市场开拓成就奖”“年度最具竞争力企业奖”五项大奖。

再版后记

致那些拥有未来的先锋们

生命的重点是超越有限我的渺小。

——休斯顿·史密斯

1914年，推销员出身的标准的生意人托马斯·沃森来到一家叫作“计算制表记录”的公司（CTR）做经理，几年之后他成为这家公司的主人，1924年他把这家公司更名为“国际商用机器公司”——IBM。2011年，“沃森”这个名字是美国人机智力挑战赛的主角，它是一个系统，IBM希望它能够理解复杂的问题，并且能够在准确度、可信度和速度上战胜可以辨析复杂问题的“人脑”。“沃森”赢了，IBM再一次实现了它的初衷——通过以前无法实现的方式推动科技进步。IBM可谓是20世纪最伟大的公司之一，它诞生的100年就是一个“生意”与“人类技术文明顶峰”共进的过程。

我们回看20世纪的进程会发现，20世纪以来的大部分技术进步都与大公司息息相关，即使被认为是技术重要推动力量的国防、航天等公用事业的背后，也都存在当地大公司的支撑。这些公司调动人力或者资本等各类资源的能力成为推动社会进步的主要力量。并且它们越来越多地承担起技术应用型发明向纯粹的科学研究方向推进。就像从老沃森的“打印—制表组合机”一直进展到另一个“沃森”的复杂计算机系统。

我们描述了一个百年企业发展的生命周期，其实我们觉得，每个阶段里，它们都在做“建设未来”这样一个主题，在这个过程中，真正传递的是文明和文明交替的价值观，会让我们想起吉姆·柯林斯的《基业长青》和他研究的企业永续经营问题。

我们的研究伴随着中国本土企业的成长和发展，回顾我们的研究进程，正是这些企业所拥有的未来唤起了我们研究的欲望。正如在初版后记中写到的那样：一方面，作为中国经济发展的体验者，这个复杂而严肃的研究让我们深深领悟和体会到中国在20世纪经历的情感和精神上的折磨。这些年，中国人自己正在进行着痛苦的重塑，无论是依靠人民创造物质财富的激情，还是国家英明的政策；多年来中国人所关心的最终问题，是在面临和克服众多激烈的变革之后如何令中国腾飞。我们自豪地看到一股积蓄已久的中国力量正在喷薄而出，它更多的是一种自发的、任何人都无法驾驭的“势”，一种“疾风骤雨之势”。

另一方面，作为中国本土企业的研究者，我们深知在全新的10年，技术、宏观环境、国际市场以及文化影响都在发生剧烈的变化。这些变化既会带来商机，也会带来挑战，无论当下是多么领先，我们都很清楚这是暂时的领先，如果想要持续领先，需要做出卓绝的努力、坚定的转型以及与变化融合在一起。那些努力做到这一切的企业继续保持着行业先锋的本色，而那些停留在原有的领先优势上不愿意做出改变的企业陷入了停滞的泥潭。我们希望借助于这些研究带给众多中国本土企业一些启示：每一个行业先锋企业和成长企业都充满着年轻企业的热忱、勤奋与雄心；每一个行业先锋企业和成长企业都更扎实地行动，不断地自我批判和反思，从失败中获取价值，愿意与强者对话并从中学习，挚爱创新并创造全员创新的环境与氛围。他们的每一个尝试都值得我们欣赏，他们的每一个创造都值得我们骄傲。

当我们又度过了一个10年的时候，这份沉淀让我们感受到企业成长的压力，感受到自我超越所需要的勇气，也感受到持续创新带来的幸福。

正如初版后记所言：这个研究实在是经历了太多的激动、太多的想象，也经历了太多中国企业的起起伏伏，以至于我们在研究的过程中有过无数次的争论，也不断地修正自己的观点。就在修订这一版的时候，我们还是为 1992～2002 年的 10 年间中国缔造出来的行业先锋们的实践而感动。我们依然坚信，正是这些行业先锋们的创造鼓励着我们保持持续研究的热情和耐力。我们感激曹洲涛、万艳春、李洁芳、乐国林、刘祯、陈鸿志、宋一晓、李梦雅、林海燕、王雅静、陈瑾浙、杨瑞、赖益洲、李英博、王寻等各位同事和同学，多年来这些同事配合整个研究不断地做企业的研究项目，不断地整理观点，不断地进行调研和分析。

当然我们最需要感谢的是这些中国行业先锋企业，正是这些企业持续向好的努力创造了那些“帮助我们了解人类憧憬”“塑造人类渴望”的人文精神，其实离我们并不远：执着、认真、向好，这应该是一个人的成长、一家公司的成长的唯一路径。让我们向这些拥有未来的企业致敬！

初版后记

先锋的力量

未来10年的中国是“管理的10年”。

——彼得·德鲁克

2004年3月26日，联想集团在北京与国际奥委会签署合作协议，正式成为第六期国际奥委会全球合作伙伴，这是奥运历史上中国企业首次获得这个资格。作为国际奥委会全球合作伙伴，联想集团将在未来四年内，为2006年都灵冬季奥运会和2008年北京奥运会以及世界200多个国家和地区的奥委会及奥运代表团独家提供台式电脑、笔记本、服务器、打印机等计算技术设备。同时还提供资金和技术上的支持。

宝钢集团实施国际化经营，形成了由近20个海外和国内贸易公司组成的全球营销网络；与巴西淡水河谷公司（CVRD）、澳大利亚哈默斯利公司在海外的合资企业已正式运营。海尔几乎占领了美国小冰箱和酒冻柜的一半市场，并且在南加利福尼亚州办厂。TCL与法国汤姆逊合并重组电视机及DVD业务，彩电产销规模迅速跃居世界第一，已拥有超过1.5亿的海外消费者。华为技术2003年的出口额已达10多亿美元，并且和3Com、微软、高通、松下等公司结盟。

这些先锋企业在世界舞台的表现让每一家中国本土企业都感到自豪，它们证明了中国力量已经在全球政治经济生活中扮演越来越重要的角色。经过20多年的发展，中国力量已经真正崛起：从大规模市场运作到资本与品牌运作，再到海外市场开拓，这些行业先锋跨出了所有中国企业梦想的步伐，它们已经形成和代表了中国经济的新生力量——先锋企业所代表的先锋力量已经成为中国经济领域中凝聚万众和鼓舞人心的力量。

更令人欣慰的是，中国不但有一批行业领先企业，还有一大批紧随其后的正在成长发展的本土企业，在 2003 年全球 FDI 的柱状数据图上，中国比亚洲所有地区的总和还要长。“让中国沉睡吧，因为她一旦醒来，就将震撼世界。”《金融时报》的首席经济评论员马丁·沃尔夫在 2003 年 11 月 13 日的专栏中引用了拿破仑 200 年前的这句名言，紧接着他写道：“不久前，世界还是轻轻松松，不在意拿破仑的上述警告。但现在，中国正在震撼世界。”

事实证明，中国力量在国际舞台表现得坚定而执着。当国际巨头如摩托罗拉、诺基亚、丰田、通用汽车向中国投入成千上万亿美元的时候，中国先锋企业同样开始以全球视角来审视并组织自己的企业，它们希望获得真正的竞争力。它们追求的目的不是国际化本身，而是持续发展的目标：让中国的变成世界的，融入全球经济，与全球经济的脉搏一起跳动。

我们的研究伴随着中国本土企业的成长，回顾我们的研究进程，正是先锋的力量唤起了我们研究的欲望。一方面，作为中国经济发展的体验者，这个复杂而严肃的研究让我们深深领悟和体会到中国在 20 世纪所经历的情感和精神上的折磨。这 20 多年中国人自己正在进行着痛苦的重塑，无论是依靠人民创造物质财富的激情，还是国家英明的政策，20 多年来中国人所关心的最终问题，是在面临和克服众多激烈的变革之后如何令中国腾飞。我们自豪地看到一股积蓄已久的中国力量正在喷薄而出，它更多的是一种自发的、任何人都无法驾驭的“势”，一种“疾风骤雨之势”。

另一方面作为中国本土企业的研究者，我们深知要将上升的国势化为厚实的国力还需要一段相当长的时间。我们所能做的是记录或寻觅行业先锋企业的成功经验，希望带给众多中国本土企业一些启示：每一个行业先锋企业和成长企业都充满着年轻企业的热忱、勤奋与雄心，它们在自己探索的道路上前进，经历曲折并时时体验着各种改革的阵痛，它们值得每一个人尊敬！

当我们终于可以结束本书的写作时，我们长舒了一口气。这个研究实在是经历了太多的激动、太多的想象，也经历了太多中国企业的起起伏伏，以至于我们在研究的 8 年里有过无数次的争论，也不断地修正自己的观点。如果最后成书是一个成果，那么这是众人智慧的结晶。我们感激华南理工大学工商管理学院的曹洲涛、张春阳、晁罡、段淳林、黄建榕、刘晓英、杨应珊、肖智星、叶飞、徐慧琴、谢晓君、谢刚、徐欢生、韩锋德等同事，7 年来这些同事配合整个研究不断地做企业的研究项目，不断地整理观点，不断地进行调研和分析。我们感谢南京大学商学院的赵筠、刘永安、陈敏、王翔、陈德俊、黄昱方、奚红华、郝捷、柯翔九位博士，由于他们的参与和智慧的贡献，使得后一年的探讨更具建设性和挑战性。我们感谢上海朗域管理咨询公司、北京日普乐管理研究所、新加坡开锐管理咨询公司为我们做的大量的专业调查和访问，没有这些公司专业化的贡献，我们无法得到客观的、真实的数据。还需要感谢的是山东六和集团，六和不仅资助了研究的全过程，张唐芝、张效成、黄炳亮三位六和的创始人更是以自身的实践带领六和成为中国饲料行业的先锋企业。

当然我们最要感谢的是这些中国行业先锋企业，正是这些企业持续十几年的努力让我们找到信心和希望，我们已经再无法表达这份感激。

中国因为你们而充满激情和精彩！

参 考 文 献

[1] 吉姆·柯林斯．从优秀到卓越 [M]. 俞利军，译．北京：中信出版社，2002.

[2] 吉姆·柯林斯．基业长青 [M]. 真如，译．北京：中信出版社，2002.

[3] 詹姆斯·钱匹．企业 X 再造 [M]. 闫正茂，译．北京：中信出版社，2002.

[4] 唐纳德 N 苏．优秀的承诺 [M]. 李树田，译．北京：中信出版社，2003.

[5] 亚德里安 J 斯莱沃斯基，大卫 J 莫里森，劳伦斯 H 艾伯茨，保罗 G 克利福德．凌晓东，等译．发现利润区：战略性企业设计为您带来明天的利润 [M]. 北京：中信出版社，2002.

[6] 汤姆·彼得斯．追求卓越的激情 [M]. 胡玮珊，译．北京：中信出版社，2003.

[7] 加里·胡佛．愿景：企业成功的真正原因 [M]. 薛源，等译．北京：中信出版社，2003.

[8] 刘易斯 V 格斯特纳．谁说大象不能跳舞 [M]. 张秀琴，译．北京：中信出版社，2003.

[9] 弗雷德·克劳福德，瑞安·马修斯．卓越的神话 [M]. 北京：中信出版社，2002.

[10] 樊荣强．顺德制造：破解顺德制造业成功发展之谜 [M]. 广州：广东经济出版社，2002.

[11] 海柯．走近诺基亚 [M]. 罗汉，译．上海：上海人民出版社，2003.

[12] 乔恩·休斯，马克·拉尔夫，比尔·米切尔斯．供应链再造 [M]. 孟韬，张丽萍，译．大连：东北财经大学出版社，2003.

[13] 张小平．再联想：联想国际化十年 [M]. 北京：机械工业出版社，2012.

[14] 田涛，吴春波．下一个倒下的会不会是华为 [M]. 北京：中信出版社，2012.

[15] 蓝狮子，吴晓波．鹰的重生：TCL 追梦三十年 1981-2011[M]. 北京：中信出版社，2012.

[16] 金焕民．中国企业路向何方 [N]. 厂长与经理日报，2002-12-29.

[17]《商业周刊》专访张瑞敏：谈海尔的国际竞争学 [N]. 厂长与经理日报，2003-

10-28.
[18] 单羽青，王秀 . 林毅夫解读中国经济高增长 [N]. 中国经济时报，2003-11-19.
[19] 田红生 . 联想文化：做事到做人 [N]. 中国经济时报，2002-07-05.
[20] 邹建锋 . 思科为何现在起诉华为 [N]. 中国经济时报，2003-01-27.
[21] 宝利嘉 . 管理纵横：杰克・韦尔奇有什么想法 [N]. 中国经济时报，2002-05-31.
[22] 曹增光 . 微软摇摆在"软""硬"之间 [N]. 中国经济时报，2003-08-19.
[23] 宋养琰，陈鸣 . 打造和强化企业核心竞争力 [J]. 中国经济快讯周刊，2002（10）.
[24] 茅以宁 . 格兰仕将价格战进行到底 [J]. 21 世纪经济报道，2003（12）.
[25] 康健 . 从世界工厂到品牌运营商：美的海外市场延伸逻辑 [J]. 21 世纪经济报道，2003（1）.
[26] 程涛，项建新 . 杨元庆亲政一年 [N]. 21 世纪人才报，2002-04-12.
[27] 綦书环 . 李东生泯灭不去的梦想：让 TCL 成为国际化企业 [N]. 中华工商时报，2003-12-30.
[28] 陈庆修 . 从企业文化看世界 500 强的成功之道 [N]. 中华工商时报，2003-02-08.
[29] 房晟陶，王拓轩 . 企业变革管理能力 [N]. 中华工商时报，2003-08-16.
[30] 李东生 . 给 TCL 一粒灵丹妙药 [N]. 经济观察报，2003-01-02.
[31] 姜汝祥 . TCL 与 GE、诺基亚的差距：多元化与专业化的不同 [N]. 经济观察报，2002-12-16.
[32] 许知远 . 先生们让我们重新想象中国 [N]. 经济观察报，2003-12-26.
[33] 许知远 . 约翰・科特：动荡时代的商业领袖 [N]. 经济观察报，2002-05-30.
[34] 刘艳 . 李东生冷思考海外并购：强强联合成功性很低 [N]. 国际金融报，2003-04-25.
[35] 谢静 . 倪润峰吆喝卖彩电，长虹初显全球野心 [N]. 国际金融报，2002-05-23.
[36] 吴建国 . 华为任正非寻找海外接班人 [J]. IT 经理世界，2003-11-18.
[37] 朱琼 . 光明乳业：不均衡 ERP[J]. IT 经理世界，2003-04-21.
[38] 彭剑锋 . 华为与任正非 [J/OL]. 中国管理传播网，2003-08-29.
[39] 叶秉喜，庞亚辉 . 为海尔与 TCL 把脉 [J/OL]. 中国营销传播网，2003-02-09.
[40] 芮新国 . 直销：戴尔的营销利器 [J/OL]. 中国营销传播网，2002-06-21.
[41] 李伟 . TCL：渠道型企业的 SWOT 分析 [J/OL]. 中国营销传播网，2002-07-30.
[42] 郭鸿琦 . 渠道的舞步 [J]. 智囊，2003-03-14.
[43] 迈克・莱得纳 . 在中国，一个管理独特的公司在筑造自己的品牌 [N]. 纽约时报，

2002-07-23.

[44] Stephen Chen. 基于核心竞争力的变革 [J]. 世界经理人文摘，2000（9）.

[45] 真正的企业文化是什么 . 世界经理人网站 www.cec.globalsources.com，2001-12-13.

[46] 电子商务环境下的现代物流三段论 [J]. 电子商务世界，2003-03-19.

[47] 恩蓉辉，陈娟 . 变革管理的灵魂：卡莉 VS 郭士纳 [N]. 中国经营报，2003-06-30.

[48] 钟国栋 . 家电物流离“第三方”还有多远 [N]. 中国经营报，2002-09-19 .

[49] 吴晓燕，赵正 . 协同营销同道兄弟的游戏 [N]. 中国经营报，2003-12-10.

[50] 张忠 . 长虹兵败何处 [N]. 中国经营报，1999-06-15.

[51] 创建公司的愿景规划 [N]. 中国经营报，2003-06-30.

[52] 徐宁，陈念，张龙辉 . 联想转型路有多长 [J]. 电脑商情报，2003（8）.

[53] 打造一体化的大联想 [J]. 中国计算机报，www.ccidnet.com，2002-07-01.

[54] 三路大军直击暑促：联想细分再上巅峰 [J]. 中国计算机报，www.ccidnet.com，2003-06-18.

[55] 郭海峰 . 中国企业十年一梦 [J]. 环球企业家，2003（7）.

[56] 王亦丁 . 跨国公司中国造 [J]. 环球企业家，2003（8）.

[57] 鲁娜 . 面对市场企业：重新定义你的渠道 [J]. 环球企业家，2003-01-18.

[58] 鲁娜，宁檬，吴伯凡，申音，贾可 . 2003 商业新思维 [J]. 环球企业家，2003-01（82）.

[59] Stephen Nelson. 全球化公司中的领导力 [J]. 叶南，译 . 环球企业家，2003（7）.

[60] 邹山 . 华为在英国设立了它的首家海外分公司 [N]. 新京报，2004-03-31 .

[61] 李东生 . TCL 企业文化新说 [J]. 销售与市场，2000（6）.

[62] 汪涛，李进武 . 空调营销渠道模式比较研究 [J]. 三维透视，2002（3）.

[63] 姜汝祥 . 深度：海尔的未来之谜 [J]. 商界名家，2003（8）.

[64] 骆超 . 为什么是思科 [J]. 南风窗，2001（1）.

[65] 王缨 . 李东生的预警与 TCL 文化 [J]. 中外管理，2003（7）.

[66] 吴洪斌 . 海尔“再造”[J]. 大众日报，2003-09-03.

[67] 姜汝祥 . http://fortunechina.youdomain.com，大道真的无术吗 [J/OL] .《财富》中文版 .

[68] 马洪涛 . 谢企华：以柔克刚的“铁娘子”[N]. 北京现代商报，2003-01-10.

[69] 张晋 . 顾雏军用资本纵横捭阖 为冰箱业洗牌画句号 [N]. 深圳特区报，2004-

01-02.
[70] 美国商界最耀眼的女明星 [N]. 市场报，2001-03-08.
[71] 张玉波 . 民营企业如何赢得忠诚的经理人 [J]. 政策与管理，2001（5）.
[72] 光明乳业：引领“全国一片光明”[N]. 上海证券报，2002 -08-28.
[73] 华强 . 宝钢股份积极推行按周交货制 [N]. 全景网络证券时报，2001-10-19.
[74] 黄卫伟 . 另一种核心竞争力：把握顾客需求 [N]. 人民邮电报，2002-06-04.
[75] 王育琨 . 商业领袖当是民族精神的方向标 [J/OL]. 博客中国，www.blogchina.com，2004-01-18.
[76] 彭鹏 . 2003，中国想象！ [J/OL]. 博客中国，www.blogchina.com，2003-12-29.
[77] 孙兵 . 北京同心动力企业文化咨询公司，www.cm7158.com.
[78] 作者：不详 . 经营理念先行（海尔集团）. 云南大学 2003 级 MBA 春季班 www.ynmba2003.com.
[79] 程云喜 . 中国 CEO 败走麦城的哲学思考 [J/OL]. 河南社科院，www.hnass.com.cn，2002-11.
[80] 作者：不详 . 总裁论道：今天合作，明天超越 [J/OL]. 中国智囊团，www.123good.com.
[81] 谢然浩，胡考绪，刘成 . 海尔再造 [J/OL]. 人民网，www.people.com.cn，2002-07-23 .
[82] 心哲 . 张瑞敏东京论“道”，日媒体高度评价 [J/OL]. 人民网，www.people.com.cn，2002-05-28.
[83] 俞丽虹 . 洋家电为何频频“借道”本土品牌 [J/OL]. 华夏网，www.xinhua.org，2002-08-23.
[84] 金凡 . 一条道走到黑：华为集团总裁任正非死抓自主研发 [J/OL]. 赛迪网，2002-07-23.
[85] 作者：不详 . 中国十大经济年度人物揭晓 [J/OL]. 千龙网，www.qianlong.com，2003-12-19.
[86] 闵昱 . 企业核心竞争力的动态观 [J/OL]. 慧聪网，www.hc360.com，2003-09-23.
[87] Bayonet@IT. 华为与联想之比较 [J/OL]. 太平洋电脑网，www.pconline.com.cn，2004-02-02.
[88] 作者：不详 . 4PS-4CS-4RS[J/OL]. 中国管理咨询在线，www.chinamcn.com.
[89] 贺江华 . 格林柯尔进军汽车业 [[J/OL]]. 金羊网 – 新快报，2003-12-17.

[90] 作者：不详 . 张瑞敏 [J/OL]. 山东新闻网，www.sd.chinanews.com.cn，2003-09-26.

[91] 陈雅妮，李荣，赵承 . 宝钢启示录：国有企业联合重组成功实践 [J]. 新华社 2001（5）.

[92] 作者：不详 . 宝钢三井联建钢铁物流 [J]. 新华社，2002（12）.

[93] 万学忠 . 聚焦海尔：政策里面有市场快速反应创商机 [J/OL]. 法制日报网络版，www.legaldaily.com.cn，2001-08-07.

[94] 廖红漫，汤梦达 . 联想：再造一个技术 WORLD[J/OL]. 经济半小时，2002-12-05.

[95] 孙菁 . 王佳芬：牛奶里面掀波澜 [J/OL]. 经济半小时，2002-12-26.

[96] 潘红梅，宿琪，李春岩，万红，万剑英 . 海尔全球行：再造海尔 [J/OL]. 经济半小时，2002-05-21.

[97] 作者：不详 . 海尔“精细”服务造品牌 [J/OL]. 网络世界，www.cnw.com.cn，2002-01-14.

[98] 张敏 .“三足鼎立”，共襄华为 [J/OL]. 网络世界，www.cnw.com.cn，2002-04-15.

[99] 姜汝祥 . 危机与兴盛：华为为什么总在兴盛中提醒危机 [J/OL]. IT 搜狐，www.it.sohu.com，2003-10-26.

[100] 姜汝祥 . 面对面：TCL 和诺基亚 GE 面对面 . IT 搜狐，www.it.sol.sohu.com，2003-11-17.

[101] 吉利华 . 宝钢股份：投资价值分析报告 [J/OL]. 搜狐财经，2003-06-12.

[102] 刘林森 . 郭士纳神话：拯救 IBM[J]. 商界，2002（02）.

[103] 作者：不详 . TCL 2001 年经营业绩逆市增长 [J/OL]. 新浪财经，http://finance.sina.com.cn，2002-02-01.

[104] 作者：不详 . 梁庆德：广东格兰仕集团有限公司董事长 [J/OL]. 新浪财经，finance.sina.com.cn，2003-11-07.

[105] 胡泳 . 技术管理为公司的知识分子提供机会 [J/OL]. 新浪网，www.sina.com.cn，2003-04-14.

[106] 胡泳 . 评柳传志之“金银论”[J/OL]. 新浪网，www.sina.com.cn，2003-06-03.

[107] 吴伯凡 .“只有偏执狂才能生存”在中国是怎样变成病毒的 [J/OL]. 新浪网，www.sina.com.cn，2003-02-10.

[108] 吴伯凡 . 怎样把企业“从大做小”[J/OL]. 新浪网，www.sina.com.cn，2003-02-10.

[109] 作者：不详 . 谁的公司 [J/OL]. 新浪网，www. book.sina.com.cn，2003-09-08.

[110] 作者：不详 . 联想文化建设理论与实践的几点探索 [J/OL]. 中国企业新闻网，www.cenonline.net.cn.

[111] 清华大学经济管理学院案例研究中心 . 营销大战中的联想集团 [J/OL]. 环球咨询信息网，www.icinet.com.cn，2003-03-15.

[112] 甘德健 . 21 世纪企业管理新理念 [J]. 经贸导刊，2001（3）.

[113] 作者：不详 . 供应链竞争趋势与我国第三方物流企业的发展 [J/OL]. 海南国际物流网 ，www.e3356.com，2003-07-23.

[114] 张国军 . 企业核心竞争力的构建与扩散：战略协同的过程 [J/OL]. 中国制造业信息化门户，www.e-works.net.cn，2002-03-12.

[115] 冯敏杰 . 全面优化供应链管理 [J/OL]. 中国制造业信息化门户网，www.e-works.net.cn 2003-06-04.

[116] 作者：不详 . 宝钢概况 [J/OL]. 宝钢集团网站，www.baosteel.com.

[117] 作者：不详 . 宝钢集团公司网站，www.baosteel.com. 新闻中心 .

[118] 作者：不详 . 集团介绍 [J/OL]. 海尔集团公司网站，www.haier.com.

[119] 作者：不详 . 海尔大记事 [J/OL]. 海尔集团公司网站，www.haier.com.

[120] 作者：不详 . 联想发展历史 [J/OL]. 联想公司网站，www.lenovo.com.

[121] 作者：不详 . 企业大记事 [J/OL]. TCL 集团公司网站，www.tcl.com.

[122] 作者：不详 . 切实加强知识产权管理工作，提升企业竞争力 [J/OL]. TCL 集团股份有限公司 .

[123] 华为基本法编写组 . 华为基本法 [J/OL]. 外企人才在线 ，www.fesco.com.cn.

[124] 作者：不详 . 华为获得 6 亿美元出口信贷 [J/OL]. 华为公司网站，www.huawei.com.cn，新闻中心 .

[125] 宋一新 . 创新服务模式，谋求双赢发展 [J/OL]. 华为技术支持，http://support.huawei.com.

[126] 作者：不详 . 关于华为 [J/OL]. 华为公司网站，www.huawei.com.cn.

[127] 作者：不详 . 关于华为：经营业绩 [J/OL]. 华为公司网站，www.huawei.com.cn.

[128] 作者：不详 . 供应商选择 / 公平价值评定 [J/OL]. 华为公司网站，www.huawei.com.cn.

[129] 作者：不详 . 媒体报道：中国电讯设备供应商驰骋国际市场（2004 年 2 月 26 日华尔街日报）[J/OL]. 华为公司网站，www.huawei.com.cn.

[130] 作者：不详 . 今日创维：企业大记事 [J/OL]. 创维集团公司网站，www.skyworth.

com.cn.

[131] 作者：不详．今日创维：公司简介 [J/OL]. 创维公司网站，www.skyworth.com.

[132] 作者：不详．美的概况：发展历程 [J/OL]. 美的集团公司网站，www.midea.com.cn.

[133] 作者：不详．美的概况：企业介绍 [J/OL]. 美的集团网站，www.midea.com.cn.

[134] 作者：不详．光明里程 [J/OL]. 光明乳业公司网站，www.brightdairy.com.

[135] 作者：不详．格兰仕集团介绍 [J/OL]. 格兰仕集团公司网站，www.galanz.com.cn.

[136] 作者：不详．娃哈哈创业历程 [J/OL]. 娃哈哈集团公司网站，www.wahaha.com.cn.

[137] 作者：不详．公司介绍：发展历程 [J/OL]. 娃哈哈公司网站，www.wahaha.com.cn.

[138] 作者：不详．格林柯尔公司形象 [J/OL]. 格林柯尔集团公司网站，www.greencool.net.

[139] 作者：不详．集团发展史 [J/OL]. 华西希望集团公司网站，www.hxhopegroup.com.

[140] 作者：不详．新希望企业文化寻根 [J/OL]. 新希望集团网站，www.newhopegroup.com.

[141] 作者：不详．新希望的投资文化：爆米花效应与批判式论证 [J/OL]. 新希望集团网站，www.newhopegroup.com.

[142] 作者：不详．宗旨之变 [J/OL]. 新希望集团网站，www.newhopegroup.com.

[143] 作者：不详．新希望企业文化的运作与评点 [J/OL]. 新希望集团网站，www.newhopegroup. com.

[144] 作者：不详．新希望企业文化的三个层次 [J/OL]. 新希望集团网站，www.newhopegroup.com.

[145] 作者：不详．新希望的八大文化精品 [J/OL]. 新希望集团网站，www.newhopegroup.com.

[146] 作者：不详．公司介绍 [J/OL]. 夏新电子公司网站，www.amoisonic.com.cn.

[147] 作者：不详．春兰发展史 [J/OL]. 春兰集团网站，www.chunlan.com.

[148] 作者：不详．关于波导 [J/OL]. 波导股份有限公司网站，www.chinabird.com.

[149] Anne Deering. α 领导：并非你在商学院所学到的 [J/OL]. 科尔，www.atkearney.com.cn.

[150] John Blascovich，Bill Markham. 你的运营策略过时了吗 [J/OL]. 科尔尼，www.atkearney.com.cn.

[151] C V Ramachandran，Anil Nileshwar，Gang Xu. 超越产品创新：未来汽车行业展望 [J/OL]. 科尔尼，www.atkearney.com.cn.

[152] GillisJonk. 自制还是外包：新问题，新答案 [J/OL]. 科尔尼，www.atkearney.com.cn.

[153] Sue Oaks，Bill Markham，Steve Mehltretter. 管理 21 世纪的供应链 [J/OL]. 科尔尼，www.atkearney.com.cn.

春暖花开系列

书名	ISBN	定价
让心淡然（珍藏版）	978-7-111-54744-0	59.00
在苍茫中点灯（珍藏版）	978-7-111-54712-9	39.00
手比头高（珍藏版）	978-7-111-54697-9	39.00
让心安住（珍藏版）	978-7-111-54672-6	49.00
高效能青年人的七项修炼	978-7-111-54566-8	39.00
大学的意义	978-7-111-54020-5	39.00
掬水月在手	978-7-111-54760-0	39.00
波尔多之夏	978-7-111-55699-2	49.00
一城一美好	978-7-111-55608-4	49.00

陈春花管理经典

关于中国企业成长的学问

企业如何为顾客创造价值，实现可持续的增长。好的企业不是规模有多大，能挣多少钱，而是能不能可继续增长，能不能贡献顾客价值。

核心关键词：价值、增长、成长，对顾客来说是价值，对企业来说是增长，对企业成员、企业家和合作伙伴来说是成长。

书名	ISBN	定价
从理念到行为习惯：企业文化管理（珍藏版）	978-7-111-54713-6	49.00
我读管理经典（珍藏版）	978-7-111-54659-7	45.00
激活个体：互联时代的组织管理新范式（珍藏版）	978-7-111-54570-5	49.00
中国领先企业管理思想研究（珍藏版）	978-7-111-54567-5	59.00
企业文化塑造	978-7-111-54800-3	45.00
冬天的作为：企业如何逆境增长（修订版）	978-7-111-54765-5	45.00
成为价值型企业	978-7-111-54777-8	45.00
回归营销基本层面	978-7-111-54837-9	45.00
领先之道（修订版）	978-7-111-54919-2	59.00
争夺价值链	978-7-111-54936-9	59.00
经营的本质（修订版）	978-7-111-54935-2	59.00
管理的常识：让管理发挥绩效的8个基本概念（修订版）	978-7-111-54878-2	45.00
高成长企业组织与文化创新	978-7-111-54871-3	49.00
中国管理问题10大解析	978-7-111-54838-6	49.00
超越竞争：微利时代的经营模式（修订版）	978-7-111-54892-8	45.00
经济发展与价值选择	978-7-111-54890-4	45.00
改变是组织最大的资产：新希望六和转型实务	978-7-111-56324-2	49.00
共识：与经理人的九封交流信	978-7-111-56321-1	39.00
激活组织：从个体价值到集合智慧	978-7-111-56578-9	49.00